群众文化在西方社会中的传承与创新

黄艳春 著

中国文联出版社

图书在版编目（CIP）数据

群众文化在西方社会中的传承与创新 / 黄艳春著.
北京：中国文联出版社，2024.7（2024.8重印）. -- ISBN 978-7-5190-5556-1

Ⅰ.G249.5

中国国家版本馆CIP数据核字第2024SV8907号

著　　者　黄艳春
责任编辑　周　欣
责任校对　秀点校对
装帧设计　研杰星空

出版发行　中国文联出版社有限公司
社　　址　北京市朝阳区农展馆南里10号　　邮编　100125
电　　话　010-85923025（发行部）　　010-85923091（总编室）
经　　销　全国新华书店等
印　　刷　三河市龙大印装有限公司

开　　本　710毫米×1000毫米　　1/16
印　　张　13.5
字　　数　205千字
版　　次　2024年7月第1版第1次印刷　　2024年8月第2次印刷
定　　价　68.00元

版权所有·侵权必究
如有印装质量问题，请与本社发行部联系调换

前　言

群众文化是以人民群众活动为主体，以自娱自教为主导，以满足自身精神生活需要为目的，以文化娱乐活动为主要内容的社会历史现象，它源远流长，承载着民族和地域的多样性。《群众文化在西方社会中的传承与创新》旨在深入探讨群众文化的核心要素，从历史根源、形态、现代转型，到价值观念、教育影响，再到社会发展、媒体关系、全球化影响，市场化趋势，以及政策与管理等方面进行全面剖析。

本书将群众文化视为一个多维度、动态发展的领域，它不仅反映了社会的历史和现状，还预示着文化发展的未来趋势。书中不仅审视了传统文化的传承方式，还着重探讨了在快速变化的现代社会中，如何通过创新手段维护和发展这些文化遗产。通过对群众文化的多角度分析，本书不仅为读者提供了对群众文化丰富内涵的认识，还揭示了文化在塑造社会结构、促进社会发展中的关键作用。

本书的目标是启发读者对群众文化的思考，促使我们反思自身的文化背景和身份认同，以及在不断变化的世界中如何传承和创新群众文化。我诚意邀请读者加入这个富有挑战性和深度的探索之旅，一同探讨群众文化的传承与创新，以期为文化领域的研究和实践提供新的思考和启示。愿这本书成为您了解群众文化世界的一扇窗，为您的思考和学术探索带来新的视角。

本书由郓城县工人文化宫黄艳春著作，负责全书撰写，共计20.5万字符。书中融合了理论探讨与实践指导，适合文化研究者、政策制定者、教育工作者及广大对文化有兴趣的读者阅读。通过这本书，我们希望能够激发更多关于群众文化传承与创新的思考和实践。

由于作者水平有限，书中难免有错误和纰漏，敬请广大读者批评指正。

目　录

第一章　群众文化的定义与范畴 …………………………………… 1
第一节　群众文化的历史根源 ………………………………… 1
第二节　群众文化与精英文化的区别 ………………………… 7
第三节　群众文化的社会功能 ………………………………… 12
第四节　群众文化的传播途径 ………………………………… 18

第二章　传统群众文化的形态 ……………………………………25
第一节　口头传统与民间故事 ………………………………… 25
第二节　传统音乐与舞蹈 ……………………………………… 30
第三节　民间艺术与手工艺 …………………………………… 36
第四节　传统节庆与仪式 ……………………………………… 42

第三章　群众文化的现代转型 ……………………………………47
第一节　工业化对群众文化的影响 …………………………… 47
第二节　媒体与群众文化的融合 ……………………………… 53
第三节　现代生活方式与文化变迁 …………………………… 59
第四节　城市化进程中的文化适应 …………………………… 65

第四章　群众文化中的价值观与信仰 ……………………………71
第一节　美德与习俗 …………………………………………… 71
第二节　族群与地域特色 ……………………………………… 77
第三节　社会变迁中的价值观转变 …………………………… 83

第五章　群众文化与社会发展 ……………………………………89
第一节　文化与社会结构 ……………………………………… 89
第二节　文化在社会变革中的作用 …………………………… 96
第三节　群众文化与社会凝聚力 ……………………………… 101

第四节　文化多元化与社会和谐 …………………………………… 108

第六章　群众文化的全球化 ………………………………………… 115
　第一节　全球化对本土文化的影响 …………………………………… 115
　第二节　文化全球化的机遇与挑战 …………………………………… 122
　第三节　跨文化交流的模式 …………………………………………… 128
　第四节　保护本土文化的策略 ………………………………………… 134

第七章　群众文化与媒体 …………………………………………… 140
　第一节　传统媒体在文化传播中的作用 ……………………………… 140
　第二节　新媒体与文化创新 …………………………………………… 145
　第三节　媒体融合与文化传承 ………………………………………… 150
　第四节　媒体批判与文化监管 ………………………………………… 156

第八章　群众文化的政策与管理 …………………………………… 162
　第一节　文化政策的历史演变 ………………………………………… 162
　第二节　政府在文化保护中的作用 …………………………………… 168
　第三节　文化立法与法规 ……………………………………………… 174
　第四节　公共文化服务体系 …………………………………………… 180

第九章　群众文化的创新与实践 …………………………………… 186
　第一节　创新理念在文化发展中的应用 ……………………………… 186
　第二节　现代技术在文化创新中的作用 ……………………………… 192
　第三节　文化创新的社会实践 ………………………………………… 199
　第四节　民间组织与文化创新 ………………………………………… 204

参考文献 ……………………………………………………………… 210

第一章 群众文化的定义与范畴

群众文化，作为社会文化景观的一个重要组成部分，历来是学术界和文化评论界深入探讨的主题。这一概念不仅涉及其历史根源，反映了文化演变的脉络，也包含了群众文化与精英文化之间的细微差别，揭示了文化层次的多样性。在社会功能方面，群众文化展现了其在社会结构和日常生活中的作用，体现了文化对社会的影响力和推动力。此外，群众文化的传播途径也是其独特性的重要表现，它不仅塑造了文化的传递模式，也反映了现代社会传媒技术的发展与变革。从历史根源到传播途径，群众文化呈现了一个多维度、动态发展的文化现象，其深刻地影响着我们的社会观念和生活方式。

第一节 群众文化的历史根源

一、起源与演变

群众文化作为一个复杂而多元的文化现象，其起源与演变过程牵涉到广泛的历史、社会和文化因素。群众文化的起源可以追溯到人类社会的早期阶段。在古代社会，人们的生活方式以农业和手工业为主，社会结构相对简单。这个时期的群众文化主要表现为口头传统、民间故事、歌曲和舞蹈等传统形式。这些文化元素在社区内传承，起到了社交、教育和娱乐的作用。

随着社会的不断演进，政治、经济和技术的发展开始对群众文化产生深远的影响。政治权力的集中与分散、经济体系的变迁以及技术的进步都对群众文化的内容和形式产生了重要影响。例如，在中世纪的欧洲，宗教改革和印刷术的发明使宗教内容和书籍更容易传播给广大民众，这导致了新的群众文化现象的兴起，如宗教宣传和民间故事的书写。

随着工业革命的到来，城市化的加速和大规模生产的兴起改变了人们的生活方式和社会结构。这也催生了新的群众文化形式，如报纸、杂志、电影和广播。这些新媒体的出现扩大了群众文化的影响范围，使信息和娱乐更容易传播到不同的社会阶层。

在20世纪，随着电视和互联网的普及，群众文化进一步演变。电视成为全球范围内的主要媒体平台，通过电视节目、广告和新闻，塑造了大众的文化认知和价值观。互联网则提供了个人参与和表达的新途径，促使用户生成内容和社交媒体的兴起，从而更加个性化地影响了群众文化。

群众文化的演变还受到政治、经济和技术因素的交互影响。政治权力的掌握可以用来塑造和控制群众文化。例如，在某些政权下，政府可能会使用宣传机构来推广特定的意识形态或价值观，通过宣传海报、电影和电视节目来塑造大众的文化认同。经济因素也是重要的影响因素，商业化和市场力量可以推动某些文化产品的生产和传播，从而塑造一部分群众文化。技术的发展则提供了新的媒体和传播方式，改变了人们获取信息和娱乐的途径，对群众文化的内容和形式产生了深刻影响。

群众文化的演变不仅受到外部因素的影响，还反映了社会内部的变革和文化认同的演进。不同时期的社会结构、价值观和社会运动都会影响群众文化的内容和表达方式。例如，20世纪60年代，美国的社会运动推动了反战、民权和性别平等等主题的群众文化表达，反映了当时社会的变革和争议。文化认同也是群众文化演变的关键因素，不同的群体和社群可能拥有不同的文化认同，这导致多样化和多元性的群众文化现象。

群众文化的起源与演变是一个复杂而多层次的过程，涉及历史、社会、政治、经济和技术等多方面的因素。从古代到现代，群众文化在不同时期不断受到这些因素的影响，逐渐形成了今天多样化的文化面貌。了解群众文化的起源与演变有助于我们更好地理解社会文化的发展和变迁，以及个体与社会之间的相互关系。

二、文化表达形式的多样性

文化表达形式的多样性是人类社会发展的重要组成部分，不同历史时期的群众文化表现出丰富多彩的特点，反映了特定时期的社会价值观和人民的生活状态。不同历史时期的传统节日，反映了社会的历史演变和文化的多样性。例如，中国的春节是一个重要的传统节日，它起源于古代农耕社会，标志着农历新年的到来。在这个节日里，人们进行各种庆祝活动，如舞龙、舞狮、放鞭炮、吃汤圆等。这些活动不仅传承了古代文化，还反映了农耕社会对丰收和家庭团聚的渴望。随着社会的现代化，春节的庆祝方式也发生了变化，体现了新的社会价值观和生活方式。

民间艺术是群众文化表达的重要形式，不同历史时期的民间艺术体现了当时的审美观念和文化特点。举例来说，中国的京剧是一种传统的戏曲表演艺术，它在明清时期兴盛起来，反映了当时社会的壮丽和风采。京剧的表演风格、音乐和服装都受到了古代宫廷文化的影响，但同时也融入了民间元素，吸引了广大观众。在京剧的发展过程中，不仅反映了社会历史的变迁，还塑造了中国传统文化的独特风格。

口头传统是一种流传于民间的故事形式，它们通常反映了人们的价值观念和对世界的解释。在不同历史时期，口头传统的内容和主题也发生了变化。举例来说，欧洲中世纪的传说中常常出现骑士和巫师的故事，这反映了当时的封建社会结构和宗教信仰。而在现代，口头传说可能更多地涉及科技、超自然现象和社会问题，反映了现代社会的复杂性和不确定性。

不同历史时期的习俗反映了社会的生活方式和价值观念。举例来说，印度的喜庆婚礼习俗反映了印度文化中家庭和社会关系的重要性。婚礼仪式中的各种仪式和传统服饰都承载着特定的文化含义，体现了家庭团结和社会认同的价值观。然而，随着现代化的推进，一些传统婚礼习俗可能已经发生了改变，反映了社会结构和家庭价值观的演变。

宗教和信仰体系是不同历史时期文化表达形式的重要组成部分。不同宗教的信仰和仪式反映了人们对神灵、宇宙和道德规范的理解。例如，基督教的圣诞节是一个重要的宗教节日，庆祝耶稣基督的诞生。这个节日在不同历史时期的庆祝方式和含义都有所变化，但它始终是基督徒信仰的核心。同样，这些宗教节日和仪式反映了不同宗教信仰对人们生活的指导作用，也反映了社会价值观和道德规范。

不同历史时期的群众文化表达形式反映了社会的演变和文化的多样性。它们不仅是文化传承的重要途径，还反映了人们的生活状态、价值观和社会结构的变化。通过深入了解这些文化形式，我们可以更好地理解不同时代和文化的特点，促进文化交流和跨文化理解。同时，这也提醒我们保护和传承传统文化，以保持文化多样性的丰富性和活力。

三、社会变迁与文化响应

社会变迁与文化响应是文化人类学和社会科学领域的重要研究课题。工业革命是人类历史上的一次重大社会变革，它从18世纪末开始，席卷了欧洲和其他地区。这一时期的工业化和城市化进程引发了巨大的生活方式变化。农村居民纷纷涌入城市寻找工作，从而形成了新兴的工业工人阶级。这一社会变革对群众文化产生了深远的影响。在工业革命期间，文化表达方式发生了显著的转变。工业化带来了新的娱乐和文化形式，如音乐厅、戏剧、报纸等，这些娱乐形式逐渐替代了传统的农村集市和民间传统。工业化还加速了知识和信息的传播，使文化更加多元化和复杂化。同时，工人阶级的兴起也催生了工人运动和社会主义思想，这些思想在文化领域产生了深远的影响，如社会主义现实主义文学和艺术的兴起。

战争是另一个重大的社会变迁因素，它在历史上多次发生，改变了人们的生活方式和文化表达。两次世界大战对20世纪的文化产生了深刻影响。第一次世界大战导致了士兵和平民的巨大伤亡，这对文学、艺术和音乐产生了深刻的影响。例如，士兵们在前线创作了许多诗歌和日记，反映了战争的残酷和人性的荒谬。这些文学作品成为战争文学的重要组成部分，影响了后来的文学创作。第二次世界大战后，在战后重建和冷战的背景下，文化表达形式也发生了显著变化。冷战期间，美国和苏联之间的文化竞赛导致了太空竞赛、音乐、电影、体育等领域的创新。同时，战后文化也表现出对和平、人权和国际合作的关注，这反映在文学、电影和音乐中，如反战文学和民权运动的音乐。

科技进步是现代社会变迁的关键驱动力，它在信息、通信和娱乐方面引发了革命性的变化。互联网和数字技术的发展改变了人们获取和传播信息的方式，对文化表达和传播产生了深远的影响。社交媒体、在线视频平台和数字艺术等新媒体形式催生了新的文化表达方式，如博客、短视频和虚拟现实。科技进步还推动了全球化，使文化表达和传播跨越国界。国际互联网和数字媒体使不同文化之间的交流更加容易，促进了文化多样性的传播和交流。然而，也存在着文化同质化和文化冲突的问题，因为全球化趋势可能导致一些文化特征的消失或淡化，以及文化的碰撞和冲突。

社会变迁如工业革命、战争和科技进步对群众文化的发展产生了深远的影响。这些变革因素改变了人们的生活方式、价值观和社会结构，进而塑造了文化表达和传播的形式。了解这些影响有助于我们更好地理解不同历史时期的文化特点和社会动态，也有助于预测和应对未来文化变迁的趋势。同时，这也强调了文化的适应性和创新性，文化在社会变迁中不断演化和发展，反映了人类社会的复杂性和多样性。

四、群众文化与身份建构

群众文化与身份建构是文化人类学和社会科学领域的重要研究议题，它们之间存在着紧密的相互关系。群众文化在形成和巩固民族身份方面发挥着重要作用。民族身份是指个体对自己所属的民族或族群的认同感和归属感。群众文化通过传承和传播民族特色的语言、食物、服饰、音乐、舞蹈等元素，有助于民族身份的塑造和强化。举例来说，印度的多元文化中，不同地区的人们通过各自独特的食物和节日庆典来表达他们的民族身份。这些文化元素不仅帮助人们认同自己的民族背景，还促进了社会团结和文化多样性的保护。

群众文化也在形成和强化地区身份方面发挥着关键作用。地区身份是指个体对自己所处地理区域的认同感和文化认同感。不同地区的人们通常拥有独特的地方特色和文化传统，这些特色和传统被视为地区身份的象征。例如，意大利的不同地区拥有各自的方言、美食和习俗，这些文化元素帮助人们认同自己所在的地区，同时也促进了地区文化的传承和保护。地区身份的形成和强化通过群众文化的传承和庆祝得以实现，有助于社会团结和地区认同的维护。

社会阶层身份是指个体在社会层次结构中的位置和地位，群众文化也在塑造和表达社会阶层身份方面具有影响力。不同社会阶层的人们通常拥有不同的文化偏好和生活方式，这些差异反映了社会阶层身份的差异。例如，在古代封建社会，贵族和平民的生活方式、服饰和文化表达方式存在明显差异，这有助于维护社会阶层的稳定性和身份认同。然而，随着社会的现代化和社会流动性的增加，社会阶层身份的界限变得更加模糊，群众文化也越来越多地表现为多样性和包容性，反映了不同社会阶层的文化需求和多元性。

群众文化在社会中的角色不仅仅是形成和强化身份，它还作为社会凝聚力的关键因素。社会凝聚力是指个体和群体之间的情感联系和共同体感觉，它有助于社会的和谐和稳定。群众文化通过共同的文化元素和传统活动，促进人们之间的情感联系和共同体感觉。例如，在美国，独立日庆祝活动是一个重要的社会凝聚力活动，人们通过观看烟花、参加游行和举办烧烤聚会来庆祝这一节日，强化了国家认同感和社会团结。群众文化也在宗教仪式、体育比赛、音乐会等各种社会活动中发挥着凝聚社会的作用，促进了社会的和谐和共同体感。

群众文化与身份建构之间存在着紧密的相互关系。群众文化通过传承和传播民族、地区和社会阶层的文化元素，有助于个体和群体认同自己的身份。同时，群众文化也作为社会凝聚力的重要因素，促进社会和谐和共同体感。了解群众文化与身份建构之间的关系有助于我们更好地理解文化在社会中的作用和文化多样性的重要性。此外，这也提醒我们在文化保护和传承方面的重要使命，以维护社会的和谐和多元性。

第二节　群众文化与精英文化的区别

一、定义与特征

群众文化与精英文化是文化领域中两个重要的概念，它们代表了不同的文化形式和社会价值观。群众文化，也被称为大众文化，是一种广泛流行于社会大众中的文化形式。它通常易于被接受、传播广泛，与商业媒体、流行娱乐和大众传播技术密切相关。群众文化的特点包括通俗性、易于理解和大规模生产。这种文化形式以满足广泛大众的娱乐和消费需求为目标，因此它通常具有广告化、商业化和娱乐性的特征。群众文化的典型例子包括流行音乐、电影、电视节目、社交媒体、流行小说等，它们通过大规模传播媒体传递文化信息，满足了社会大众的娱乐和文化需求。

精英文化则是指那些被认为具有高度艺术价值或智力价值的文化形式。它通常与教育、艺术和知识分子圈子相关。精英文化的特点包括专业性、深度和对传统或高雅艺术的偏好。这种文化形式强调对知识、审美和文化传统的深刻理解，通常需要高度的教育和专业训练才能欣赏和理解。精英文化的典型例子包括古典音乐、文学经典、艺术画廊、博物馆、学术研究等，它们代表了文化的高尚和精致层面，通常与知识精英和艺术家圈子有关。在了解了群众文化和精英文化的定义后，我们可以深入探讨它们的特征和区别。

1. 受众与传播方式：群众文化的主要特点之一是广泛的受众和大规模的传播方式。它通过商业媒体、大众传播技术，如电视、广播，以及社交媒体等渠道传播。相比之下，精英文化通常面向更小众的受众，传播方式更依赖于传统的文化机构和知识传承，如博物馆、学术研究和文学杂志等。

2. 内容和主题：群众文化的内容和主题通常与日常生活、流行趋势和娱乐相关。它追求广告化和娱乐性，以吸引大众观众。相比之下，精英文化的内容和主题更多涉及知识、文化传统、深刻思考和艺术创作。它强调对艺术、文学、音乐和哲学等领域的深入探讨。

3. 商业化和非商业化：群众文化通常与商业化紧密相关，广告、品牌推广和商业利润在其中扮演重要角色，它经常受到市场需求和商业利益的影响。相比之下，精英文化更多是非商业性质的，更注重艺术、教育和文化价值，通常不以营利为首要目标。

4. 教育和专业性：精英文化通常需要更高水平的教育和专业知识才能理解和欣赏，它对观众的知识水平和审美品位有较高要求。群众文化则更容易被理解和接受，不需要特殊的教育或专业知识。

5. 社会地位和认同：群众文化通常与大众社会地位和大众文化认同相关，它强调了社会多样性和广泛的文化共享。精英文化则与知识精英和文化上流社会的身份认同相关，强调了文化的精致和独特性。

群众文化和精英文化代表了文化领域的两个重要维度，它们在受众、传播方式、内容、商业化、教育要求和社会认同等方面存在显著差异。然而，需要注意的是，这两种文化形式并不是对立的，它们在社会中相互影响，共同构成了文化生态系统的一部分。社会和文化研究领域的学者们经常关注群众文化和精英文化之间的互动和交流，以深化对文化的理解和文化多样性的探讨。

二、受众与传播方式

受众与传播方式是群众文化和精英文化之间的重要区别，这些方面反映了两者在文化传播和接受方面的不同特征和目标受众。群众文化的受众是广泛的，包括各种社会阶层和年龄层。这一文化形式的目标是迅速传播和吸引尽可能多的观众或听众，因此它通常以通俗、易于理解和广泛接受为特点。群众文化的受众不受限于特定的教育水平或文化背景，因此它具有广泛的社会吸引力。这种文化通过电视、电影、流行音乐、社交媒体等多样的传播渠道快速传播，广告、品牌推广和商业化也在其中发挥着重要作用。群众文化的目标是满足大众的娱乐和消费需求，因此它通常以广告化、商业化和娱乐性为主要特征。

相比之下，精英文化更多地吸引特定的群体，通常包括教育水平较高、对艺术和文化有深入了解的人群。这种文化形式的目标是提供深度、专业性和高度艺术或智力价值的文化体验。精英文化的受众对知识、文化传统和审美价值有较高要求，它们通常需要更多的教育和专业知识来理解和欣赏这种文化形式。因此，精英文化的传播更依赖于学术出版物、艺术展览、专业剧院和私人聚会等传统渠道。这些渠道通常不受商业利益驱动，更注重文化价值和知识传承。

受众与传播方式的区别反映了群众文化和精英文化在文化传播和接受方面的不同目标和策略。群众文化强调广泛传播和大众吸引力，通过商业媒体和广告化的方式实现了这一目标。它致力于满足社会大众的娱乐和消费需求，因此通常以流行音乐、电影、电视节目等形式呈现，通过社交媒体等新兴媒体渠道被广泛传播。

精英文化则更依赖于传统文化机构和知识传承，强调深度和专业性。它的受众通常具有高度的教育水平和文化素养，对艺术、文学、哲学等领域有深刻的兴趣。精英文化的传播方式包括学术研究、专业出版物、艺术展览和文化研究领域的活动。这些传播渠道通常不以营利为主要目标，更注重文化的深度和价值。

受众与传播方式的差异也影响了群众文化和精英文化在社会中的地位和影响力。群众文化通常更容易获得广泛的社会认可和关注，因为它面向的是大多数人，具有更广泛的社会吸引力。然而，精英文化在特定领域和知识精英圈子中具有重要的地位，它对知识传承和文化创新起到了重要作用，深化了文化的内涵和理解。

受众与传播方式是群众文化和精英文化的核心特征之一，它们决定了这两种文化形式的定位、目标和影响力。了解这些差异有助于我们更好地理解文化的多样性和社会中不同文化形式的作用。同时，这也提醒我们在文化传播和接受方面考虑受众的需求和文化的传承，以促进文化多样性和社会文化的发展。

三、内容与形式

内容与形式是群众文化和精英文化之间的另一个重要差异。这两种文化形式在其内容和呈现方式方面存在显著差异，反映了它们不同的目标、价值观和审美追求。群众文化的内容通常是为了娱乐和商业目的而设计的，它的主要目标是吸引广大观众，满足他们的娱乐和文化需求。因此，群众文化的内容通常以通俗、轻松和娱乐性为特点，包括情感化的故事情节、幽默、戏剧化和易于理解的元素。群众文化的内容通常反映了当前的社会趋势、时事和大众审美，它们可能与流行文化、流行趋势和社会媒体热点相关。

群众文化的形式多样，包括电视剧、电影、流行歌曲、视频游戏、综艺节目、社交媒体内容等。这些形式具有广泛的传播途径，能够迅速传达文化信息。群众文化的形式追求吸引力和娱乐性，通常以视觉、听觉和情感体验为主要方式。形式上的多样性有助于满足不同观众的需求，同时也反映了群众文化的商业化和市场驱动。

精英文化更注重深层次的思想表达和艺术探索。它的主要目标是提供思想上的启发和审美上的挑战，因此其内容通常更加复杂、深奥和富有内涵。精英文化的内容包括哲学性的思考、复杂的情感表达、文学经典、艺术实验和深刻的社会观察。它强调对知识、文化传统和艺术价值的深刻理解，鼓励观众思考和反思。

精英文化的形式通常更加多样和具有深度。它包括古典音乐、严肃文学、实验艺术、哲学著作、艺术电影、学术研究等。这些形式在表现方式上通常更加复杂和深奥，需要观众有较高水平的文化素养和审美品位才能欣赏。形式上的多样性有助于反映精英文化的文化丰富性和知识深度，同时也强调了艺术创造和思想探索的重要性。

由于内容与形式的不同，群众文化和精英文化对文化价值和审美观的强调也存在差异。群众文化更注重娱乐性和大众吸引力，其审美观通常以广告化、商业化和流行趋势为导向。相比之下，精英文化更强调思想性和艺术性，其审美观更注重深度、复杂性和文化传统的维护。

群众文化和精英文化对社会和文化的影响也存在差异。群众文化通过大规模传播媒体，具有广泛的社会影响力，能够塑造大众的文化认同和社会价值观。相比之下，精英文化在社会中的影响相对有限，但它对知识精英和文化爱好者的文化认同和审美观念具有重要作用。

精英文化在教育和文化传承方面发挥着重要作用，它强调对文化传统和知识的传承，有助于提高观众的文化素养和思辨能力。相比之下，群众文化通常更注重娱乐和消费，不太涉及深层次的教育和文化传承。

内容与形式是群众文化和精英文化之间的一个重要差异，反映了它们在文化呈现和审美追求方面的不同目标和价值观。这两种文化形式在社会中各自发挥着不同的作用，为观众提供了多样化的文化体验。了解这些差异有助于我们更好地理解文化的多样性和社会文化的动态变化。同时，它也提醒我们在文化教育和传播领域的重要使命，以满足不同观众的文化需求，促进文化多元性的维护。

四、价值观与影响

价值观与影响是群众文化和精英文化之间的另一个重要差异。这两种文化形式在其传播的价值观和社会影响方面存在显著差异，反映了它们不同的目标、理念和社会角色。群众文化的价值观通常与现代消费主义和娱乐至上的观念相联系，它强调追求快乐、享受和满足消费需求的重要性。群众文化的内容和营销常常与商品、品牌推广和消费相关，鼓励观众购买、消费和参与大众娱乐活动。这一文化形式追求广告化、商业化和市场化的价值观，商业利益在其中扮演重要角色。

群众文化在社会中扮演着连接不同群体、传播流行趋势的角色。它通过大规模传播媒体具有广泛的社会影响力，能够塑造大众的文化认同和社会价值观。群众文化的流行趋势和消费品位影响着社会的生活方式、时尚、娱乐选择和消费行为。同时，它也反映了现代社会对娱乐和消费的依赖，以及对快速满足需求的渴望。

精英文化强调知识、审美和批判性思维的价值。它追求深度思考、文化传统和艺术价值的维护，强调知识和教育的重要性。精英文化的内容和表达方式通常与文化精英和知识分子的审美标准相关，重视深刻的思考、文学艺术和哲学观念。这一文化形式强调了知识的重要性，以及对文化传统和艺术的批判性理解。

精英文化影响着文化的深层结构，包括教育、道德观念和艺术审美标准。它在教育领域发挥着重要作用，促进知识传承和思辨能力的培养。精英文化也影响着道德和伦理观念，强调文化价值观的重要性。它对艺术和文学领域的标准和创造性表达产生重要影响，鼓励艺术家和作家追求深度和原创性。

群众文化塑造了大众的文化认同和社会价值观，强调了娱乐、快乐和消费的价值。它反映了现代社会对消费主义和娱乐至上的依赖，对大众需求的满足起到了重要作用。相比之下，精英文化对文化认同和社会价值观的影响更加深刻和思辨，强调知识、教育和深度思考的重要性，有助于提高文化素养和思辨能力。

精英文化在教育和文化传承方面具有重要作用，它促进了知识传承和批判性思维的培养，有助于提高观众的文化素养和知识水平，推动文化和艺术的深度发展。相比之下，群众文化通常更注重娱乐和消费，不太涉及深层次的教育和文化传承。

群众文化在社会中的影响力主要体现在流行文化、流行趋势和娱乐产业方面，它对社会的生活方式、时尚和消费行为产生深远影响。相比之下，精英文化的影响相对有限，但它有助于维护文化多样性和深度思考的空间，为社会提供了不同层面的文化体验。

价值观与影响是群众文化和精英文化之间的一个重要差异，反映了它们在社会中的不同角色和影响力。这两种文化形式在文化认同、教育、社会价值观和文化多样性等方面产生了不同程度的影响。了解这些差异有助于我们更好地理解文化的多样性和社会文化的动态变化。同时，它也提醒我们在文化传播和教育领域的重要使命，以促进文化多元性的维护和知识的传承。

第三节　群众文化的社会功能

一、社会凝聚力的增强

社会凝聚力是一个复杂而多层次的概念，它涉及社会成员之间的情感联系、共同价值观念、合作精神以及对社会组织的认同感。群众文化通过共享的文化经验和价值观念促进社会成员之间的相互理解和尊重。文化经验是个体在社会中积累的知识和经历，它们在个体之间建立了一种共鸣，使得人们更容易理解彼此。这种共鸣不仅仅是基于共同的语言和传统，还包括了对于生活方式、信仰体系、道德观念等方面的认同。当社会成员共享相似的文化经验时，他们更有可能产生共鸣，建立情感联系，从而增强社会凝聚力。

群众文化作为文化传承的载体，对社会凝聚力的增强起到了关键作用。文化是一个社会的灵魂和身份，它传递了代代相传的价值观念和认同感。群众文化作为一种文化形式，通过各种方式传递着社会的核心价值观念。例如，民间故事、歌曲、舞蹈等文化表达形式都承载着社会的历史、传统和信仰。当人们参与或欣赏这些文化活动时，他们不仅仅是在享受娱乐，更是在强化对社会文化的认同感，从而加强了社会凝聚力。

文化活动在社会中扮演着促进社会凝聚力的角色。文化活动包括各种形式的艺术展览、演出、文化节和传统仪式。这些活动不仅为社会成员提供了交流和互动的机会，还促进了社会成员之间的情感联系。例如，音乐会和艺术展览吸引了来自不同背景的人们，他们在欣赏和讨论艺术作品时建立了共同的兴趣，这有助于减少社会分裂和冲突。此外，传统仪式和节日庆典也是社会凝聚力的重要源泉，它们强调了社会的连续性和共同的价值观念，通过庆祝和参与这些仪式，人们感到自己是社会的一部分，从而增强了社会凝聚力。

传统习俗在社会中起到了连接和团结社会成员的作用。传统习俗是社会文化的一部分，它们反映了社会的历史和传统，同时也是社会成员之间的共同体验。这些习俗包括婚礼、葬礼、节日庆典等，它们为人们提供了参与社会生活的机会。通过参与这些习俗，人们不仅仅是在遵循传统，还是在强化社会的联系和认同。例如，婚礼是一个连接两个家庭的仪式，它不仅仅是一对新人的庆祝，更是两个家庭的联结。这种联结不仅在婚礼当天体现，还会延续下去，从而加强社会的整体凝聚力。

群众文化在增强社会凝聚力方面发挥着重要的作用。它通过共享的文化经验和价值观促进了社会成员之间的相互理解和尊重，作为文化传承的载体传递了社会的核心价值观念，文化活动为社会成员提供了交流和互动的平台，传统习俗连接和团结了社会成员。因此，理解和强调群众文化对社会凝聚力的贡献对于维护社会的稳定和和谐至关重要。

二、文化多样性的促进

文化多样性的促进是一个重要的社会议题，它不仅涉及文化的多元性，还涉及社会的共融和文化交流。在这方面，群众文化起到了关键的作用，因为它反映并尊重多元文化背景下的不同群体，通过文化的交流和融合，促进社会对文化多样性的理解和接纳。文化多样性的促进对于建立一个包容性的社会至关重要。社会是由不同文化、背景和信仰的人组成的，因此，要实现社会的和谐和共融，必须尊重并理解不同文化的存在。群众文化通过反映各种文化表达和艺术形式，帮助人们更好地了解不同文化的特点和价值观。这种理解可以减少文化冲突和偏见，有助于社会更加包容和和谐。

群众文化促进了文化的交流和融合。文化交流是不同文化之间相互学习和借鉴的过程，而文化融合则是不同文化相互影响和融合的过程，群众文化为这种交流和融合提供了平台。通过各种艺术形式和文化表达，不同文化之间的元素可以相互借鉴和吸收，从而创造出新的文化表现形式。这不仅丰富了文化的内涵，也有助于人们更好理解不同文化之间的联系和共通之处。

群众文化还体现在对不同文化群体的尊重和包容上。在一个多元文化的社会中，不同文化群体拥有各自的习惯、传统和价值观。群众文化通过反映这些群体的文化表达，帮助人们更好地理解他们的生活方式和信仰。这种理解有助于减少歧视和偏见，促进社会对不同文化群体的尊重和包容。不仅如此，群众文化还可以为少数文化群体提供更多的展示和发声的机会，使他们在社会中得到更多的认可和关注。

在文化多样性的促进中，群众文化还有助于打破文化的壁垒。在一些社会中，不同文化群体之间存在着隔阂和障碍，这些隔阂往往源于文化的不理解和偏见。群众文化通过反映各种文化表达，可以帮助人们更好地了解其他文化，消除对其的陌生感和恐惧感。这种文化的互动和交流有助于建立跨文化的桥梁，促进不同文化之间的交流和合作。

文化多样性的促进对于社会的发展和繁荣也有积极的影响。不同文化的交流和融合可以激发创新和创造力，创造出新的艺术作品和文化产业。这不仅丰富了社会的文化生活，也促进了文化产业的发展。同时，文化多样性也有助于吸引国际游客和投资者，推动经济的增长。因此，文化多样性的促进不仅有助于社会的共融和文化交流，还有助于社会的经济繁荣。

文化多样性的促进对于建立一个包容性、和谐和繁荣的社会至关重要。群众文化在实现这一目标中发挥着重要作用，通过反映各种文化表达和艺术形式，帮助人们更好地理解不同文化的特点和价值观，促进文化的交流和融合，提高对不同文化群体的尊重和包容，打破文化的壁垒，促进社会的发展和繁荣。因此，我们应该重视和支持群众文化，以实现文化多样性的促进目标。只有这样，我们才能建立一个更加和谐和共融的社会，推动社会的发展和进步。

三、社会教育与启蒙

社会教育与启蒙是社会文化领域中的两个关键概念，它们在传播知识、传承历史、培养公民意识和促进道德教育方面都发挥着至关重要的作用。我们需要明确社会教育与启蒙的概念。社会教育是指社会机构和文化传媒通过各种方式向公众传授知识、技能和道德观念的过程。启蒙则是一种思想和文化运动，旨在促进人们的思维能力、批判性思维和理性思考，从而使他们能够更好地参与社会和政治生活。群众文化作为传播知识和塑造价值观的媒介，在社会教育与启蒙中发挥着不可忽视的作用。

群众文化通过多种形式传递社会主义核心价值观和重要知识。文学作品、影视节目、音乐、戏剧等艺术形式是群众文化的主要表现方式，它们不仅娱乐着观众，还在潜移默化中传递着深刻的信息。例如，一部富有教育性质的电影或电视剧可以让观众了解历史事件、社会问题或科学知识，从而提高他们的知识水平。同时，音乐和戏剧也可以通过歌词、对白和表演来传达价值观念，激发观众的情感共鸣。这些艺术形式具有感染力，能够引起观众的共鸣和思考，从而对他们的观念和态度产生深远的影响。

群众文化对公众尤其是年青一代的影响是显著而深远的。年轻人是社会的未来，他们的价值观和思维方式将直接影响到社会的发展和进步。群众文化通过吸引年轻观众的方式，将知识和价值观念融入娱乐中，从而在不知不觉中对他们进行教育与启蒙。年轻人通常更容易接受新的思想和观念，因此群众文化在塑造他们的世界观和行为方式方面具有特殊的作用。

一个明显的例子是儿童文学和动画片。这些媒介以简单易懂的方式向儿童传递道德教育和基本知识。通过故事情节和角色塑造，儿童文学和动画片可以教导孩子们友善、坚持和分享等价值观念。同时，它们也可以介绍科学、历史和文化等方面的知识，激发孩子们的好奇心和学习兴趣。这种早期的社会教育和启蒙对孩子们的成长和发展具有重要影响，塑造了他们的核心价值观和认知能力。

群众文化还在青少年时期起到了关键作用。在这个阶段，年轻人开始形成自己的独立思考和价值观念。青少年常常通过音乐、电影和社交媒体来表达自己的身份和观念。因此，这些媒介不仅影响了他们的审美观，还塑造了他们的社会观和道德观念。一首歌曲或一部电影的歌词和情节可以引发年轻人对社会问题和道德伦理的思考，激发他们的社会参与意识。这种文化启蒙有助于年青一代更好地理解社会复杂性和多样性，培养他们的公民意识。

群众文化的影响并非一味正面。有时，一些媒体内容可能包含不当的价值观和信息，甚至引导观众走向消极或有害的方向。这种情况下，社会教育与启蒙的目标可能被颠倒或扭曲。因此，有必要加强对群众文化的监管和引导，确保其传递的知识和价值观是积极的、有益的。

社会教育与启蒙是塑造社会文化和价值观念的重要手段，而群众文化作为这一过程的重要组成部分，通过多种艺术形式传递知识和价值观念，对公众特别是年青一代产生深远的影响。然而，我们也应该警惕媒体内容可能带来的负面影响，加强对群众文化的监管和引导，以确保其真正发挥社会教育与启蒙的积极作用，为社会的进步和发展做出贡献。

四、经济发展的推动群

经济发展与文化之间的关系一直是社会科学研究的热门话题之一。文化产业的发展对就业市场产生了积极的影响。文化产业包括电影、音乐、文学等领域，这些领域的发展不仅需要创作者和艺术家，还需要大量的制片人、导演、编辑、技术人员、市场营销专家等专业人才。因此，文化产业的繁荣不仅创造了艺术家和创作者的就业机会，还为广大从业人员提供了工作机会。此外，文化产业的多样性也意味着不同领域的从业者都有机会参与其中，这有助于减少就业市场的不平等现象。

文化产业的繁荣促进了消费的增长。随着文化产业的不断发展，人们对文化产品的需求也逐渐增加。电影院、音乐会、艺术展览等文化活动成为人们生活中的一部分，这些活动需要购买门票、音乐专辑、艺术品等，从而刺激了消费市场的增长。此外，文化产品的消费也可以激发其他相关产业的发展，比如餐饮、交通等服务行业，因为人们通常在参加文化活动时会消费其他商品和服务。

文化产业的繁荣对旅游业的发展具有重要影响。文化旅游成为吸引游客的重要方式之一。许多国家和地区依托自身的文化遗产吸引着来自世界各地的游客。比如，一些历史悠久的城市通过举办文化节日、博物馆、文化表演等活动，吸引了大量的游客前来参观。这些游客不仅会消费旅游地点的各种商品和服务，还会为当地的经济带来外汇流入，从而推动旅游业的繁荣。因此，文化产业的发展与旅游业的增长密切相关，对于国家和地区的经济发展具有积极的影响。

文化产业的兴盛也为广告业提供了增长动力。广告业是文化产业的重要组成部分，各种文化产品和活动都需要广告宣传来吸引观众和受众。随着社交媒体和数字媒体的普及，广告业也迎来了新的发展机遇。广告商可以通过社交媒体平台、在线广告等方式将产品和服务推向更广泛的受众，从而提高销售额。因此，文化产业的商业化发展为广告业提供了更多的机会和市场，促进了广告业的增长。

数字媒体和网络文化的兴起对现代社会经济增长产生了深远的影响。数字媒体和网络文化已经成为人们日常生活的重要组成部分，无论是在线购物、社交媒体互动还是在线娱乐，都离不开数字媒体和网络文化的支持。这一领域的发展不仅为互联网公司创造了商业机会，还为创业者提供了创新的空间。例如，许多数字内容创作者通过平台，如YouTube、Twitch等实现了自我创业，创造了新的收入来源。同时，数字媒体和网络文化也推动了技术行业的进步，促使了互联网基础设施的发展。这些技术和基础设施的不断进步也为其他产业的发展提供了支持，进一步推动了经济的增长。

文化产业的发展在经济层面扮演着多种角色，不仅创造了就业机会和促进了消费增长，还为旅游业、广告业和数字媒体行业等多个领域提供了增长动力。群众文化的商业化发展已经成为现代社会经济增长的重要部分，对于促进经济繁荣和社会发展具有重要意义。因此，政府和企业应该重视文化产业的发展，制定相应政策和战略，以充分发挥其在经济增长中的潜力。同时，也需要保护文化产业的创作者和从业人员的权益，确保他们能够分享到文化产业带来的好处。

第四节 群众文化的传播途径

一、社交媒体与数字平台

社交媒体与数字平台在当代社会扮演着重要的角色，成为群众文化传播的主要途径。这些平台的广泛普及和迅猛发展不仅改变了信息传播的方式，还对文化传播产生了深远的影响。社交媒体和数字平台之所以成为主要的文化传播途径，与其特点密不可分。这些平台具有高度互动性、即时性、多媒体性和全球性的特点。用户可以在这些平台上分享文字、图片、音频和视频等多样化的内容，与他人互动，实现信息的快速传播。例如，微博和抖音等平台允许用户通过短视频来表达自己，吸引了大量用户。这种即时性和多媒体性使得文化内容更加生动且吸引人，从而更容易在社交媒体上扩散。

社交媒体和数字平台改变了文化传播的机制。传统的文化传播通常由媒体机构掌握话语权，而社交媒体和数字平台赋予了个人更大的话语权和传播能力。任何人都可以在这些平台上发布内容，无论是个人观点、艺术作品还是新闻事件，都有机会迅速传播并引起关注。这种去中心化的传播机制使得文化传播更加多样化和民主化，有助于发掘更多潜在的文化创作者和内容。

社交媒体和数字平台还能够将文化内容迅速传播至不同地区和群体。互联网的全球性使得信息能够跨越地理界限传播，而社交媒体的社交互动机制使得信息可以快速传递给感兴趣的群体。这种广泛的传播途径为不同文化之间的交流和互动提供了平台。例如，一位艺术家可以通过社交媒体将自己的作品分享给全球观众，获得来自不同文化背景的人的反馈和支持。这有助于促进文化的多元化和全球化。

社交媒体和数字平台也带来了一系列社会影响。首先，信息的泛滥和虚假信息的传播成为一个严重问题。由于信息在社交媒体上传播迅速，很容易被篡改或夸大，导致虚假信息的传播，这对文化传播的可信度和质量构成了挑战。其次，社交媒体的信息过载和滤波问题，使人们更容易陷入"信息茧房"，只看到与自己观点相符的信息，加深了信息的偏见性。这可能会导致文化传播的片面性和狭隘性。最后，社交媒体还引发了一系列社会问题，如隐私问题、网络欺凌、信息泄露等，对社会稳定和个体权益产生了不可忽视的影响。

针对上述问题，未来社交媒体和数字平台的发展趋势也备受关注。首先，平台应加强信息审核和打击虚假信息，以提高文化传播的质量和可信度。其次，用户教育和信息素养的提升也至关重要，以帮助人们更好地理解和利用社交媒体平台。再次，平台可以探索更多的社交互动方式，以减少"信息茧房"效应，促进不同观点之间的交流和对话。最后，社交媒体和数字平台的监管和法律制度也需要不断完善，以应对新兴的社会问题和挑战。

社交媒体和数字平台在当代社会发挥着重要的文化传播作用，其特点、机制、社会影响和未来趋势都值得深入研究。这些平台的发展不仅为文化传播提供了新的机会和挑战，还塑造了当代社会的信息环境和文化格局。因此，对社交媒体和数字平台的研究和监管至关重要，以确保它们能够更好地为社会和文化传播做出积极的贡献。

二、传统媒体的作用

传统媒体的作用在数字时代仍然至关重要，尽管数字媒体的兴起改变了媒体生态系统的格局,但传统媒体在文化传播中的地位不容忽视。传统媒体在信息传递方面发挥着重要的作用。电视、广播和报纸等传统媒体仍然是大多数人获取新闻和信息的主要渠道,尤其是在一些偏远地区或数字设施不发达的地方,传统媒体扮演了不可替代的角色。这些媒体机构具有长期积累的新闻采编经验,可以为观众提供深入、权威的新闻报道,帮助公众了解世界各地的重要事件。与此同时,传统媒体还在危机和紧急情况下发挥着至关重要的作用,如自然灾害、重大事件等。其及时的报道和信息传递有助于政府和公民迅速采取行动,保护人们的生命和财产安全。

传统媒体在文化传播方面也发挥着关键作用。电视、广播和报纸等媒体不仅仅是信息的传递者,还是文化价值观念的塑造者。通过各种节目、专栏和特稿,传统媒体传达了社会的价值观念、道德准则和文化认同,有助于维护社会的凝聚力和稳定性。这种文化传播作用不仅局限于本国,还可以促进跨国文化交流,增进不同文化之间的理解和融合。传统媒体的文化传播作用在一定程度上塑造了人们的思维方式和行为模式,对社会和个体产生了深远的影响。

传统媒体在社会影响方面也具备重要价值。它们作为社会舆论的重要制定者,能够引导公众对政治、社会和经济问题的看法和态度。传统媒体的报道和评论可以影响选民的选举决策,推动政府采取特定政策,促使社会问题得到关注和改善。此外,传统媒体还扮演着监督社会机构和权力机构的角色,通过调查报道和揭露丑闻来确保社会的透明度和责任性。这对维护民主制度的健康运行至关重要,有助于避免滥权和腐败。

传统媒体在广告和商业领域也有其独特的作用。广告业是传统媒体的重要支持者之一,通过广告收入,传统媒体能够维持运营并提供高质量的内容。广告不仅是一种商业模式,还是一种文化现象,通过广告,企业可以推广产品和服务,塑造品牌形象,影响消费者的购买决策。传统媒体作为广告的传播渠道,为企业提供了广告投放的平台,同时也为消费者提供了信息和选择的机会。

尽管数字媒体在信息传递和互动性方面具有明显的优势,但传统媒体仍然在多个层面上发挥着不可替代的作用。首先,传统媒体在信息传递方面具有广泛的覆盖面，能够触及不同年龄、文化和社会背景的受众群体。这种广泛的覆盖面使传统媒体成为传递重要信息和观点的有效工具，有助于形成共识和认知。其次，传统媒体具有权威性和可信度，受众普遍认为它们在新闻报道方面更加可信赖。这种权威性有助于抵制虚假信息和谣言的传播，维护信息的真实性和可靠性。再次，传统媒体在文化传播方面有着悠久的历史和丰富的经验，能够传达深刻的文化价值观念和历史背景，有助于传承和保护社会的文化遗产。

传统媒体也面临着一些挑战和困境。首先，数字媒体的崛起导致了传统媒体的读者和广告商流失，广告收入下降，部分传统媒体不得不裁员或关闭。其次，年青一代更倾向于通过社交媒体和在线新闻平台获取信息，而不是依赖传统媒体。这意味着传统媒体需要不断调整自己的内容和传播方式，以迎合年轻受众的需求。最后，传统媒体也面临着信息过载和信息碎片化的问题，随着互联网时代的到来，人们容易受到大量信息的干扰，传统媒体需要更好地筛选和呈现信息，以保持受众的关注和信任。

传统媒体在数字时代仍然具备重要的作用。它们在信息传递、文化传播、社会影响和商业领域都发挥着独特的功能，有助于维护社会的稳定和发展。尽管面临挑战，但传统媒体仍然是一个不可或缺的组成部分，与数字媒体共同构成了丰富多样的媒体生态系统，为公众提供了多样化的信息和观点，推动了社会的进步和发展。因此，传统媒体的重要性不容忽视，应继续得到支持和尊重。

三、社区活动和组织

社区活动和组织在社会文化领域具有重要作用，对维持和传播群众文化产生了深远影响。社区活动和组织通过举办节日庆典为社区成员提供了一个展示和庆祝本土文化的重要平台。这些庆典通常包括传统的仪式、表演和美食，它们不仅满足了人们的娱乐需求，还提供了一个机会，让社区成员能够亲身体验和参与文化活动。例如，春节庆祝活动不仅在中国，而且在全球范围内庆祝，通过舞龙、舞狮和传统音乐等表演，展示了中国文化的丰富多彩。这些节庆不仅帮助传承了传统文化，还促进了文化的传播，让更多人了解和欣赏不同的文化。

文化集会也是社区活动的重要组成部分，它们提供了一个平台，让社区成员可以共同探讨、分享和传播本土文化。这些集会可以包括文化展览、文化讲座和文化工作坊等，它们不仅丰富了人们的文化知识，还促进了文化的互动和交流。例如，在一个文化展览中，社区成员可以了解到他们的文化背景和历史，这有助于加深他们对本土文化的认同感。此外，文化讲座和工作坊可以提供一个学习和传授本土文化技能的机会，从而推动文化的传承和发展。

社区艺术项目也是社区活动的重要组成部分，它们通过艺术表达来传达和表达本土文化。这些项目包括艺术展览、音乐会、戏剧表演和文学活动等，它们不仅为艺术家提供了展示他们作品的平台，还为社区成员提供了一个欣赏和参与艺术的机会。通过艺术，人们可以深入了解文化的情感和价值观，从而增强对本土文化的认同。例如，一场关于民间故事的戏剧表演可以帮助观众更好地理解和欣赏社区的传统故事，这有助于文化的传承和保存。

除了在传播本土文化方面的作用，社区活动和组织还对社区成员的文化认同产生了积极影响。参与社区活动和组织可以增强社区成员对自己文化的认同感。当人们参与庆典、集会和艺术项目时，他们会感到自己是文化传承的一部分，这有助于塑造他们的文化身份。此外，参与这些活动也可以促进社交互动，使人们感到与社区联系更加紧密，从而进一步强化了文化认同。

社区活动和组织还有助于文化的传承。通过参与庆典、集会和艺术项目，年青一代可以学习和传承传统知识和技能。这些活动为年轻人提供了一个机会，让年轻人从长辈和社区导师那里学习传统的文化实践，如手工艺、舞蹈和音乐等。这种传承不仅有助于保存文化传统，还促进了文化的发展和更新。年青一代可以在传统的基础上加入新的元素和创新，从而使文化保持活力。

尽管社区活动和组织在维持和传播群众文化方面发挥了重要作用，但也面临一些挑战。首先，社区活动的财政支持可能不稳定，这可能会限制它们的规模和影响力。许多社区组织依赖于捐赠和赞助，而这些资金可能会受到波动和不确定性的影响。因此，需要采取措施来确保这些活动和组织有稳定的财政支持，以保持其持续运营。

其次，社区活动和组织还面临着人力资源的挑战。志愿者通常是这些活动的主要推动力量，但志愿者的招募和管理可能会很具挑战性。需要建立有效的志愿者招募和培训计划，以确保社区活动和组织能够获得足够的人力资源支持。

最后，社区活动和组织还需要应对多样性和包容性的问题。在一个多元文化的社区中，需要确保活动和组织能够包容各种不同文化背景和观点的人。这可能需要制定包容性的政策和程序，以确保每个社区成员都能够参与和受益于这些活动。

社区活动和组织在维持和传播群众文化方面发挥着至关重要的作用。通过庆典、集会和艺术项目等方式，它们不仅促进了文化的传播，还增强了社区成员对本土文化的认同。此外，这些活动还有助于文化的传承，让年青一代能够学习和传承传统知识和技能。然而，它们也面临财政、人力资源和多样性等挑战，需要采取措施来应对这些挑战，以确保它们能够持续发挥作用，继续为社区文化的繁荣做出贡献。

四、国际交流与合作

在全球化背景下，国际交流与合作在群众文化传播中扮演着极为重要的角色。这一现象体现了文化传播的不可分割性和全球互联互通的特点。国际交流与合作通过各种方式，如国际艺术展览、文化节、交流项目等，促进了不同国家和地区的文化之间的跨界交流。这种交流不仅仅是一种单向传播，而是一种互动和共享的过程。艺术家、文化工作者和观众都可以从不同文化中汲取灵感，创造新的艺术作品或文化表现形式。这种交流丰富了全球文化领域，使各种文化得以传播和传承。

国际交流与合作有助于促进文化多样性。在全球化的今天，文化多样性面临着严重的挑战，因为全球化趋势可能导致文化同质化。然而，通过国际交流与合作，各种文化有机会在国际舞台上展现自己的特色和独特之处。这样，不同文化的多样性得以被保护和维护，避免了文化的单一化。这对于维护全球文化生态平衡至关重要，因为每个文化都是人类文明的宝贵贡献。

国际交流与合作加深了不同文化之间的理解和尊重。当人们接触到来自不同文化的艺术、音乐、文学和其他文化产品时，他们更容易理解这些文化的背后故事和价值观。这种理解有助于减少文化之间的误解和偏见，促进文化之间的和谐共处。此外，国际交流与合作还可以通过促进文化外交和文化交流活动，加强国际社会的友好关系和互信。这有助于解决国际间的纷争和冲突，为全球和平稳定做出贡献。

国际交流与合作也对文化产业和创意经济产生了积极影响。随着全球文化交流的加强，文化产品的需求也不断增长。这包括艺术品、音乐、电影、文学作品等。这些文化产品不仅丰富了人们的生活，还成为重要的经济增长点。文化产业的发展创造了就业机会，促进了经济繁荣。通过国际交流与合作，文化创作者有机会将他们的作品推向全球市场，获得更广泛的认可和市场份额。

国际交流与合作还可以推动科技和文化的融合。当不同国家和地区的文化交流时，人们不仅分享了传统文化，还可以互相学习和吸收最新的科技和创新。这种跨领域的合作有助于推动科技和文化的交叉创新，促进了文化产业的发展，同时也为科技领域带来了新的思维和创意。

国际友好交流与合作教育领域产生积极影响。学生和研究者可以通过国际交流项目获得更广泛的视野和经验。他们可以前往不同国家学习，了解不同文化的教育体系和教学方法。这有助于培养其全球化意识和跨文化沟通能力，为未来的职业发展提供更多机会。同时，国际学术合作也促进了知识的共享和传播，有助于推动科学研究和学术进展。

国际交流与合作在全球化背景下对于群众文化传播具有深远的影响和重要性。它促进了文化多样性的保护，深化了文化之间的理解和尊重，推动了文化产业和创意经济的发展，促进了科技和文化的融合，同时也为教育领域带来了丰富的机会。因此，国际交流与合作不仅丰富了文化领域，还对社会、经济和教育产生了积极影响，是文化传播不可或缺的一部分。我们应该继续鼓励和支持国际交流与合作，以推动文化传播的进一步发展和繁荣。

第二章 传统群众文化的形态

在中国丰富而多彩的文化历史长河中,传统群众文化始终扮演着不可或缺的角色。本章将深入探讨传统群众文化的多种形态,从口头传统与民间故事的丰富叙事,到传统音乐与舞蹈中的韵律与身体语言的交融;从民间艺术与手工艺中细腻的工艺与独特的美学,到传统节庆与仪式中所体现的社会价值观和集体记忆。这些文化形态不仅是历史的见证,更是民族精神和文化身份的重要载体。通过对这些文化遗产的细致解读,我们可以更深刻地理解中华民族丰富的文化内涵和历史传承的独特方式。

第一节 口头传统与民间故事

一、口头传统的定义与历史

口头传统是指一种通过口述的方式传递知识、文化、价值观和历史的社会实践。它是在没有书写文字的社会中,人们用口头语言和非书面的方式来传扬、保持和传承各种信息的方式。这种传统形式具有深远的历史根源,对于理解人类文化的演变和发展至关重要。

我们可以追溯到早期人类社会,那时书写文字还没有被发明出来。在这个时期,人们依靠口头传统来传递重要的信息,包括族谱、宗教仪式、神话故事和社会规范。这种口头传统的重要性在很大程度上体现在它作为社会记忆的载体。通过口头传统,一个社会能够将其历史和文化价值观传递给后代,从而保持了其社会的连续性和身份认同。

不同文化和历史时期中的口头传统呈现出多样性。在不同地区和社会中,口头传统的内容和形式都有所不同。例如，原住民社群的口头传统通常包括与环境和自然界相关的知识，如狩猎、植物学和天文学。这些知识对于他们的生存至关重要，并且通过口头传统代代相传。另外，许多古代文明如古希腊和古罗马也依赖口头传统来传递哲学、文学和政治思想，这些传统对于塑造西方文化和思想有着深远的影响。

口头传统还在不同历史时期中经历了演变。在一些社会中，口头传统逐渐演变成了书面文化的一部分，例如古代中国的经典文学和印度的吠陀经典。然而，在其他社会中，口头传统一直保持着其独立性，如非洲的口头历史传统和澳大利亚土著社群的歌谣传统。这些演变反映了不同社会对于知识和文化传承的不同方法和价值观。

口头传统是一种重要的文化现象，它不仅在没有书写文字的社会中起到了传递知识和文化的关键作用，还在不同文化和历史时期中演化和发展。它不仅仅是一种信息传递的工具，更是一个社会的记忆和身份的体现。理解口头传统的定义和历史有助于我们更好地理解人类文化的多样性和复杂性，以及人类社会如何在没有书写文字的条件下实现了知识和文化的传承。在当前数字化时代，口头传统仍然具有重要意义，因为它代表了一种与书面文化不同的传承方式，强调了口头传统在人类文化中的持久性和价值。

二、民间故事的类型与特征

民间故事是文化的重要组成部分，它传承着社会历史、价值观和信仰。神话是民间故事的一种重要类型，它通常涉及神祇、英雄、超自然现象和创世神话。神话往往被用来解释宇宙的起源和自然界中的现象，同时也反映了社会的价值观和道德观念。例如，希腊神话中的奥林匹斯众神代表了不同的人性特征和品质，同时也反映了古希腊社会的政治和道德观念。

传说是另一种常见的民间故事类型，通常涉及历史事件或英雄人物的传承。传说常常具有一定的历史背景，但也常常夸大和改编了事实，以强调某种价值观或道德教训。传说的特点在于它是口头传承的，通过口口相传的方式传递给后代，从而保留了社会的历史和文化记忆。一个例子是罗宾汉的传说，它强调了正义和反抗不公的主题,并在不同文化中有着不同的版本。

寓言是另一种有趣的民间故事类型,它通常以动物或虚构角色为主要人物,通过故事来传递道德和教育教训。寓言的特征在于它常常包含明显的道德教育元素,通过角色的行为和决策来教导读者或听众有关道德和伦理的重要性。例如,伊索寓言中的故事常常涉及动物之间的互动,以便传递关于诚实、勤劳、智慧等美德的教育。

在不同文化中,这些不同类型的民间故事具有共通性和差异性。共通性体现在对于一些基本主题和价值观的共鸣。例如,对于正义、勇气、友情等主题在世界各地的民间故事中都有出现,这反映了人类共通的情感和价值观。然而,不同文化之间的差异也非常明显,因为它们在语言、历史、宗教和地理环境上都存在差异。这些差异在故事的情节、角色和象征意义上表现得尤为明显。例如,中国的神话中常常涉及龙的形象,而北欧神话则强调雷神和冰巨人等元素,这些差异反映了各自文化的特点和信仰。

民间故事也反映了各自社会的价值观和信仰体系。神话通常反映了社会对于宇宙和神祇的理解,传说则反映了对历史事件和英雄人物的崇拜,而寓言则传达了社会对于道德和伦理的看法。通过研究这些故事,我们可以深入了解不同文化的核心价值观和信仰,以及它们在历史和社会中的地位。

民间故事是文化传承的重要方式,它涵盖了神话、传说和寓言等不同类型,具有丰富的文化内涵和教育意义。这些故事在不同文化中具有共通性和差异性,同时也反映了各自社会的价值观和信仰。通过深入研究民间故事,我们可以更好地理解不同文化的精神世界和文化传承。

三、口头传统在现代社会的传播方式

在现代社会,虽然书写和电子媒介已经占据了主导地位,但口头传统仍然在不同社区中存活和传播着。这一现象反映了口头传统的韧性和价值,以及其在文化传承中的重要性。家庭故事会是口头传统的重要载体之一,它在现代社会中仍然保持着其独特的地位。在家庭中,父母、祖父母们通过口头传统将家族的历史、价值观和故事传递给下一代。这种传统方式不仅令家庭成员之间建

立了更加亲密的联系，还有助于儿童的情感和认知发展。研究表明，家庭故事会有助于儿童更好地理解自己的身份和文化背景，培养他们的道德观念和社会意识。因此，尽管社会环境不断变化，家庭故事会作为口头传统的一种表现形式仍然扮演着文化传承的重要角色。

节日庆典也是口头传统的传播场所之一。在不同文化中，节日庆典往往伴随着口头传统的传承，包括传统的歌曲、舞蹈、故事讲述等。这些庆典不仅是文化传统的体现，也是社区凝聚力的象征。通过庆典中的口头传统，人们能够感受到自己的文化根脉，强化社区认同感，并将这些传统价值观传递给后代。例如，中国的春节庆典就包括了许多口头传统，如对联、赏灯笼和传统美食的分享，这些活动不仅传承了文化，也加强了家庭和社区之间的联系。

口头传统在现代教育中也扮演着重要的角色。虽然学校教育以书面形式为主，但口头传统在教育过程中具有独特的教育价值。口头传统能够使教育更加生动和有趣，激发学生的兴趣和参与度。教师可以通过故事、神话和传说来传达知识和价值观，从而使学生更容易理解和记忆。此外，口头传统还有助于培养学生的口才和表达能力，提高他们的人际交往技巧。研究表明，口头传统在教育中有助于学生更好地理解文化多样性，尊重不同文化之间的差异，培养跨文化交流的能力。

口头传统还在文化保护和传承中扮演着重要的角色。许多社区和民族都将口头传统视为文化遗产的一部分，通过口头传统来传承文化和历史的记忆。这种传统的传承方式有助于保护文化多样性，防止文化的丧失和遗忘。例如，澳大利亚原住民社区通过口头传统来传承他们的历史、传说和生存技能，以确保这些宝贵的文化资源不会消失。此外，口头传统也可以用来记录社会历史，特别是那些没有文字记载的历史事件和故事。口头传统的记忆传承有助于人们更好地理解社会的演变和发展，为后代提供了宝贵的历史教材。

尽管书写和电子媒介在现代社会中占据主导地位，口头传统仍然在不同社区中存活和传播。家庭故事会、节日庆典、教育和文化保护等领域都展现了口头传统的重要性。口头传统不仅有助于家庭成员之间建立联系，还强化了文化传承和社区凝聚力。在教育领域，口头传统能够使教育更加生动有趣，培养学生的口才和跨文化交流能力。在文化保护方面，口头传统有助于保护文化多样性，传承文化和历史的记忆。因此，口头传统在现代社会中仍然具有不可替代的价值，应得到更多的重视和保护。

四、民间故事在文化传承中的作用

民间故事在文化传承中的作用是一个复杂而多维的主题，涉及社会、历史、文化和教育等多个领域。民间故事在文化传承中扮演着不可或缺的角色。它是一个文化的灵魂，代表着某个地区或群体的独特特征和价值观。通过传承民间故事，一个社会能够保持自己的身份和认同感。这些故事承载着祖先的智慧和经验，是过去与现在的纽带，将文化价值传递给后代。在全球化的今天，保持文化身份的重要性越发突出，而民间故事则成为传承文化的有力工具。

民间故事在道德教育方面发挥着重要作用。这些故事常常包含着深刻的道德教育，通过角色和情节展示了善恶之间的冲突和选择。儿童和青少年通常是这些故事的受众，通过听故事，他们可以学到如何分辨对错、理解道德原则，以及如何在生活中做出正确的决策。这种道德教育不仅可以帮助个体成长，也有助于塑造整个社会的价值观和道德标准。

民间故事还在社会规范的传递方面发挥了重要作用。这些故事通常反映了特定社会的规范和行为准则。通过故事中的人物和情节，社会可以向成员传达什么是可接受的行为，什么是不可容忍的行为，以及如何与他人相处。这有助于维护社会的秩序和稳定，并确保人们在社会互动中遵循共同的规则和价值观。

民间故事也是历史知识的重要载体。通过这些故事，人们可以了解过去的事件、传统的演变以及社会的发展历程。这些故事不仅传递了历史事件的事实，还包含了人们对历史的诠释和理解。因此，它们有助于保留历史记忆，并促使后代对自己文化和历史的思考和反思。

随着现代社会的发展，民间故事也经历了一系列的挑战和变革。首先，传统的口头传承方式逐渐被现代媒体和科技取代。现代社会更加依赖电视、互联网和社交媒体来获取信息和娱乐，而不再像过去一样依赖口口相传的故事传播。这种转变可能导致一些民间故事被遗忘或失传。

现代社会的多元性和多样性也对民间故事的传承提出了挑战。传统的民间故事通常根植于特定的文化和地区，而现代社会由不同背景和文化的人们组成。因此，如何在多元化的社会中保持这些故事的相关性和吸引力成为一个问题。一种方法是重新解读和适应这些故事，使它们更具包容性和多样性，以迎合不同群体的需求和兴趣。

现代社会中民间故事的重新解读和适应也涉及文化的变革和演进。一些民间故事可能包含过时的观念或价值观，需要进行修订或重新解释，以适应现代社会的价值体系。这种变革可能引发文化的讨论和反思，有助于社会更好地理解自己的文化传统和历史。

民间故事在文化传承中扮演着重要的角色，帮助维持和传承文化身份，传递道德教育、社会规范和历史知识。然而，现代社会的变革和多样性也对民间故事的传承提出了挑战，需要寻找新的方法来保持这些故事的活力和吸引力。通过不断的重新解读和适应民间故事，我们可以更好地理解和珍惜自己的文化传统，并将其传递给下一代。这一过程不仅有助于保护文化多样性，还有助于促进社会的发展和进步。

第二节　传统音乐与舞蹈

一、传统音乐的历史与发展

传统音乐是人类文化遗产中的重要组成部分，它承载着丰富的历史和多样的文化背景。为了更深入地探讨传统音乐的历史与发展，我们需要首先了解其起源和演化过程。传统音乐的历史可以追溯到远古时代，它是人类文化的原始表达方式之一。在这方面，传统音乐起源于人类对自然声音的模仿和节奏的感知，这些早期的音乐表现主要以口头传承的方式传递，没有书面记载，因此很难追溯到确切的起源。

随着时间的推移，传统音乐逐渐发展演化，受到了各种历史事件、地理环境和文化交流的影响。在不同文化背景下，传统音乐呈现出多样性和独特性，每个文化都有其独特的传统音乐风格。例如，中国的传统音乐以古琴、二胡、笛子等乐器为特色，而印度的传统音乐则以坚韧的拉杜尔、嗓音特技和复杂的旋律结构而闻名。这些不同的音乐风格反映了各个文化的价值观、信仰体系和历史传统，同时也反映了当地的地理和气候条件对音乐的影响。

传统音乐在不同历史时期的社会和文化意义也值得深入探讨。首先，传统音乐在古代社会中扮演着宗教仪式和庆典活动的重要角色。音乐被认为是与神灵沟通的一种方式，它在祭祀、婚礼、葬礼等仪式中扮演了重要的角色。其次，传统音乐也在社会团体中起到了凝聚力的作用，它能够加强社区感情，传承文化传统，并传递社会价值观。这种社会功能使得传统音乐成为文化传承的重要媒介，将历史和价值观传递给后代。

在历史的长河中，传统音乐也受到了不同的历史事件和社会变革的影响。例如，19世纪工业革命的兴起导致城市化的加速，这对传统农村社区的传统音乐产生了影响。传统音乐在城市环境中逐渐演变为流行音乐，融合了不同文化元素，形成了新的音乐风格。这个过程反映了音乐的适应性和活力，同时也突显了传统音乐的不断变革和更新。

另一个重要的方面是传统音乐在现代社会中的地位和挑战。随着科技的进步和全球化的影响，传统音乐面临着许多挑战，包括失传和文化消失的威胁。年青一代人的音乐口味更趋向于流行音乐和电子音乐，这导致传统音乐的传承受到压力。此外，传统音乐在商业化和大众媒体的冲击下，也面临着商业化的压力，传统音乐家和艺术家不得不寻找新的表演和传播方式以维持其传统。这些挑战使得传统音乐需要不断地适应和创新，以保持其活力和吸引力。

传统音乐是一个复杂而多样的领域，其历史和发展充满了丰富的内涵。从其起源和演化到不同文化下的风格特点，再到社会和文化意义以及面临的现代挑战，传统音乐都具有深刻的历史和文化价值。通过深入研究传统音乐，我们可以更好地理解人类文化的多样性和丰富性，同时也能够为其保护和传承提供更多的参考和支持。传统音乐作为文化遗产的一部分，值得我们珍惜和传承，以保持其在现代社会中的重要地位。

二、传统音乐的演奏与传承

传统音乐作为一门古老而丰富的艺术形式，其演奏与传承一直是音乐学界和文化研究者关注的重要议题。传统音乐的演奏技巧是传承和保护其文化遗产的重要组成部分。在演奏方面，各种传统乐器的使用和演奏方法至关重要。不同地区和文化拥有独特的传统乐器，如中国的古琴、印度的坚鼓、爱尔兰的小提琴等。这些乐器具有特殊的声音和演奏技巧，通常需要多年的实践和精湛的技艺才能掌握。例如，古琴演奏要求演奏者熟练掌握指法、音韵和琴曲的精髓，这种技艺传承通常是师徒制的，通过口传心授的方式传递下来。因此，传统音乐的演奏技巧既包括了乐器技能的培养，也包括了对音乐传统的理解和传承。

传统音乐的教学与传承方式也值得深入研究。在传统社会中，音乐通常是通过口头传授的方式传承下来的。这种口头传统包括了歌曲、曲谱、故事和音乐的历史，这些都是通过代际传承的方式保存和传递下来。然而，在现代社会，传统音乐的传承方式已经发生了重大变化。现代教育体系和技术的发展使得传统音乐的教学更加系统化和广泛化。音乐学院和学校提供专业的音乐教育，使更多的学生有机会学习传统音乐。此外，现代技术如互联网和移动应用程序也为学习和传承传统音乐提供了新的途径。在线教程、数字化音乐资源和社交媒体平台使得音乐家和学习者可以远程交流和分享知识。这种融合传统与现代的教学方式，既丰富了传统音乐的传承途径，也带来了新的挑战和机遇。

现代技术对传统音乐传承的影响也是一个重要的话题。录音技术的发展使得传统音乐的录制和存档变得更加容易，这有助于保存珍贵的传统音乐演奏。此外，互联网和数字化媒体使得传统音乐可以更广泛地传播和分享，增加了其曝光度和吸引力。然而，这也带来了一些挑战，例如音乐的商业化和文化流失。商业化可能导致音乐变得商业化和流行化，丧失了原汁原味的传统特色。此外，互联网上的大量音乐内容可能导致传统音乐被淹没在信息海洋中，使得传承变得更加困难。因此，现代技术既为传统音乐的传承提供了机会，也需要谨慎对待，以保护其纯粹性和独特性。

传统音乐的演奏与传承是一个复杂而多层次的过程，涉及演奏技巧、教学方式和现代技术的多重影响。传统音乐的演奏技巧需要传承者具备高超的技艺和对音乐传统的理解。传承方式从口头传统逐渐转变为现代化的教育体系和技术支持。现代技术为传统音乐的传承提供了便利，但也带来了挑战。因此，我们需要综合考虑这些因素，以确保传统音乐得以传承并在现代社会中继续发展。只有通过深入研究和积极探讨，我们才能更好地理解传统音乐的价值和意义，并为其未来的传承和发展提供有益的启示。

三、传统舞蹈的样式与特征

传统舞蹈是世界各个文化中的珍贵遗产，它承载着文化认同和历史传承的重要角色。传统舞蹈的多样性和独特性源于各个文化之间的差异，不同地区、不同国家和不同民族都拥有独特的传统舞蹈风格。这种多样性不仅表现在舞蹈的动作和形式上，还表现在舞蹈的背后所传达的文化内涵上。例如，印度的卡塔克舞强调手势和表情的精致，反映了印度文化的细腻和多层次性，而非洲的部落舞蹈则强调身体的节奏感和力量，反映了非洲文化的韵律和力量。

传统舞蹈的特征不仅仅包括舞者的动作，还包括服饰和音乐等元素。舞蹈的服饰在很大程度上反映了特定文化的特点和历史。例如，中国的京剧舞蹈常常伴随着华丽的传统服饰，这些服饰反映了中国古代宫廷文化的华贵和优美。同样，西非的部落舞蹈通常伴随着色彩鲜艳的服装，反映了非洲文化的多彩和丰富。此外，音乐也是传统舞蹈不可或缺的一部分，它与舞蹈动作密切相连，共同构成舞蹈的独特风格。音乐的节奏、乐器和歌词都可以影响舞蹈的氛围和情感表达。这种音乐与舞蹈的紧密关系在印度的卡塔克舞中表现得尤为明显，舞者通常与音乐家紧密合作，以实现舞蹈与音乐的完美融合。

传统舞蹈在表达文化身份和故事叙述中具有重要作用。舞蹈不仅仅是一种娱乐形式，更是一种文化的传承和表达方式。通过舞蹈，人们可以传达自己所属文化的价值观、信仰和历史。例如，印度的巴拉坎纳蒂亚姆舞是一种古老的舞蹈形式，通过精致的手势和动作，讲述了印度古代故事中的神话和传说，反映了印度文化的宗教和哲学传统。同样，美国的印第安原住民舞蹈是一种通过舞蹈来传承族群的历史和传统的方式，舞蹈动作和服饰都承载着族群的身份认同和故事叙述。

传统舞蹈还可以成为社会和政治表达的工具。在一些文化中，舞蹈被用来表达对社会问题的关切和抗议。例如，非洲的舞蹈经常被用来表达对社会的不公和政治问题的不满，舞蹈动作和歌词可以成为社会变革的声音。同样，在印度，一些舞蹈形式被用来表达对性别平等和妇女权益的呼声，通过舞蹈来传达女性的力量和自主性。

传统舞蹈是世界各个文化中的宝贵遗产，它展示了不同文化的多样性和独特性。舞蹈的动作、服饰和音乐等元素共同构成了特定的舞蹈风格，并在文化身份和故事叙述中发挥着重要作用。通过舞蹈，人们能够传达自己所属文化的价值观、信仰和历史，同时也可以利用舞蹈来表达社会和政治关切。传统舞蹈不仅仅是一种艺术形式，更是一种文化的传承和表达方式，它为我们提供了深入了解不同文化的途径，同时也丰富了全球文化的多样性。因此，传统舞蹈应受到尊重和保护，以确保这些宝贵的文化资源得以传承和发展。

四、传统舞蹈的教学与保存

传统舞蹈的教学与保存一直是文化领域中备受关注的话题。传统舞蹈是一个国家或民族文化的重要组成部分，它承载着丰富的历史、价值观和生活方式。在现代社会中，传统舞蹈的教学方法和保存成为一个迫切的问题，需要深入探讨。

传统舞蹈的教学方法至关重要。传统舞蹈不仅仅是一种艺术形式，更是一种文化传承的方式。传统舞蹈教学需要从历史和文化的角度出发，以确保学生真正理解和感受到舞蹈背后的文化内涵。这意味着教师需要具备深厚的文化知识，并能将这些知识传授给学生。在教学过程中，教师应注重培养学生对文化多样性的尊重和理解，以及对传统舞蹈的热情和责任感。

现代社会中，如何保持传统舞蹈的原汁原味也是一个挑战。全球化和文化交流的加速导致了传统文化的融合和演变。为了保持传统舞蹈的纯正性，必须采取措施来保护和传承。一种方法是建立专门的传统舞蹈学院和研究中心，提供严格的培训和研究环境，以确保传统舞蹈的技巧和风格得到准确传承。此外，政府和文化机构也可以制定政策和法律，以保护传统舞蹈并鼓励传承。同时，社会大众也应积极参与，支持传统舞蹈的传承和宣传，例如参与文化节庆和表演，以提高传统舞蹈的知名度和认可度。

文化交流和全球化对传统舞蹈的保护和推广产生了深远的影响。一方面，文化交流可以促进传统舞蹈的传播和交流，使更多人了解和欣赏不同文化的舞蹈形式。然而，与此同时，文化交流也可能导致传统舞蹈的商业化和失真。在全球化的浪潮下，一些传统舞蹈可能会受到商业化的影响，以满足商业需求，而丧失其原汁原味。因此，需要平衡文化交流的利弊，确保传统舞蹈在全球范围内传播的同时，保持其文化价值和独特性。

数字化技术在记录和保存传统舞蹈方面发挥了重要作用。传统舞蹈通常通过口头传统或实践的方式传承，容易失传。数字化技术可以用来记录传统舞蹈的动作和表现，以便后代学习和研究。通过使用高清摄像和虚拟现实技术，可以将传统舞蹈的表演记录下来，并为学生和研究者提供参考。此外，数字化技术还可以用于建立在线平台，供全球用户学习和分享传统舞蹈，促进文化交流和传承。

数字化技术也面临一些挑战。首先，传统舞蹈的记录和保存需要专业的摄影师和编辑，以确保质量和准确性。其次，数字化技术的使用需要适当的资源和资金支持，以建立和维护在线平台。最后，数字化技术也可能引发文化侵权和传统知识的滥用问题，需要制定合适的法律和伦理规范来解决。

传统舞蹈的教学和保存是一个复杂而重要的议题，涉及文化传承、文化交流和技术发展等多个方面。为了保护和传承传统舞蹈，我们需要采取综合性的措施，包括深入的文化教育、政策法规的制定、社会参与和数字化技术的应用。只有这样，我们才能确保传统舞蹈在现代社会中继续繁荣，并将其珍贵的文化遗产传递给下一代。

第三节 民间艺术与手工艺

一、民间艺术的历史与传承

民间艺术是人类文化遗产中不可或缺的一部分,其历史与传承承载了丰富的文化内涵和社会价值。本节将深入探讨民间艺术的历史根源、演变过程以及代代相传的重要性,同时关注不同地区和文化中民间艺术的多样性,以及这些艺术形式如何反映了各自社会的历史和价值观。此外,本节还将探讨传统艺术家和手工艺人在保护这些艺术形式不被现代化浪潮淹没方面做的努力。

我们来研究民间艺术的历史根源。民间艺术的历史可以追溯到远古时代,它并不仅仅是一种娱乐活动,更是人类社会的一种表达方式。早期的民间艺术通常与宗教、宗教仪式和社会仪式有关,例如古代祭祀中的歌舞表演、庆典仪式中的装饰工艺品等。这些艺术形式不仅为人们提供了宗教情感的表达渠道,也为社会交往提供了一种重要的媒介。

随着时间的推移,民间艺术逐渐演变并多样化。不同地区和文化中的民间艺术展现出了丰富的多样性。在中国,民间艺术如中国戏曲、传统绘画、剪纸等代代相传,每一种艺术形式都有其独特的风格和传统。同样,在非洲,部落文化中的绘画、雕刻和舞蹈也传承了数百年,反映了不同部落的历史和价值观。这些不同的民间艺术形式都是各自文化的珍贵遗产,反映了人们对生活、自然和宗教信仰的理解。

值得注意的是,民间艺术不仅仅是一种传统的表达方式,还具有深刻的社会意义。这些艺术形式反映了社会的历史、价值观和文化认同。例如,中国的传统绘画往往包含了对自然景色和哲学思想的表达,反映了中国文化中的和谐与平衡观念。而非洲部落的雕刻作品则常常传达着部落的社会结构和信仰体系。民间艺术不仅是一种艺术形式,更是文化传承的一部分,传递着人们对历史和社会的理解。

随着现代化的浪潮不断涌来，传统的民间艺术面临着被淹没的危险。全球化和科技的发展使得现代文化日益占据主导地位，传统艺术形式逐渐失去了市场和关注。许多传统艺术家和手工艺人面临着生计的压力，他们的技能和知识可能会失传。因此，保护民间艺术的传承变得尤为重要。

为了保护民间艺术的传承，许多国家和组织采取了一系列措施。首先，政府和非营利组织提供了资金支持，以维护和传承传统艺术。这包括资助艺术家和手工艺人的培训项目，以确保他们的技能传承下去。其次，文化教育也起到了关键作用，通过教育培训年青一代，使他们对民间艺术有更深入的理解和兴趣。此外，推广和传播民间艺术也是非常重要的，通过展览、表演和网络媒体等方式，将传统艺术引入现代文化中，吸引更多人的关注和参与。

民间艺术家和手工艺人也承担了重要的责任，他们需要积极参与传承工作。传统的技艺和知识往往是口传心授的，艺术家和手工艺人应该愿意教导年青一代，并将他们的经验传承下去。此外，他们也需要适应现代市场的需求，将传统艺术与现代审美相结合，创造出符合当代社会需求的作品。这样，传统艺术才能在现代社会中继续传承下去。

民间艺术的历史与传承是一个复杂而重要的话题。民间艺术不仅反映了各个社会的历史和价值观，也是文化传承的关键组成部分。然而，现代化的浪潮威胁着传统艺术的生存，因此需要政府、组织、艺术家和手工艺人的共同努力来保护和传承这一宝贵的文化遗产。只有这样，我们才能确保民间艺术继续为人类社会带来丰富的文化体验和历史记忆。

二、手工艺的技术与材料

手工艺是一种具有悠久历史的艺术形式，它以人工技能和创造力为基础，通过特定的技术和材料制作出各种艺术品和实用品。编织是一种广泛应用于手工艺的技术。编织包括各种不同的材料，如纤维、麻绳、竹子等，以及不同的编织方法，如平织、十字织、编结等。每种编织技术都有其独特的特点和应用领域。例如，平织适用于制作地毯和布料，而编结则常用于制作饰品和装饰品。材料的选择也会影响到编织品的质地和外观。通过熟练掌握不同的编织技术和材料的特性，手工艺者能够创造出各种精美的编织品，体现了技术与材料的巧妙结合。

陶瓷制作是另一种重要的手工艺领域。陶瓷制作涉及陶土的选取、成型、烧制等多个环节。不同类型的陶瓷制作使用不同种类的陶土，如瓷土、陶瓷土、红陶土等，每种陶土都具有独特的特性，适用于不同的制作需求。成型是陶瓷制作的关键步骤，它可以通过手工捏塑、轮盘制陶或者模具制陶来完成。烧制过程则需要控制温度和气氛，以确保陶瓷制品的质地和颜色达到预期的效果。陶瓷制作不仅依赖于手工艺者的技术，还需要深入了解陶土的性质和烧制工艺的原理，这样才能制作出高质量的陶瓷作品。

另外，金属工艺也是手工艺的重要领域之一。金属工艺包括铸造、锻造、雕刻等多种技术，以及各种金属材料，如铜、铁、银、金等。不同的金属材料具有不同的硬度、韧性和导电性，因此需要不同的工艺来加工和雕刻。铸造是一种常见的金属工艺，它涉及将金属熔化后倒入模具中，以制作出各种形状的金属制品。锻造则是通过将金属加热至一定温度后用锤子打造成所需形状，这种工艺常用于制作刀剑和装饰品。金属工艺的技术要求高，需要手工艺者具备精湛的金属加工技能，以及对不同金属材料的了解，以便创造出具有独特美感的金属制品。

除了技术，材料也是手工艺中至关重要的一部分。不同的手工艺需要使用不同的材料，而材料的选择会直接影响到制作品的质量和外观。例如，编织所用的材料可以是天然纤维，如棉、麻、羊毛，也可以是合成纤维，如尼龙、聚酯。每种材料都有其独特的纹理、强度和耐用性，手工艺者需要根据作品的需求选择合适的材料。同样，陶瓷制作中的陶土种类和金属工艺中的金属材料也需要精心挑选，以满足不同的制作要求。材料的质地和颜色也可以通过处理和装饰技巧来改变，从而增强手工艺品的美感和独特性。

现代技术和材料创新在提升传统手工艺质量和美感方面发挥了重要作用。传统手工艺往往依赖于手工制作，生产效率低下，而现代技术可以加速制作过程，提高一致性和精确度。例如，数控机床和3D打印技术可以用于金属工艺中的精密加工，以制作复杂的金属雕刻品。另外，现代材料科学的发展也为手工艺提供了更多选择。新型合成材料和复合材料具有更高的强度和耐久性，可以用于制作更持久的手工艺品。同时，现代科技还可以用于手工艺的设计和装饰，例如利用计算机辅助设计软件来创建复杂的编织图案或陶瓷纹理。

手工艺是一门融合了技术和材料的艺术形式，每种手工艺都有其独特的制作方法和所需材料。编织、陶瓷制作和金属工艺是手工艺的重要领域，它们依赖于手工艺者的技术和对材料的深刻理解。现代技术和材料创新为提升传统手工艺的质量和美感提供了新的可能性，加速了制作过程，增强了设计和装饰的灵活性。通过深入研究手工艺的技术与材料，我们可以更好地欣赏和理解这一古老而珍贵的艺术形式，同时也为其未来的发展和创新提供了更多的思路和机会。

三、民间艺术在当代社会的角色

民间艺术在当代社会中扮演着多种角色，不仅在文化传承中具有重要地位，还在现代设计、全球文化交流和社会凝聚力方面发挥了积极作用。民间艺术在当代社会中具有文化传承的重要性。许多民间艺术形式，如传统音乐、绘画、雕刻和手工艺品，代表了特定文化和地区的独特历史和价值观。这些传统艺术不仅仅是一种艺术形式，更是文化的象征，它们传递了民族和地区的身份认同。在全球化的今天，民间艺术成为文化多样性的宝贵载体，帮助人们保持对自己文化根源的认同感。

民间艺术在现代设计中发挥了重要作用。许多现代设计师和艺术家从民间艺术中汲取灵感，将传统元素融入现代创作中。这种融合不仅丰富了设计的多样性，还为民间艺术注入了新的生命力。举例来说，一些时装设计师通过融合传统纺织技术和图案设计，创造出富有现代感的服装系列。这种创意性的结合不仅丰富了设计领域，还促进了文化交流和创新。

民间艺术也在社会凝聚力的构建中发挥了积极作用。通过参与民间艺术的活动，人们能够建立起共同的兴趣和价值观，加强社会联系。例如，当社区居民一起参与绘画、音乐或舞蹈活动时，他们不仅仅是在创作艺术，还在建立友谊和社会网络。这种社交互动有助于减少社会隔阂，增进社会和谐。

在全球化的背景下，民间艺术也在国际文化交流中发挥着重要角色。许多国家将民间艺术作为文化外交的一种手段，通过展览、演出和文化交流活动，向世界展示自己的文化。这种文化交流不仅仅是一种外交手段，还有助于不同文化之间的相互理解和尊重。通过欣赏和学习他人的民间艺术，人们可以更好地了解不同文化的价值观和传统。

民间艺术也在经济发展中扮演着重要角色。许多地区依赖民间艺术产业来维持生计。手工艺品、纺织品、陶瓷等民间艺术制品成为一些地区的重要出口产品，为当地经济做出了贡献。同时，一些艺术家和工匠通过民间艺术创作获得了收入，这促进了社会经济的稳定和可持续发展。

尽管民间艺术在当代社会中具有重要作用，但也面临着一些挑战。首先，现代技术和工业化的发展对传统手工艺品的生存构成了威胁。自动化生产和大规模工业制造使传统手工艺品的生产变得更加困难，这可能导致传统技艺的消失。因此，保护和传承民间艺术的重要性越发凸显。

其次，全球化也带来了文化同质化的问题。在全球化的冲击下，一些地区的传统民间艺术可能会受到外来文化的冲击，导致失去其独特性。因此，需要采取措施来保护和维护本土文化的独特性，以免文化多样性受到威胁。

民间艺术的传承和发展也需要适应现代社会的需求。这意味着传统民间艺术需要与现代技术和市场相结合，以更好地满足现代社会的需求。例如，一些手工艺品制造商已经开始利用互联网销售他们的产品，从而扩大了市场覆盖面。这种创新性的适应可以帮助传统民间艺术在当代社会中保持活力。

民间艺术在当代社会中具有重要的地位和作用，不仅在文化传承中扮演着重要角色，还在现代设计、文化交流、社会凝聚力和经济发展方面发挥了积极作用。然而，面对现代化和全球化的挑战，保护和传承民间艺术的工作仍然至关重要，同时需要采取创新性的方法来适应现代社会的需求。民间艺术不仅仅是过去的遗产，更是当代社会的宝贵资源，应该得到持续的关注和支持。

四、手工艺的商业化与市场

手工艺品是一种充满创意和独特性的艺术形式，通常由具有独特技能和工艺的手工艺人制作。在过去的几十年里，手工艺品的商业化和市场定位变得越来越重要，因为越来越多的人开始欣赏这种艺术形式并愿意为之支付高价。手工艺人如何将他们的作品商业化是一个重要的问题。商业化涉及生产、销售和市场推广等方面的策略。手工艺人可以通过多种方式来实现商业化，首先是提高生产效率。虽然手工制作通常意味着每件作品都是独一无二的，但手工艺人可以采用一些工艺技巧和工具来提高生产效率，从而增加作品的供应量。例如，他们可以使用模具或者批量加工来减少制作时间，同时保持作品的质量和独特性。

手工艺人需要建立自己的品牌和市场定位。品牌建设是一个长期的过程，它需要手工艺人定义自己的独特风格和价值观，并将其传达给潜在的客户。这可以通过精心设计的作品、独特的故事背后，以及对社会和环境的关注来实现。市场定位则需要手工艺人了解自己的目标受众是谁，他们有什么需求和喜好，以及如何满足这些需求。通过了解市场，手工艺人可以更好地定位自己的作品，以吸引更多的客户。

手工艺品在国内外市场中的定位也是一个关键问题。在国内市场，手工艺品通常会面临来自大规模生产和低价竞争的压力。因此，手工艺人需要找到一种差异化的策略，以区分自己的作品。这可以通过强调手工制作的质量和独特性，以及提供个性化定制的服务来实现。此外，合作和合作伙伴关系也可以帮助手工艺人在国内市场中扩展他们的影响力。

在国际市场上，手工艺品通常可以吸引更广泛的客户群体，但也需要面对更大的竞争。因此，手工艺人需要了解不同国家和地区的文化和市场需求，以适应不同的市场。国际贸易可以是一个重要的途径，通过与国际买家和分销商建立联系，手工艺人可以将他们的作品引入国际市场。此外，电子商务平台也为手工艺品提供了一个全球销售的机会，手工艺人可以利用这些平台来扩展他们的市场。

除了在市场中找到位置，手工艺品还需要关注可持续性和社会责任。在当今社会，越来越多的消费者关心产品的生产过程和对环境的影响。因此，手工艺人可以通过使用可持续的材料和生产方法，以及支持社会项目和公益事业来吸引更多的客户。这不仅可以提高他们的品牌声誉，还可以推动手工艺品产业的可持续发展。

手工艺品的商业化和市场定位是一个复杂而多层次的过程，涉及生产、品牌建设、市场定位、国内外市场等多个方面。手工艺人需要不断学习和适应市场变化，同时保持对质量和独特性的承诺。只有综合考虑这些因素，手工艺人才能在商业化的道路上取得成功，让更多人欣赏和购买这些独特的艺术品。

第四节　传统节庆与仪式

一、传统节庆的历史渊源和文化价值

传统节庆作为一个社会文化的重要组成部分，它们承载着深厚的历史渊源和文化价值。在各个文化中，传统节庆都具有独特的起源和发展历程，反映了该社会的历史、信仰和价值观。传统节庆的历史渊源可以追溯到古代文明。这些节庆往往源自对自然、宗教、历史事件或传统习俗的崇敬和庆祝。以中国春节为例，它起源于数千年前的古老传说和祭祀活动，与对新年的祈愿和希望息息相关。这一传统节庆的历史渊源反映了中国古代社会的农耕文化和对自然力量的崇拜，以及对家庭团聚和共享的重视。

传统节庆的发展历程常常与社会变革和文化演变密切相关。它们不仅仅是庆祝活动，还是社会教育的一部分，传承着特定社会的价值观念和道德规范。例如，印度的排灯节（Diwali）在庆祝光明战胜黑暗的同时，也强调了对道德原则和人性善良的追求。传统节庆的发展历程反映了社会的变革和价值观念的演进，它们不断地与时俱进，适应着不同时代的需求。

传统节庆在不同文化中具有不同的意义，但它们共同承载着文化认同的重要角色。首先，它们是社会和文化的象征，代表着一个群体的独特特征和历史传承。通过传统节庆，人们能够连接自己的过去，了解自己所属的文化和社会的起源和发展。这有助于维护文化认同，弘扬传统价值观念，使社会更加团结。

传统节庆也具有社会融合的作用。在庆祝节庆的过程中，人们通常会参与各种社交活动，与家人、朋友和社区成员共同庆祝，这有助于增强社会联系和凝聚力。例如，美国的感恩节就是一个家庭团聚的传统节庆，通过共进晚餐和表达感激之情，人们增强了家庭纽带，促进了社会和谐。

传统节庆还能够促进文化交流和理解。在全球化的今天，不同文化之间的交流变得更加频繁，传统节庆成为促进文化多样性的重要途径。例如，中国的春节在全球范围内庆祝，各国的人们也积极参与，学习中国文化和传统。这种跨文化交流有助于拓宽人们的视野，增进文化理解和尊重。

传统节庆还可以提供经济和旅游机会。许多传统节庆吸引了大量游客，促进了旅游业的发展，创造了就业机会，并推动了地方经济的增长。例如，巴西的狂欢节（Carnival）吸引了数百万名游客，为巴西经济发展做出了巨大贡献。这些节庆成为文化旅游的亮点，吸引着世界各地的游客前来体验和参与。

传统节庆作为文化的一部分，具有深厚的历史渊源和丰富的文化价值。它们不仅反映了一个社会的历史、信仰和价值观，还在维护文化认同、社会融合、文化交流和经济发展等方面发挥着重要作用。通过深入研究和传承传统节庆，我们可以更好地理解和尊重不同文化，促进世界各地的文化多样性和和谐共存。因此，传统节庆不仅仅是一种庆祝活动，更是人类文明的宝贵财富，值得我们珍视和传承。

二、节庆与仪式的现代演绎

仪式在社会和宗教领域具有深刻的意义，它们不仅是文化传承的重要工具，还在社会结构中扮演着重要的角色。婚礼作为一种社会仪式，在不同文化中扮演着重要的角色，婚礼不仅是两个人之间的承诺，更是社会认可和支持的象征。它们塑造了夫妻和家庭的身份，将两个家庭联系在一起，有助于社会的稳定和连通性。此外，婚礼还传递着文化价值观念，通过仪式中的符号、仪式和传统来强调特定社会群体的价值和信仰。然而，在现代社会中，婚礼仪式发生了一些变化，婚姻观念逐渐演变，婚礼的规模和形式也逐渐多样化。这引发了一些挑战，如婚姻的稳定性和家庭价值观的多样性，以及传统文化与现代价值观之间的冲突。

成人礼在不同文化和宗教中也扮演着重要的角色。成人礼标志着个体从青少年到成年的转变，它们通常伴随着一系列的仪式和教育。这些仪式有助于个体建立自己的身份，理解社会和宗教价值观念，并为成年生活做好准备。成人礼还有助于社会结构的稳定，因为它们定义了不同年龄段之间的角色和责任。然而，在现代社会中，成人礼的重要性可能有所减弱，一些社会和宗教仪式被较少关注或丧失了传统价值观。这可能导致个体身份认同的不稳定和社会结构的混乱。

宗教节日是社会和宗教生活中的另一个重要方面。它们不仅具有宗教意义，还在社会层面上具有重大影响。宗教节日提供了一个共同的时间和空间，让信徒们聚集在一起，共同庆祝他们的信仰。这有助于强化宗教共同体的凝聚力，并传递宗教故事和价值观。宗教节日还与季节和自然现象相关，反映了不同文化和宗教对自然的理解和崇拜。然而，宗教节日也面临着一些挑战，如现代社会中的商业化和消费主义对节日传统的侵蚀，以及不同宗教和文化之间的冲突和竞争。

仪式在社会和宗教中具有重要的社会和文化功能。它们塑造群体身份、传递文化遗产、维持社会结构的稳定，并为个体提供意义和归属感。然而，在现代社会中，仪式也面临着许多挑战，如传统与现代的冲突、价值观的多样性和商业化的侵蚀。因此，深入研究仪式的社会和宗教意义对于理解社会和宗教变革的影响至关重要。研究者和社会领袖需要认识到仪式在社会和宗教中的重要性，并努力找到平衡，以保持传统价值观的重要性，同时适应现代社会的需求和挑战。这将有助于维护社会和宗教共同体的连通性，同时促进个体的发展和认同。

三、传统节庆与社会经济的互动

传统节庆与社会经济的互动一直以来都是一个备受关注的课题，因为它涉及文化、旅游业、手工艺品销售，以及地方经济发展等多个方面。传统节庆活动在不同地区具有丰富的文化内涵和历史传承，它们常常成为吸引游客、促进经济增长的重要途径。

传统节庆活动对当地旅游业的影响不可忽视。传统节庆常常吸引大量游客前来参与，这不仅促进了酒店、餐饮业、交通业等相关行业的发展，还创造了大量的就业机会。例如，中国的春节庆祝活动吸引了来自全球各地的游客，推动了旅游业的繁荣。这些游客不仅为地方政府带来了税收收入，还促进了当地文化的传播、提升了城市的国际知名度。因此，传统节庆活动在推动旅游业发展的同时，也为地方经济带来了可观的收益。

传统节庆活动也对手工艺品销售产生了积极的影响。在许多传统节庆中，手工艺品通常扮演着重要的角色，这些手工艺品往往具有浓厚的地方特色和文化内涵，因此受到游客和收藏家的喜爱。当地手工艺品制作者在节庆期间通常会获得更多的销售机会，从而提高了他们的收入。这不仅有助于维护传统手工艺的传承，还为当地居民提供了额外的经济来源。同时，手工艺品的销售也为游客提供了独特的纪念品，加深了他们对该地区文化的理解和认同。

传统节庆与社会经济的互动不仅仅局限于旅游业和手工艺品销售，更重要的是，节庆活动还可以成为地方经济发展的重要推动力。一方面，节庆活动吸引了外部投资，促进了当地基础设施的改善和发展。这包括道路、交通、住宿设施等方面的建设，提高了城市的整体生活质量，吸引了更多的人前来生活和工作。另一方面，节庆活动也鼓励了当地创业和企业的发展。许多企业在节庆期间会推出特别促销活动，吸引更多的顾客。同时，一些创新型企业也可能在节庆活动中推出新产品或服务，从而扩大市场份额。因此，传统节庆活动不仅带来了短期的经济利益，还为地方经济的长期发展奠定了基础。

尽管传统节庆活动给社会经济带来了诸多好处，但也存在一些潜在的挑战和问题。首先，过度商业化可能会损害传统节庆的本质和文化价值。一些地方可能过分强调商业利益，导致节庆变得商业化和失去了其原有的文化内涵。这可能会引发社会对于文化的担忧和反感，甚至影响到节庆活动的持续性。其次，节庆活动可能会对环境产生负面影响，例如大量的游客和车辆可能导致环境污染和资源浪费。因此，需要制定可持续的管理措施，以平衡经济发展与环境保护之间的关系。

为了解决这些挑战，地方政府和社区应该采取一系列措施来促进传统节庆与社会经济的良性互动。首先，政府可以制定相关政策，鼓励企业在节庆期间推出特别活动，同时加强文化保护和传承工作，以确保节庆的文化内涵不会被商业化磨灭。其次，政府应该投资于基础设施建设，以提供更好的旅游和居住环境，吸引更多的游客和居民。同时，政府还应该加强环境管理和保护，确保节庆活动不会对生态环境造成损害。最后，社区和民间组织也可以发挥积极作用，通过推动文化教育和传统技艺的传承，增强居民对于文化的认同感，从而更好地维护和传承传统节庆的精神。

传统节庆与社会经济之间存在着紧密的互动关系。节庆活动不仅有助于推动旅游业和手工艺品销售的发展，还为地方经济的增长和可持续发展提供了重要机会。然而，需要警惕商业化和环境问题，采取适当的措施来平衡经济利益与文化保护、环境保护之间的关系，以确保传统节庆活动能够长期繁荣并维护其独特的文化价值。这需要政府、社区和民间组织的共同努力，以实现传统节庆与社会经济的双赢局面。

第三章　群众文化的现代转型

　　群众文化，这一历史悠久且充满活力的领域，正经历着前所未有的现代转型。在这个过程中，工业化不仅重塑了生产和消费的模式，也深刻影响了群众文化的表达和传播方式。随着媒体技术的飞速发展，它与群众文化之间的界限逐渐模糊，共同塑造了一个全新的文化生态系统。这种融合不仅改变了信息的传播方式，也重塑了人们的社交习惯和生活方式。同时，现代生活方式的演变和文化的变迁相互影响，促进了文化形态的多样化发展。最后，城市化进程为文化适应提供了一个独特的舞台，城市成为文化交流和创新的熔炉。在这一过程中，我们见证了群众文化从传统形态向现代形态的转变，这一转变不仅反映了技术和社会结构的演进，也昭示了文化价值和意识形态的深刻变化。

第一节　工业化对群众文化的影响

一、生产方式的变革与文化消费模式的改变

　　工业化对生产方式的根本变革是现代社会的重要特征之一，它不仅改变了物质产品的生产过程，还对文化消费模式产生了深刻的影响。工业化对生产方式的变革是为大规模机械化生产和工厂系统的兴起所驱动的。这一变革引起了生产效率的显著提高，大大缩短了物质产品的制造周期。这种高效的生产方式使得产品更加丰富多样，从而为文化产品的创造和生产提供了更多的机会。在过去，手工制作和小规模生产限制了文化产品的多样性，但随着工业化的推进，文化产品变得更加多样化。从书籍、电影、音乐到艺术品，各种文化产品都得以大规模生产，满足了不同人群的需求。

工业化的推进也使文化产品更加普及。过去，文化产品的获取通常受到地理位置和社会经济地位的限制。只有少数人能够接触到高质量的文化内容，而大多数人只能依赖口述传统或有限的文化资源。然而，工业化引入了大规模分发和销售渠道，使文化产品可以迅速传播到全球各地。人们可以通过印刷技术、电影院、电视、互联网等媒介来获得文化产品，不再受到地域和社会经济地位的限制。这种普及性的改变使更广泛的群众能够接触和享受之前难以触及的文化内容。

工业化也影响了文化产品的质量和可访问性。传统的手工制作文化产品往往需要更多的时间和精力，因此其制造成本较高，价格较昂贵。然而，工业化生产降低了制造成本，使文化产品更加平价。这意味着更多人可以轻松地购买文化产品，从而增加了文化消费的机会。与此同时，工业化也提高了文化产品的质量，通过标准化和自动化的生产过程，确保了产品的一致性和可预测性。这种提高质量的趋势吸引了更多的消费者，使他们更愿意投资于文化消费。

另一个重要的影响是工业化对文化创造和消费的速度和效率的提高。传统的文化创作和传播通常需要较长的时间，例如手工绘画、手工制作书籍等。然而，工业化引入了快速的生产和传播方式，如电影制作和数字媒体，使文化产品能够更快地传达到观众。这种速度的提高不仅增加了文化产品的产量，也满足了观众对即时满足的需求。观众可以迅速获得新的文化内容，而不必等待很长时间。

工业化也带来了一些挑战和问题。一是文化产品的商业化。随着工业化的推进，文化产品变得越来越商业化，以营利为导向。这可能导致文化内容的质量受到影响，因为商业利益可能占据了主导地位，而非文化价值。二是文化产品的过度商业化也可能导致文化内容的同质化，因为商业成功的公式往往被反复使用，这可能限制了文化产品的创新和多样性。

另一个问题是信息超载。工业化和数字化技术的发展使文化内容更加容易制作和传播。然而，这也导致了信息的泛滥，使人们难以选择和消化大量的文化产品。这可能导致观众在文化消费中感到困惑和疲劳，难以分辨优质内容和低质量内容。

工业化引领了生产方式的根本变革，对文化消费模式产生了深刻影响。它使文化产品更加多样化和普及，提高了文化产品的质量和可访问性，同时也带来了商业化和信息超载等问题。因此，我们需要在工业化的基础上不断探索如何保持文化的多样性和质量，以满足不断变化的文化消费需求。这对于维护文化的丰富性和繁荣性至关重要。

二、城市化进程与文化生活的转型

城市化进程与文化生活的转型是一个复杂而深刻的话题，涉及人类社会发展的多个方面，包括社会、经济、文化等多个维度。工业化与城市化进程密切相关，这使得大规模的人口从农村迁移到城市。这种人口流动不仅改变了人们的居住环境，还引发了一系列社会和文化的变革。一方面，城市化带来了更为便捷的生活方式，改善了居住条件，提高了生活水平。然而，城市也伴随着一系列挑战，如交通拥堵、环境污染等问题，这些都影响了人们的日常生活和文化体验。

城市化加速了不同文化的交流和融合。在城市中，来自不同地区和背景的人们会聚在一起，形成了多元的文化社群。这种多元文化的交流促进了各种文化元素的互动和融合，从而丰富了城市的文化生活。例如，不同地方的美食、音乐、艺术等文化元素在城市中相互交融，创造出新的文化表达形式。这种文化融合不仅增加了城市居民的文化体验，还丰富了整个社会的文化底蕴。

城市化也带来了新的文化需求和生活方式。随着城市化的推进，人们的生活方式发生了根本性的变化。城市生活的快节奏和高压力使人们更加注重休闲娱乐和文化消费。因此，城市中涌现了各种文化场所和娱乐活动，如电影院、音乐会、艺术展览等，满足了城市居民多样化的文化需求。同时，城市也催生了新的文化产业，如文化创意产业、娱乐产业等，为城市经济的发展提供了新的增长点。

城市化还影响了文化生活的社会结构和价值观念。在城市中，人们更容易接触到不同文化和思想，这促使他们对传统价值观念进行反思和重新定义。城市生活的多元性和包容性也有助于推动社会的进步和文化的创新。例如，在城市中，性别平等、多元文化共存等价值观逐渐被接受和弘扬，反映在文化生活中，如电影、音乐和文学等作品中。这种社会结构和价值观念的变化进一步塑造了城市文化的特点和方向。

城市化还带来了文化生活的数字化和虚拟化。随着信息技术的发展，人们在城市中更容易获得文化信息和资源，如在线图书馆、数字音乐平台、在线艺术展览等。这种数字化文化生活不仅丰富了城市居民的文化体验，还打破了地域限制，使文化交流更加便捷和广泛。同时，虚拟现实技术的应用也为城市文化生活带来了全新的体验，如虚拟博物馆、虚拟演出等，进一步丰富了城市文化的多样性。

城市化还涉及文化政策和城市规划的重要问题。政府和城市规划者在城市化进程中需要考虑如何保护和传承本地的文化遗产，同时也要促进新文化的创新和发展。文化政策的制定和执行对于塑造城市文化的方向和格局具有重要影响。城市规划要考虑文化场所的建设和文化活动的举办，以满足居民的文化需求。这些政策和规划的决策将直接影响城市文化生活的质量和特点。

城市化进程与文化生活的转型是一个多维度的过程，涉及社会、经济、文化等多个方面。城市化改变了人们的生活方式和价值观念，促进了不同文化的交流和融合，同时也催生了新的文化需求和产业。政府和城市规划者在城市化进程中扮演着重要角色，需要制定合适的文化政策和规划，以确保城市文化的多样性和丰富性。城市化与文化生活的转型是一个不断发展和演变的过程，需要不断关注和研究，以便更好地理解和应对其影响。

三、传播媒介的发展与信息的普及

传播媒介的发展与信息的普及在工业化时期发挥了至关重要的作用，这一现象在学术界引发了广泛的研究兴趣。印刷技术的发展在工业化时期起到了革命性的作用。印刷技术的出现使得大规模印刷成为可能，大大降低了书籍和文化信息的制作和传播成本。这一技术的推广使得印刷品能够以相对较低的价格广泛传播，使知识和文化信息变得更加容易获取。印刷技术的兴起不仅加快了信息的传播速度，还促进了文字的标准化，提高了信息的可读性和传达的一致性。这进一步促进了文化信息的广泛传播,推动了社会的教育和知识水平的提高。

广播和电视的出现进一步改变了信息传播的格局。广播和电视是以声音和影像为主要媒介的传播方式,它们能够将信息传递给大规模的听众和观众。这使得信息传播不再受限于文字,而可以通过声音和视觉效果更生动地呈现。广播和电视的发展也使得信息的传播更加及时和即时,人们可以通过广播听到最新的新闻,通过电视观看实时事件。这不仅加快了信息的传播速度,也提高了信息的吸引力和影响力。

广播和电视也为文化内容的多元化提供了平台。它们可以传播不同类型的节目,包括新闻、娱乐、文化节目等,满足了不同人群的需求。这种多元化的内容传播有助于丰富社会文化,使人们能够接触到各种各样的信息和观点。此外,广播和电视还为各种文化表演和艺术形式提供了展示的机会,促进了文化的交流和传播。

传播媒介的发展也伴随着一些挑战和问题。首先,信息过载成为一个严重的问题。随着传媒的发展,人们面临着大量的信息,有时难以处理和筛选。这可能导致信息过载,影响人们对信息的理解和利用。其次,传播媒介的发展也引发了关于信息真实性和可信度的问题。在广播和电视时代,信息的来源和可信度相对容易确认,但在数字时代,信息的来源变得复杂多样,容易出现虚假信息和不准确的报道,这对公众的信息素养提出了更高要求。

另一个挑战是信息的碎片化。传播媒介的多样化和快速更新导致信息变得碎片化,人们往往只能接触到一部分信息片段,难以获得全面的理解。这可能影响人们对复杂问题的理解和思考能力,需要媒体和教育机构采取措施来帮助人们更好地整合信息。

传播媒介的发展也引发了关于隐私和信息安全的担忧。数字化时代的信息传播使得个人信息更容易被收集和滥用,需要采取措施来保护个人隐私和信息安全。

传播媒介的发展在工业化时期极大地提高了信息的传播效率,使文化信息更加迅速和广泛地传播到社会的各个角落。印刷技术、广播和电视等媒介的兴起不仅加快了信息传播的速度，也促进了文化信息的多元化。然而，传播媒介的发展也伴随着一些挑战和问题，包括信息过载、信息真实性、信息碎片化以及隐私和信息安全等问题。因此，我们需要在信息传播领域采取有效的管理和监管措施，以确保信息的传播既高效又可靠，同时保护个人隐私和信息安全。这是一个不断演变的领域，需要不断地研究和探讨，以适应不断变化的传媒环境。

四、工人阶级文化的兴起与传统文化的转变

工业化时代的兴起标志着社会结构的深刻变革，其中工人阶级的崛起具有特殊的历史意义。在这一时期，工人阶级成为社会中的重要力量，其生活经验和价值观念逐渐形成了独特的工人阶级文化。这种新兴文化对传统文化产生了重大的挑战和影响，促使文化形态的更新和发展。

工业化时代的兴起改变了社会的经济结构和人们的生活方式。传统社会以农业为主导，而工业化引领了城市化进程，工人阶级大规模涌入工厂和工业区。这种集中劳动的方式为工人阶级提供了独特的生活经验，它们与农村社会的生活方式有了明显的不同。这种生活经验的变化促使工人阶级逐渐形成了一种与传统农村文化有着显著区别的文化特色。

工人阶级文化的一个重要方面是劳动与工作伦理的重视。在工厂中，工人们通常需要进行长时间的体力劳动，这种经验使他们对劳动的价值和尊重产生了深刻的认识。这种价值观念的根深蒂固不仅影响了他们的日常生活，还在文化中得到了表达。工人阶级文化强调勤劳、奋发和团结的精神，这可能与传统文化中的价值观念存在分歧，传统文化可能更加注重农业和家庭生活的稳定性。

工人阶级的社会地位和政治意识的崛起也推动了工人阶级文化的发展。工业化时代，工人阶级开始组织工会和政治运动，争取更好的工资和工作条件。这些活动不仅提升了工人阶级的社会地位，也培养了他们的政治意识。工人阶级文化中的政治元素开始兴起，工人们开始关注社会不平等和阶级斗争，这与传统文化中更加强调社会层级和稳定秩序的价值观念形成了鲜明对比。

工人阶级文化的兴起也体现在文艺和文化表达方式上。工人阶级的文化表达常常强调自身的生活经验和社会地位，这与传统文化中的叙事和表达方式不同。工人阶级文学、音乐和艺术作品通常以工业化社会为背景，描绘工人的生活、困境和抗争。这种文化表达方式不仅反映了工人阶级的文化特色，也为他们争取更好的社会地位和权益提供了有力的文化支持。

工人阶级文化的兴起对传统文化产生了挑战和影响。传统文化常常强调家庭、农业和宗教等元素，而工人阶级文化则更加强调劳动、阶级和社会不平等。这种文化差异可能引起价值观念的冲突和文化摩擦。例如，工人阶级的文化强调阶级斗争，可能与传统文化中的和谐和平稳价值观念相抵触。这种文化冲突可能在社会中引发文化对抗和社会紧张局势。

工人阶级文化的兴起也为传统文化带来了新的元素和活力。工人阶级的文化表达丰富了社会文化的多样性，为文化的发展提供了新的方向。工人阶级文化的政治意识和社会批判精神也有助于推动社会变革和改革进程。传统文化在面对工人阶级文化的挑战时，也有机会进行自我反思和更新，以适应新的社会现实。

工业化时代工人阶级文化的兴起对传统文化产生了深刻的挑战和影响。工人阶级的生活经验、价值观念、社会地位和文化表达方式都与传统文化有所不同，引起了文化差异和冲突。然而，这种文化冲突也激发了文化的创新和发展，为社会带来了新的动力和活力。工人阶级文化的兴起不仅反映了社会结构的变革，也深刻影响了文化形态的演进，为我们理解工业化时代的文化动态提供了重要的视角。因此，工人阶级文化的兴起与传统文化的转变不仅是历史的产物，也是文化演进的重要组成部分，值得我们深入研究和探讨。

第二节 媒体与群众文化的融合

一、媒体平台的多样化与群众文化的普及

媒体平台的多样化与群众文化的普及是当今社会文化传播领域的重要议

题。这一话题涵盖了多个维度，包括媒体平台的多样性、群众文化的定义与传播，以及媒体平台如何成为群众文化传播的重要渠道。本节将深入探讨这些方面，并试图在1000字内详细展开。

媒体平台的多样化是群众文化普及的关键因素之一。随着科技的不断发展，媒体平台的种类和形式也在不断增加。从传统的电视媒体到互联网和社交媒体，人们现在有更多的选择来获取信息和文化内容。这种多样化的媒体平台为群众文化的传播提供了更多的机会和渠道。例如，一个文化活动可以通过电视节目、网络新闻、社交媒体直播等多个平台同时传播，使更多人能够接触和了解这一文化活动。这种多样化的传播途径有助于群众文化的普及，因为它能够满足不同人群的需求和兴趣，促进了文化的多元化传播。

媒体平台如何成为群众文化传播的重要渠道是一个值得探讨的问题。传统媒体如电视和报纸在过去扮演着文化传播的主要角色，但随着互联网的兴起，社交媒体的普及，情况发生了变化。现在，社交媒体平台已经成为群众文化传播的重要渠道之一。这些平台允许个人和组织分享自己的文化观念和信息，与广大观众直接互动，实现了文化内容的广泛传播。此外，社交媒体还能够实时传播信息，使文化观念能够在瞬间传达给大众。因此，媒体平台的多样化不仅扩大了文化传播的范围，还加速了信息的传播速度。

群众文化的定义和传播方式也是这一话题的关键点之一。群众文化通常指的是由大众广泛接受和传播的文化观念、价值观和娱乐形式。在不同的文化传播平台上，群众文化的定义和传播方式可能会有所不同。例如，在电视上，群众文化可能更多地与大众电影、电视剧、音乐等相关，而在社交媒体上，群众文化可能更注重个人观点、表达和分享。这种不同的传播方式使群众文化更加丰富多彩，适应了不同平台和受众的需求。

媒体平台的多样化还影响了文化观念和信息的传播方式。传统媒体如电视和报纸通常由编辑和记者来策划和编辑内容，然后发布给观众，而在互联网和社交媒体时代，任何人都可以成为内容创作者，发布自己的观点和信息。这种去中心化的传播方式使文化观念更加多元化，各种观点都有机会被传播出去。然而，这也带来了一些问题，如信息的真实性和可信度。在社交媒体上，虚假信息和谣言可能会被迅速传播，影响群众文化的普及。

媒体平台的多样化与群众文化的普及之间存在相互关系。媒体平台的多样化提供了更多的传播机会，使群众文化能够更广泛地传播。同时，群众文化的普及也推动了媒体平台的多样化。人们对不同文化观念和娱乐形式的需求不断增加，媒体平台不得不不断创新和扩展以满足这些需求。因此，媒体平台和群众文化之间形成了一种相互促进的关系，推动了文化传播的不断发展和演变。

媒体平台的多样化与群众文化的普及是一个复杂而多维的话题。通过不同的媒体平台，群众文化得以广泛传播，媒体平台也成为群众文化传播的重要渠道。然而，这一过程也面临着挑战，如信息的真实性和可信度等问题。媒体平台和群众文化之间存在相互促进的关系，推动了文化传播的不断发展和演变。因此，研究媒体平台的多样化与群众文化的普及对于理解当今社会文化传播的特点和趋势至关重要。

二、互动性媒体对群众文化的影响

互动性媒体，包括社交网络和在线论坛，已成为群众文化的重要组成部分，对文化的形态和内容产生了深远的影响。这种影响体现在多个层面，涉及文化的传播、参与方式、话语权利分布以及文化的多样性等方面。

互动性媒体改变了文化的传播方式。在过去，文化主要通过传统媒体渠道传递，如电视、广播和印刷媒体。然而，互动性媒体为群众提供了一个即时、全球性的传播平台。这意味着文化内容可以迅速传播到世界各地，无须受到传统媒体的限制。这种传播方式的改变使得文化变得更加多元化，不再受制于少数传媒巨头的掌控，从而促进了更多文化元素的传播和交流。

互动性媒体改变了文化的参与方式。在传统媒体时代，观众通常是被动接受消费文化内容的，而在互动性媒体时代，观众变成了文化的创造者和参与者。社交网络和在线论坛为群众提供了一个平台，使他们能够发表意见、分享观点和创造内容。这种参与方式的改变促进了文化的民主化，让更多人参与到文化创造和讨论中来，而不仅仅是依赖于精英文化制造者的观点和决策。

互动性媒体改变了话语权利的分布。在传统媒体时代，少数的意见领袖和媒体机构掌握了话语权，他们决定了哪些文化内容应该被传播和强调。然而，在互动性媒体时代，话语权利更加分散，每个人都有机会表达自己的观点。这意味着更多的声音被听到，更多的观点被讨论，文化的话语权变得更加多元化和包容性。这种变化有助于挑战传统的权威文化观念，推动社会更加开放和多元化。

互动性媒体影响了文化的多样性。传统媒体时代，由于资源和技术限制，只有一小部分文化内容得以传播和保存，导致了文化的单一性。然而，互动性媒体为各种不同文化和子文化提供了一个发声的机会。这些平台上的群众可以分享他们的文化、价值观和兴趣，从而推动了文化的多样性和丰富性。这种多样性有助于人们更好地理解不同的文化背景和观点，促进了跨文化交流和理解。

互动性媒体对群众文化产生了深远的影响。它改变了文化的传播方式，使其更加全球化和多元化。它改变了文化的参与方式，让更多人参与到文化的创造和讨论中。它改变了话语权利的分布，促进了文化的多元化和包容性。最重要的是，它推动了文化的多样性，让不同的文化和子文化得以表达和传播。互动性媒体已经成为塑造现代群众文化的关键力量，其影响将继续在未来发挥重要作用。因此，我们需要认真研究和理解互动性媒体对群众文化的影响，以更好地应对文化变革和发展的挑战。

三、媒体技术在文化创新中的作用

媒体技术在文化创新中的作用是一个复杂而重要的议题，它涉及现代社会中媒体技术的广泛应用以及其对文化传播和创新的深刻影响。数字化技术对文化创新产生了深远的影响。数字化媒体技术使得文化内容的创作、存储、传播和消费都变得更加便捷和广泛。传统的文化形式，如书籍、音乐和电影，现在可以以数字形式在线传播，而且不再受到地域和时间的限制。这一点推动了文化创作者的创作积极性，因为他们可以更容易地与全球观众互动，实现跨文化的创作和交流。此外，数字化技术也使得文化内容的个性化定制成为可能，观众可以根据自己的兴趣和需求来选择和消费文化产品，这有助于推动文化多样性和创新性。

虚拟现实技术的兴起也对文化创新产生了显著的影响。虚拟现实技术通过提供沉浸式的体验，改变了人们参与文化活动的方式。在虚拟现实环境中，人们可以身临其境地参与到各种文化体验中，如虚拟博物馆、音乐演出和虚拟旅游等。这不仅为文化传播提供了新的可能性，还促进了文化内容的创新。创作者可以借助虚拟现实技术创作出更加丰富、互动性更强的文化产品，使观众可以更深入地沉浸其中，这为文化创新提供了新的方向和机会。

媒体技术还改变了文化创新的速度和方式。在数字化时代，信息传播的速度迅猛，文化创新的周期大大缩短。社交媒体平台和在线内容创作工具使得任何人都可以迅速发布自己的创意和见解，这加速了文化创新的发展。同时，媒体技术也促使文化创作者更加关注观众的反馈和互动，这有助于不断改进和精进文化内容。因此，媒体技术不仅推动了文化创新的速度，还改变了文化创新的方式，使其更加开放和互动。

媒体技术还促进了新形式文化的产生。随着数字化和虚拟现实技术的不断发展，新的文化形式和艺术表达方式不断涌现。例如，虚拟艺术、数字文学和在线游戏等新兴文化形式逐渐受到人们的重视。这些新形式文化不仅丰富了文化领域的多样性，还为文化创作者提供了新的创作平台。媒体技术的进步也带来了跨界融合的机会，不同艺术领域和技术领域之间的合作和创新成为可能，进一步促进了新形式文化的产生。

媒体技术在文化创新中的作用也伴随着一些挑战和问题。首先，数字化媒体技术的广泛应用可能导致信息过载和碎片化，观众面临着从大量信息中筛选和辨别有价值的文化内容的挑战。这可能导致一些高质量文化内容被埋没在信息海洋中。其次，虚拟现实技术的发展需要大量的硬件设备和资源，不是所有人都能够轻易获得和使用，这可能导致数字鸿沟的进一步扩大，一些人无法参与到虚拟现实文化体验中。最后，媒体技术的快速发展也带来了文化内容的盗版和侵权问题，这对文化创作者的创作权和经济利益构成了威胁。

媒体技术在文化创新中起到了积极的作用，推动了文化内容的创新和多样性，促进了新形式文化的产生。然而，媒体技术的应用也伴随着一些挑战和问题，需要社会各界人士共同努力来解决。未来，我们可以期待媒体技术继续推动文化创新，同时更加关注文化的可持续发展和公平参与，以确保媒体技术的发展不仅丰富了文化领域，也造福了广大社会大众。

四、媒体监管与群众文化的互动

媒体监管与群众文化的互动是一个复杂而深刻的话题，涉及政府和其他监管机构对媒体的管理与监管如何影响社会的文化形态和传播方式。这个话题不仅在学术界引发了广泛的讨论，也在实际社会中引发了不同观点和争议。

政府和监管机构在媒体领域的作用不可忽视。它们通常制定法律和政策，以确保媒体的运营和内容符合国家法律和社会规范。这些政策旨在维护社会秩序、保护公众利益和确保信息的准确性。然而，这些政策也可能限制媒体的自由度，影响其传播的内容和方式。例如，某些国家可能实施审查制度，对新闻报道进行审查，以确保政府官方立场得到传播，这可能损害新闻媒体的独立性和客观性。

监管机构的存在也有助于保障公众利益。通过对广播、电视和互联网媒体等进行监管，政府可以确保内容不包含淫秽、仇恨言论或虚假信息，以保护公众的道德和安全。这种监管有助于塑造社会文化，确保社会价值观的传承和守护。然而，监管也可能被滥用，用于限制言论自由和压制不同声音的表达，这可能损害文化多样性和创新。

在监管政策方面，平衡媒体自由和文化责任是一个复杂的挑战。一方面，媒体自由是现代社会的重要组成部分，它确保了新闻自由、言论自由和创作自由。媒体自由的存在有助于提供多元化的信息来源，推动社会辩论和批判性思维的发展。然而，过度的自由也可能导致信息的滥用，传播虚假信息或仇恨言论，危害公众利益。

文化责任要求媒体在内容传播中承担一定的社会责任，这包括避免散播暴力、淫秽或歧视性内容，以及确保报道的客观性和准确性。文化责任有助于塑造社会的价值观和道德观念，维护社会和谐与稳定。然而，文化责任也可能被政府滥用，用于控制媒体的内容、限制言论自由，以及打压不同意见的表达。

监管政策的平衡需要在媒体自由和文化责任之间找到合适的中间地带。这可能包括建立独立的监管机构，确保政府不滥用权力来控制媒体。同时，也需要建立法律框架，明确规定媒体的职责和义务，以及公众可以追求的法律救济途径。这样可以保障媒体的独立性，同时确保其不违反社会价值观和法律规定。

在这一平衡中，监管政策对文化创新和表达自由产生深远的影响。一方面，当媒体受到过度监管或限制时，可能会抑制文化创新的发展，新思想、新观点和新艺术形式可能无法得到充分表达，从而妨碍社会的进步与发展。另一方面，过度的媒体自由也可能导致文化的碎片化和混乱，使人们难以形成共识或理解彼此的观点。

媒体监管与群众文化的互动是一个复杂而敏感的话题。政府和监管机构在确保公众利益和社会秩序方面发挥着重要作用，但也需要谨慎平衡媒体自由和文化责任。监管政策的制定和执行应该透明、公正，不应滥用权力限制言论自由或压制文化创新。这样，我们可以确保社会既能够保持文化多样性和表达自由，又能够维护公共秩序和社会和谐。这是一个需要不断追求平衡的挑战，对于每个社会都具有重要的意义。

第三节 现代生活方式与文化变迁

一、技术革新对生活方式的影响

技术革新一直以来都在深刻地改变着人们的日常生活，从最简单的机械工具到现代的数字科技。技术革新对沟通方式的改变是显而易见的。智能手机的普及使人们能够随时随地与他人保持联系，不受地理位置的限制。社交媒体平台、即时通信工具和视频通话应用的出现进一步加强了人际交往的便捷性和全球化。这种沟通方式的变革不仅影响了个体与个体之间的互动，还塑造了社交网络、信息传播和言论自由的新形式。例如，社交媒体已成为政治活动、社会运动和公共舆论的重要渠道，塑造着公众的观点和行为。

技术革新对工作方式产生了深刻影响。数字化和自动化技术的进步改变了职业结构和工作流程。自动化系统、机器学习和人工智能在许多行业中取代了人力劳动,从而提高了生产效率,但也引发了有关工作岗位未来的不确定性。远程办公和协作工具的普及改变了传统的办公环境,使工作更加灵活,但也引发了与工作—生活平衡、隐私和安全等问题相关的挑战。

技术革新对学习方式产生了显著的影响。互联网和在线学习平台使知识更加普遍可及,促进了自主学习和跨文化教育。学习者可以通过在线课程、数字图书馆和教育应用程序获得知识,无须受到地理位置或时间限制。此外,教育技术工具如虚拟现实和增强现实也为教育领域带来了创新,提供更加身临其境的学习体验。然而,技术的普及也引发了关于信息可信性和隐私保护的担忧,以及有关数字鸿沟的问题,即那些无法获得互联网和数字技术的人将被排斥在教育机会之外。

技术革新对娱乐方式的改变也不容忽视。流媒体服务、虚拟现实游戏和社交媒体的崛起改变了人们的娱乐习惯。个性化推荐算法和数字内容创作工具使人们可以根据自己的兴趣和偏好选择娱乐内容。这导致了媒体消费的个性化和碎片化,同时也引发了有关信息过载、沉浸式体验和依赖性的讨论。此外,虚拟现实技术的发展为娱乐业带来了前所未有的沉浸式体验,但也引发了有关现实与虚拟之间界限模糊和心理健康问题的担忧。

技术革新已经深刻地改变了人们的生活方式,从沟通方式到工作方式,再到学习和娱乐方式。这些改变不仅塑造了个体的行为和体验,还对社会和文化习俗产生了深远的影响。然而,这种技术带来的变革也伴随着一系列挑战和问题,如隐私、数字鸿沟、信息过载和心理健康等。因此,我们需要不断关注和研究技术革新的影响,以便更好地应对这些挑战,并确保技术的发展符合人类的需求和价值观。只有在充分理解和平衡技术的利与弊的基础上,我们才能更好地利用技术改善生活质量,促进社会的可持续发展。

二、环境意识与文化态度的演变

环境意识与文化态度的演变是一个备受关注的主题,特别是在当今全球环境问题日益严重的背景下。值得注意的是，全球环境问题，如气候变化、生态系统崩溃和资源枯竭，已经成为人们共同关心的焦点。科学家和环保组织的研究不断揭示着环境威胁的严重性，这使得大众对环境问题的认识逐渐升级。这种意识的提高在很大程度上是因为信息和教育的普及，通过互联网和媒体，人们更容易获得关于环境问题的信息。此外，学校和社会组织也在积极推动环保教育，从而培养了更多的环境意识。

这种环境意识的增强对现代生活方式产生了多方面的影响。首先，它改变了人们的消费习惯。越来越多的人开始选择可持续和环保的产品，例如有机食品、再生纤维服装和能源效率高的电器。这种选择不仅反映了人们对环境的关注，还推动了市场上可持续产品的供应和发展。其次，生活方式的改变也体现在交通工具的选择上，越来越多的人倾向于使用公共交通或共享出行工具，以减少碳排放。最后，环保意识还促使人们减少浪费，重视资源的可持续利用，例如减少使用塑料、垃圾分类和废物回收。

环境意识的提高还影响了文化价值观的演变。传统上，很多文化都强调人与自然的和谐共生，但在现代社会，这一理念得到了重新强调。人们开始更加重视自然界的尊重和保护，认识到人类的生存和发展与生态系统的健康息息相关。这种变化在文化表达中得到了反映，例如文学、电影和艺术作品中出现了更多的环保主题。同时，一些文化活动和节庆也强调环保和可持续性，如地球日和环保音乐节等。这些变化表明，环境意识的增强正在逐渐塑造着文化价值观，将可持续发展纳入了人们的核心价值观之中。

环境问题还对社会的政治和经济结构产生了深刻的影响。政府和国际组织越来越关注环境问题，采取了一系列政策措施来减轻环境压力。这包括推动可再生能源的发展、加强环境监管和促进绿色技术创新。这些政策不仅有助于环境保护，还创造了新的经济机会，推动了绿色经济的发展。此外，环境问题也成为政治议程的一部分，选民越来越关注政府的环保政策，这在一定程度上塑造了政治决策。

尽管环境意识的提高带来了积极的影响，但也面临一些挑战。首先，环保行为与现代生活方式之间仍然存在一定程度的矛盾。例如，虽然人们选择使用环保产品，但仍然无法完全避免消耗资源和产生废物。其次，一些可持续生活方式对于低收入家庭可能不太可行，因为可持续产品通常价格较高。因此，如何在追求环保的同时维持现代生活的便利性仍然是一个重要问题。

环境意识的增强并不是全球范围内都均匀分布的。一些地区和社群可能比其他地区更加关注环保，这可能导致资源不平等和环境不平等的问题出现。因此，需要努力确保环保意识的普及和可持续发展的全球性目标得到实现。

环保意识与文化态度的演变是一个复杂而多维的过程，涵盖了消费习惯、文化价值观、政治经济结构等多个方面。虽然环保意识的提高为环境保护和可持续发展带来了积极的影响，但仍然面临一些挑战和不平等现象。为了实现全球环境目标，需要采取综合的政策措施，同时推动环保教育和意识普及，以便更广泛地影响人们的生活方式和文化态度。这将是一个长期的努力，但也是迈向更可持续未来的关键一步。

三、全球化与文化多样性

全球化与文化多样性之间的关系一直是文化研究领域的热门话题。全球化是指各个国家和地区之间的经济、政治、社会和文化联系日益加强，引发信息、人员、资本和商品在世界范围内自由流动的过程。这一现象在近几十年内迅速发展，使得不同文化之间的交流变得前所未有地频繁。

全球化带来了文化融合的现象。全球互联网和传媒技术的发展使信息能够迅速传播，不同文化的人们更容易接触到彼此的文化产品，如电影、音乐、文学和艺术。这种文化产品的跨文化传播引发了文化元素的融合，形成新的混合文化。例如，流行音乐中的世界音乐元素，跨文化的美食和时尚等都是文化融合的例子。这种融合有时被视为文化的丰富和创新，因为它创造了新的文化表达方式，丰富了人们的生活经验。

全球化也带来了文化碰撞的问题。当不同文化相遇时，可能会发生文化冲突和文化混淆的情况。这种碰撞可能导致文化的失衡和不平等，特别是在文化强大的国家和地区对文化弱小的国家和地区进行文化输出时。这可能导致文化侵略的问题，即一个文化主导并替代其他文化，从而导致文化多样性的减少。

例如，好莱坞电影在全球范围内的传播可能导致其他国家的电影产业受到冲击，使其难以维持文化特色。

另一个全球化与文化多样性之间的关键问题是文化保护。在全球化的冲击下，许多国家和地区都在努力保护自己的传统文化。这包括采取法律措施来保护文化遗产和知识产权，以及提供文化资金来支持文化活动和艺术家。文化保护的目标是确保文化多样性的持续存在，同时也为本地文化提供了更大的发展机会。然而，文化保护也面临挑战，因为全球化的力量往往超越了国家的边界，使文化保护变得更加复杂。

文化创新是另一个受全球化影响的方面。全球化为文化创新提供了更广泛的舞台和资源。通过国际合作和跨文化交流，艺术家、作家、音乐家和创意从业者可以获得更多的启发和机会，这有助于推动文化的发展和创新，使其更加适应现代社会的需求。然而，文化创新也可能受到全球化的商业化影响，因为文化产品被视为市场商品，需要符合大众口味，这可能导致文化的商业化和同质化。

在全球化时代，文化多样性也受到国际政治和经济力量的影响。一些国家试图通过文化外交来推广自己的文化价值观和利益，这可能导致文化的政治化和被操纵。同时，全球市场和全球媒体公司也在塑造文化的流行和消费趋势方面发挥着重要作用，这使得文化多样性不仅仅是文化领域的问题，也涉及国际政治和经济的复杂关系。

全球化与文化多样性之间存在复杂而多面的关系。全球化既带来了文化融合和创新的机会，又引发了文化碰撞和文化保护的问题。文化多样性在全球化时代面临挑战，但也有机会蓬勃发展。关键在于如何平衡全球化的力量，保护和促进文化多样性，同时确保文化创新和发展。这需要国际合作和政策支持，以建立一个更加包容和多元化的文化生态系统，以应对全球化带来的复杂性和挑战。

四、消费文化的变迁与商业化影响

消费文化是指社会中个体和群体对商品和服务的需求和购买行为，它不仅是经济现象，更是文化现象。在经济发展和市场扩张的背景下，消费模式的变化对文化产生了深远的影响。本节将探讨这一消费趋势如何改变了人们的生活方式，并且对文化价值和艺术表达形式产生了何种影响。

随着经济的发展和城市化进程的推进，人们的生活方式发生了巨大变化。过去，农村居民主要依赖自给自足的生活方式，而现代城市居民则更加注重物质消费和社交互动。这种转变引发了消费文化的崛起，人们开始将更多的时间和金钱投入购物和娱乐活动中，这反过来又推动了商业化的发展。从购物中心、餐厅、电影院到夜总会，商业化的娱乐和休闲场所如雨后春笋般涌现，为人们提供了更多选择，丰富了他们的日常生活。

消费文化的变迁也影响了文化价值观念。传统的价值观念强调节俭和朴实，而现代消费文化更加强调享受和追求个人满足感。这种价值观的转变反映在人们的消费行为中，他们更愿意购买品牌商品和奢侈品，将消费视为展示自己社会地位和个人品位的方式。这种价值观的转变不仅改变了人们的消费习惯，也塑造了一种新的社会身份认同，社会地位和品位成为个人价值的重要组成部分。

商业化对艺术表达形式也产生了深远的影响。艺术是文化的重要组成部分，它反映了社会和个体的思想、情感和价值观。在商业化的影响下，艺术不再仅仅是一种纯粹的表达方式，也成为商业利益的一部分。艺术家们常常面临着商业化压力，需要创作能够吸引观众和市场的作品。这可能导致一些艺术作品的表面化和商业化取向，削弱了其原创性和深度。然而，商业化也为艺术家提供了更多的机会，通过市场的支持，他们可以更好地创作和传播自己的作品。

商业化还改变了文化产业的运作方式。传统的文化产业主要依赖政府资助和文化机构的支持，而商业化使文化产业更加市场化和竞争化。文化产品和服务需要更好地适应市场需求，迎合受众口味，这促使了文化产业的创新和多样化。然而，商业化也带来了一些问题，如文化商品的商品化和标准化，可能损害了文化多样性和原创性。

消费文化的变迁还对社会关系产生了影响。传统社会中，人们的社交活动主要基于亲属和社区关系，而现代社会中，人们更加注重与朋友和同事的社交互动。商业化的娱乐场所成为人们聚会的重要场所，社交活动常常伴随着消费行为。这改变了人们之间的社交模式和社交动机，也影响了社会的互动和关系。

消费文化的变迁与商业化影响了人们的生活方式、文化价值观念、艺术表达形式、文化产业运作方式和社会关系。这一趋势既带来了机遇，也带来了挑战。在追求物质满足和个人享受的同时，人们也需要保持对传统文化价值的尊重和保护，以确保文化的多样性和深度不会被商业化消解。同时，文化产业也需要在商业化的基础上寻找平衡，推动文化创新和原创性，以满足不同受众的需求。这需要社会各界的共同努力，以确保消费文化的变迁与商业化影响对社会和文化的积极发展产生更多的正面影响。

第四节　城市化进程中的文化适应

一、城市化背景下的文化变迁

城市化是当今世界不可忽视的重要社会现象之一，它伴随着人口的迁移、社会结构的变化以及经济发展的加速。在城市化快速推进的过程中，传统文化和现代文化之间的关系成为一个备受关注的话题。

城市化对传统文化的影响是一个复杂而多层次的问题。随着城市化的推进，城市环境和生活方式的改变不可避免地影响到了传统文化的传承和发展。一方面，城市化带来了现代化的生活设施和科技进步，这为传统文化的传播提供了新的机会和平台。例如，互联网和社交媒体使得传统文化元素可以更广泛地传播和分享，从而促进了文化的传承。另一方面，城市化也带来了城市规划和建设的需求，这可能导致一些传统建筑和文化场所被破坏。因此，在城市化过程中，如何平衡现代化建设和传统文化的保护成为一个重要的挑战。政府和社会组织需要制定合理的政策和措施，以确保传统文化的传承与发展在城市化背景下不被忽视。

城市化带来的人口迁移对地域文化也产生了深远的影响。城市化通常伴随着农村向城市的人口流动，这种迁移不仅改变了个体的生活方式，还影响了地域文化的融合与冲突。一方面，城市化可以促进不同地域文化的融合，因为城市通常是多元文化的集聚地。这种文化融合可以带来新的文化元素和创新，丰富了城市文化。另一方面，人口迁移也可能引发文化冲突，特别是当不同文化背景的人们在城市中相遇时。这种文化冲突可能涉及宗教、价值观和生活习惯等方面，需要社会各界采取措施来促进文化的和谐共存。因此，城市化背景下的人口迁移不仅影响了地域文化的传承，还塑造了多元文化社会的面貌。

城市化对人们的生活方式、文化认同和价值观产生了深远的影响。随着城市化的推进，城市生活节奏加快，工作和社交方式发生了改变，这对个体的生活方式产生了新的需求和挑战，从而影响了他们的文化认同。一方面，城市化可能引发人们更加接受现代化的价值观和生活方式，例如追求物质成功和个体主义。这种现代化的文化认同可能与传统价值观相冲突，例如家庭和社区的重要性。另一方面，城市化也可能激发人们对传统文化的重新认识和回归，因为城市生活的快节奏和竞争压力使人们渴望寻找根源和文化认同感。因此，城市化背景下的文化变迁不仅是文化冲突的表现，也是文化认同的演变和重塑。

城市化背景下的文化变迁是一个复杂而多维的问题，涉及传统文化的传承与发展、地域文化的融合与冲突以及个体文化认同和价值观的转变。在城市化快速推进的过程中，政府、社会组织和个体都需要认真思考如何平衡传统文化与现代文化的关系，促进文化的和谐发展。只有通过深入研究和有效的文化政策，才能实现城市化背景下的文化多元共融和个体文化认同的多样性。这将有助于建设更加包容和充实的城市社会，为城市化进程带来更大的文化丰富性和社会稳定性。

二、城市文化的创新与发展

城市文化的创新与发展是一个复杂而多层次的课题，涉及城市环境、科技、艺术、社交媒体以及生活质量等多个方面的因素。我们可以从城市环境的角度来分析城市如何孕育新的文化形式。城市是多元文化的交汇地，吸引了来自不同文化背景的人们聚集在一起，这种多元性促进了文化的融合与创新。城市中的不同文化群体相互影响，创造出新的文化形式，如城市艺术和街头文化。例如，街头文化常常是青年文化的表现，通过涂鸦、街舞等方式表达个性和态度，这些文化形式反映了城市年青一代的生活方式和价值观。因此，城市环境提供了一个多元、开放的平台，有助于新的文化形式的孕育与发展。

新兴科技对城市文化的影响也是一个重要议题。互联网和社交媒体的兴起改变了文化传播的方式和速度。在城市中，人们可以通过互联网和社交媒体更容易地分享自己的创意和观点，这推动了文化的快速传播和交流。例如，城市艺术家可以通过社交媒体展示他们的作品，吸引更广泛的观众，这对于城市艺术的推广和发展非常重要。另外，虚拟现实技术和增强现实技术也为城市文化带来了新的可能性，例如在城市中创建虚拟艺术展览或增强现实街头艺术，这些技术创新使城市文化更具有互动性和创新性。

城市文化空间在提升居民生活质量方面发挥着重要作用。公共艺术和文化中心是城市文化空间的重要组成部分，它们不仅为居民提供了欣赏艺术和文化的机会，还为他们提供了社交交流和文化教育的场所。例如，一个城市中充满艺术雕塑和文化展览的公共广场，可以让居民在日常生活中享受到艺术的美感，提高了他们的生活质量。此外，文化中心不仅是文化活动的举办地，还可以促进文化创新和交流，为城市注入活力。通过举办音乐会、表演、讲座等活动，文化中心为居民提供了参与文化生活的机会，丰富了他们的生活体验。

城市文化的创新与发展是一个综合性的课题，涉及多个方面的因素。城市环境的多元性、新兴科技的影响以及文化空间的提升都对城市文化的发展起到了积极作用。通过促进不同文化的交流和融合，城市可以孕育新的文化形式，如城市艺术和街头文化。互联网和社交媒体改变了文化传播的方式，使文化更容易被传播和分享。同时，公共艺术和文化中心提升了居民的生活质量，为他们提供了更多参与文化活动的机会。因此，城市文化的创新与发展是一个复杂而富有活力的领域，需要不断地探索和推动，以丰富城市生活、促进文化的繁荣。

三、文化适应中的社会问题

在城市化进程中，文化适应中的社会问题是一个备受关注的议题。这些问题包括文化断裂、代沟、社会分层以及对社会和谐的影响。文化断裂和代沟问题是城市化进程中不可忽视的社会问题。随着农村人口不断涌入城市，他们常常面临着与城市居民不同的文化背景和价值观念。这种文化差异可能导致文化断裂，即不同群体之间的文化隔阂。例如，农村移民可能持有传统的价值观，而城市居民更加现代化和西化。这种文化断裂可能导致互相不理解、难以融合，甚至引发社会紧张局势。

代沟问题也是一个重要的社会挑战。随着城市化进程加速，年青一代和老一代之间的文化差异也逐渐扩大。年青一代更容易接受新文化、新科技，而老一代则更坚守传统价值观。这种代沟可能导致家庭内部的紧张关系，也可能影响到社会整体的和谐。例如，家庭成员之间可能因为文化差异而难以沟通和理解对方，甚至可能导致家庭纷争。

这些文化断裂和代沟问题对社会和谐产生了深远的影响。首先，文化断裂和代沟可能导致社会分层的加剧。不同文化背景的人可能被社会边缘化，难以融入主流社会。这种分层不仅在经济上存在，还在文化和社会地位上体现出来。例如，农村移民可能在城市中找不到合适的工作，或者受到歧视，导致他们的社会地位低下。这种社会分层可能引发不满和社会动荡，威胁社会的稳定。

文化断裂和代沟也对社会团结构成挑战。社会团结建立在共享的文化价值观和认同感基础之上。如果不同文化背景的人无法理解和尊重彼此的文化差异，社会团结将受到威胁。例如，宗教、语言、风俗习惯等文化元素可能成为导致分歧和冲突的根本原因。如果社会无法有效处理这些问题，团结将受到破坏，社会和谐将受到威胁。

为了应对这些社会问题，需要采取一系列措施。首先，教育是缓解文化断裂和代沟问题的重要途径。通过教育，可以促进不同文化背景的人之间的相互理解和尊重。教育体系应该包括多元文化教育，教导学生如何欣赏和尊重不同文化的价值观和传统。

政府和社会组织应该积极促进文化融合。这包括提供支持和资源，帮助农村移民适应城市生活，促进他们的社会融合。政府还可以制定政策，减少文化差异导致的社会不平等，提高社会的包容性。

媒体和文化产业也扮演了重要角色。媒体应该传播多元文化的信息，消除刻板印象和偏见，帮助人们更好地理解不同文化背景的人。文化产业可以通过艺术、电影、音乐等方式促进文化交流和理解。

文化适应中的社会问题在城市化进程中是一个复杂而重要的议题。文化断裂和代沟问题不仅影响了个体和家庭，还对社会和谐和稳定产生了深远的影响。通过教育、政府政策和社会组织的积极努力，我们可以缓解这些问题，促进文化融合和社会团结，从而实现更加和谐的城市化社会。这需要全社会的共同努力，以确保不同文化背景的人都能在城市中找到归属感和共享社会价值观。

四、城市文化政策与管理

城市文化政策与管理是城市化进程中至关重要的方面，它们不仅关系到城市的文化多样性和包容性，还涉及城市文化遗产的保护与传承，以及文化活动对城市形象和旅游业的影响。下文将对这些方面进行详细展开。

政府在城市化过程中应如何制定文化政策以促进文化多样性和包容性。文化多样性是指城市内不同文化背景和民族群体的存在，包容性则是指如何让这些不同文化共存并相互交流。政府可以采取多种措施来实现这一目标。首先，政府可以制定鼓励文化多样性的法律法规，例如反歧视法和文化多元化政策。其次，政府还可以资助文化交流项目，鼓励不同文化之间的互动和合作。最后，政府还可以在城市规划中考虑到不同文化群体的需求，例如在城市中建设多元文化社区和文化中心，以满足不同文化背景的居民的需求。

文化政策也应该涉及城市文化遗产的保护和管理。随着城市化的推进，城市文化遗产面临着日益严重的威胁，如城市扩张、建筑开发等。政府应该采取积极的措施来保护这些宝贵的文化遗产。首先，政府可以制定法律法规来限制对文化遗产的破坏性活动，例如禁止拆除历史建筑或者限制在历史建筑上的改建。其次，政府可以提供财政支持，用于文化遗产的修复和保护工作。最后，政府还可以鼓励公私合作，吸引私营部门投资文化遗产的保护和开发，以实现文化遗产的可持续利用。

研究城市文化活动对提升城市形象和吸引旅游的作用也是非常重要的。城市文化活动可以为城市带来重要的经济和社会效益。首先，文化活动可以提升城市的形象，使其在全球范围内获得更多的关注和认可。例如，国际艺术展览和音乐节可以吸引国际游客和媒体的注意，提高城市的知名度。其次，文化活动可以创造就业机会，促进文化创意产业的发展。这不仅有助于城市经济的增长，还可以提高居民的生活质量。政府可以通过资助文化活动、提供场地和提供设施等方式来支持文化活动的发展。

政府还应该注意文化活动的包容性，确保所有居民都能够参与和享受这些活动。这包括提供文化活动的多样性，以满足不同人群的兴趣和需求，以及确保文化活动的价格合理，不会排斥低收入群体。政府还可以通过文化教育和培训项目来提高居民的文化素养，增强他们对文化活动的参与度。

城市文化政策与管理在城市化进程中具有重要的地位。政府应该制定鼓励文化多样性和包容性的政策，保护和管理城市文化遗产，同时支持文化活动的发展。这将有助于提升城市形象，吸引旅游，促进经济发展，提高居民的生活质量，实现城市化的可持续发展。

第四章 群众文化中的价值观与信仰

在本章中,我们将深入探讨群众文化中的价值观与信仰,着眼于理解这些观念如何在不同的文化背景和社会环境中发展和转变。首先,我们将关注美德与习俗,探究它们如何根植于人们的日常生活并塑造他们的行为和思维方式。其次,我们会转向族群与地域特色的讨论,分析这些因素如何影响特定群体的价值观和信仰体系。最后,我们将探讨社会变迁中的价值观转变,深入理解在快速变化的社会环境中,人们的信念和价值观是如何适应和演变的。这一章旨在提供一个全面的视角,以理解群众文化中价值观与信仰的复杂性和多样性。

第一节 美德与习俗

一、美德的定义与历史演变

美德是一个深受哲学、社会学和文化研究领域关注的复杂概念。其定义和历史演变反映了不同文化和时代对道德价值观的理解和诠释。美德的定义是一个复杂而多义的概念。古代哲学家如亚里士多德和柏拉图曾对美德进行深刻的思考。亚里士多德认为美德是一种人类追求幸福的方式,它包括智慧、勇气、节制和正义等各种品质。柏拉图则将美德视为理念世界中的完美形式,人们应该追求与之对应的品质。这些古代哲学家的观点强调了美德与个体道德发展和幸福生活的密切关系。

美德的定义在不同文化和时代中发生了显著变化。基督教传统中,美德通常与信仰、仁爱、谦卑等价值观联系在一起,强调了个体与神的关系以及对他人的关怀。在伊斯兰文化中，美德被看作对真主的顺从和虔诚，以及对社会的责任感。这些宗教传统对美德的定义产生了深远影响，并在中世纪欧洲的道德哲学中占据重要地位。

随着现代社会的发展，美德的理解逐渐变得多样化。启蒙时代的思想家强调了个体的理性和自由，美德被重新解释为个体权利、自由意志和社会契约的一部分。这引发了一种新的道德观，将美德与个体自主性和自由选择相联系。在后现代主义的影响下，一些学者开始质疑美德的固有性质，强调道德观念的相对性和文化依赖性。

美德的历史演变不仅受到哲学和宗教的影响，还受到社会、文化和时代的变迁。在古代社会，农耕社会强调了勤劳、耐心和节制等美德，因为这些品质有助于维持农业生产和社会稳定。随着工业革命的到来，新兴的工业社会对美德的需求发生了变化，强调了工作效率、竞争和创新。这种变化引发了对新的美德观念的探讨，包括勤劳、职业道德和社会责任等。

美德的历史演变还受到性别、种族和阶级等因素的影响。不同文化和社会背景下，对美德的定义存在差异。例如，不同性别可能对同一美德有不同的理解和要求。在某些社会中，强调男性的坚韧和女性的柔弱，从而影响了对美德的性别化理解。此外，种族和阶级也可能塑造了对美德的不同期望，反映了社会不平等和权力结构的存在。

美德的定义和历史演变是一个复杂而多层次的问题。它反映了不同文化和时代的价值观和优先事项，同时也受到社会和个体背景的影响。美德的演变是一个持续的过程，随着社会和文化的发展而不断变化。因此，深入研究美德的定义和历史演变有助于我们更好地理解不同文化背景下的道德观念，并为现代社会中的道德教育和价值观塑造提供有益的参考。

二、习俗的形成与文化价值

习俗是文化的重要组成部分，它们在不同文化中形成并承载着深厚的历史和文化价值。习俗的起源可以追溯到古代，它们通常与传统节日、仪式和民俗活动紧密相连。在深入讨论习俗的起源之前，让我们首先了解习俗的定义和作用。

习俗可以被定义为社会群体中一系列传统行为、仪式和规范，它们被视为日常生活的一部分，并通常在特定的时间和场合中执行。这些习俗可以涵盖多个领域，包括宗教、社交、家庭和个体生活。它们通常以某种方式反映了一个社会群体的价值观、信仰体系和历史传承。

习俗的起源通常可以追溯到古代社会的需求和信仰。传统节日是习俗的一个明显例子，它们往往起源于农业社会，与季节变化、农作物收获和天文现象相关。这些节日在不同文化中有不同的名称和庆祝方式，但它们共同传达了人们对自然界的尊重和感恩之情。例如，中国的春节和西方的感恩节都与丰收和团聚有关，它们通过食物、家庭聚会和传统仪式来庆祝。

仪式也是习俗的重要组成部分。它们通常与生命周期中的重要时刻有关，如出生、成年、婚姻和死亡。仪式在不同文化中具有不同的形式和意义，但它们都有助于标志个体在社会中的地位和角色变化。例如，印度的婚礼仪式是复杂而庄重的，反映了家庭和社会之间的联合，而基督教的洗礼仪式标志着个体信仰的转变。

民俗活动也是习俗的一部分，它们通常包括传统的庆典、游戏和艺术表演。这些活动在社交和娱乐方面起到了重要作用，同时也传承了特定文化的价值观和传统。例如，巴西的嘉年华和印度的排灯节是世界著名的民俗活动，它们通过音乐、舞蹈和装饰物展示了文化的多样性和独特性。

习俗在不同文化中表现出多样性和独特性。它们反映了各自社会群体的历史、地理、宗教和价值观的差异。例如，日本的樱花节强调自然美和短暂的生命，而印度的排灯节则强调光明和胜利。这些差异不仅丰富了世界文化的多样性，还有助于人们更好地理解不同文化之间的联系和差异。

习俗在社会中起到了重要作用，它们不仅是文化的传承者，还有助于个体身份的塑造和社区凝聚力的维护。首先，习俗可以作为个体身份的一部分，帮助人们理解自己所属的社会和文化背景。通过参与习俗，个体能够感受到自己与社会群体的联系，从而形成对自己身份的认知。例如，一个参加传统婚礼仪式的个体会感到与家庭和社区的联系更加紧密，这有助于形成自己的家庭身份。

习俗有助于社区凝聚力的维护。它们提供了社交机会和共同体验，促使人们在特定的时间和场合中聚集在一起。这种聚集有助于建立和加强社区关系，增强社会群体的凝聚力。例如，一个村庄的传统节日庆祝活动可以让村民们共同参与，增强他们之间的情感联系。

习俗也起到了文化传承的重要作用。它们将历史故事、传统技艺和价值观传递给后代。通过参与习俗，年青一代能够学习和理解自己文化的根源和重要性，这有助于文化的延续和传承。例如，中国的春节庆祝活动传递了关于家庭、团聚和传统食物的价值观，这些价值观被代代相传，保持了中国文化的连续性。

习俗在不同文化中具有重要的历史和文化价值。它们通过传统节日、仪式和民俗活动的形式传达了特定社会群体的价值观、信仰体系和历史传承。习俗对个体身份的塑造、社区凝聚力的维护和文化传承的促进都起到了关键作用。因此，我们应该重视和尊重各种习俗，以维护和传承我们丰富多彩的文化遗产。

三、美德与习俗的相互关系

美德和习俗是文化中的两个重要组成部分，它们之间存在着紧密的相互关系。美德是一种道德观念，代表了一种良好的行为标准，而习俗则是社会中长期形成的一种行为模式或惯例。在社会生活中，美德和习俗不仅相互影响，还共同塑造了社会的道德规范和价值观念。

让我们来分析美德如何在日常习俗中体现。一个明显的例子是尊老爱幼的美德在许多文化中都有着深厚的传统。这一美德的体现可以在各种习俗中找到，比如家庭聚会时，年轻人常常会主动照顾年长的家庭成员，以表达对他们的尊敬和关爱。在婚礼和庆祝活动中，对长辈的尊重也是一种常见的习俗。这些习俗不仅传承了尊老爱幼的美德，还强化了家庭关系和社会凝聚力。

诚实守信是另一个重要的美德，它在习俗中也有着显著的体现。在商业交往中，信誉和诚实被视为至关重要的因素。许多文化都有信守承诺、遵守合同的习俗，这些习俗反映了诚实守信的美德。例如，在合同签订后，各方都会努力履行承诺，这不仅是法律要求，更是一种社会习俗。这种习俗有助于维护商业道德，促进商业交往的顺利进行。

让我们探讨习俗中可能蕴含的道德教育意义。习俗作为一种社会行为规范，不仅传承了美德，还扮演着道德教育的角色。通过参与各种习俗，个体可以学习和内化社会中认可的价值观念和行为准则。这种道德教育的作用可以在以下几个方面体现。

习俗可以传递道德价值观。通过习俗，社会可以向年青一代传达关于尊重、友善、诚实等基本美德的信息。例如，在圣诞节期间，家庭会传统性地聚在一起，交换礼物并分享温馨时光，这种习俗传递了家庭团聚和亲情关系的重要性，强调了分享和关心他人的价值观。

习俗可以培养社会责任感。许多习俗要求个体在社会活动中扮演特定的角色，这有助于塑造社会责任感。例如，在社区庆典中，志愿者通常会参与组织和服务，这种习俗强调了个体对社会的贡献和责任，鼓励人们积极参与社会事务。

习俗还可以促进团队合作和社会互助。许多习俗需要人们协作完成特定任务，比如筹备婚礼、庆祝节日、组织社区活动等。通过参与这些习俗，个体学会了与他人协作，理解了集体利益的重要性，这对于社会的和谐和互助关系至关重要。

习俗还可以加强社会的凝聚力。共同参与习俗可以让人们感到归属感和社会认同感。这种集体体验有助于建立社会的凝聚力，促进社会成员之间的互动和交流，减少社会冲突和分裂。

美德与习俗之间存在着紧密的相互关系。美德在日常习俗中得到体现，而习俗则传承和弘扬美德，同时还扮演着重要的道德教育角色。通过习俗，社会可以传递道德价值观，培养社会责任感，促进团队合作和社会互助，加强社会的凝聚力。因此，理解和尊重习俗是维护社会道德规范和文化传承的关键。只有在美德和习俗相互融合的基础上，社会才能实现更加和谐、稳定和有意义的发展。

四、美德与习俗在现代社会的挑战

在当今社会,现代化和全球化进程对传统美德和习俗产生了深远影响,这既包括正面的方面,也涉及负面的影响。现代化和全球化对传统美德和习俗的正面影响。一方面,现代化的科技进步和社会发展为传统美德提供了更广泛的传播平台。例如,社交媒体和互联网使得传统美德,如友情、家庭价值观和道德规范能够在全球范围内分享和传递,增进了文化的多样性和交流。另一方面,全球化也促进了文化的融合,促使不同地区的美德和习俗相互影响,创造了新的文化价值观。这些正面影响有助于传统美德和习俗的传承和发展。

现代化和全球化也带来了一些负面的影响。首先,社会变革和快节奏的生活方式可能导致传统美德的淡化。人们在忙碌的生活中可能忽视了传统的家庭价值观和道德规范,导致家庭纽带的弱化和道德滑坡。此外,全球化也带来了文化同质化的风险,一些传统习俗可能会被忽视或遗忘,因为它们无法适应全球标准。这种文化同质化可能导致文化多样性的减少,限制了传统美德和习俗的多样性和发展。

在现代社会中保持和发展传统美德与习俗也面临一系列挑战。首先,社会的多元性和多文化性使得传统美德和习俗的定义变得更加复杂。不同文化和群体可能有不同的美德和习俗,而且这些价值观可能会相互冲突。因此,如何在多元社会中找到共同的价值观,以保持和传承传统美德和习俗成为一项重要的挑战。

现代社会的快速变化和不断发展的科技进步也对传统美德和习俗的传承构成了挑战。传统美德通常是基于历史和文化传统的,但在信息时代,这些传统可能会面临被遗忘的风险。新一代人可能更加注重数字化和虚拟世界,而忽视传统的家庭价值观和社交习俗。因此,如何在现代社会中将传统美德与习俗与新技术相结合,以吸引年青一代,成为一个重要的议题。

社会的经济压力也可能对传统美德和习俗的传承产生负面影响。在竞争激烈的现代社会中,人们可能更加注重经济成功和职业发展,而忽视传统的社会责任和道德观念。这可能导致传统美德的逐渐淡化,从而影响了社会的稳定和

和谐。

尽管存在挑战，现代社会也为传统美德与习俗的传承提供了一些机遇。首先，现代教育系统可以在教育中加强传统美德的教育。学校可以通过教育课程和校园文化来强调道德价值观和社交习俗，帮助学生理解传统美德的重要性。其次，社交媒体和科技也可以用于传播传统美德和习俗，吸引年青一代的兴趣。

现代社会也为传统美德和习俗的创新提供了机遇。人们可以通过创新和适应现代社会的方式来传承和发展传统美德。例如，一些社会组织和团体可以利用互联网来推广传统节日和仪式，使更多的人参与其中。此外，传统美德也可以在商业和娱乐领域中得到体现，以吸引更广泛的受众。

政府和社会机构可以采取措施来支持传统美德和习俗的传承。通过制定法律和政策，鼓励文化活动和传统庆典的举办，政府可以促进传统美德和习俗的传承。同时，社会机构可以提供资源和支持，帮助传统美德的传承者维护和发展他们的文化传统。

第二节　族群与地域特色

一、族群文化的定义与分类

族群文化是文化人类社会中一个重要而复杂的方面，它涵盖了各种不同的群体，每个群体都有其独特的特征和价值观。我们来定义族群文化。族群文化是指特定社会或社群内的文化特征，这些特征包括但不限于语言、宗教、习俗、价值观、风俗习惯、艺术形式以及生活方式。族群文化是群体认同的基础，它形塑了个体的身份感和归属感。同时，族群文化也反映了历史、地理和社会环境对群体的影响，因此是文化多样性的关键组成部分。

要理解族群文化，我们需要考虑其历史背景。族群文化的形成和演变受到历史事件和社会变革的影响。例如，随着迁徙、征服、贸易和殖民等历史事件的发生，不同族群之间的文化交流和融合也发生了变化。这些历史事件塑造了各个族群的文化特征，形成了今天我们所见到的多元文化社会。因此，族群文化不仅是静态的，还是动态的，不断演化和适应着不同历史时期的需求和挑战。族群文化可以根据不同的标准进行分类，包括地理分布、语言、宗教信仰等。以下是一些主要的族群文化分类方式。

1. 地理分布：族群文化可以根据其在特定地理区域的分布来分类。例如，亚洲、非洲、欧洲等大洲上存在着各种不同的族群文化，每个地区都有其独特的文化传统和特征。

2. 语言：语言是族群文化的一个关键方面。不同族群通常使用独特的语言或方言来传承其文化。世界上存在着数千种不同的语言，每种语言都反映了特定族群的历史和文化。

3. 宗教信仰：宗教信仰也是族群文化的一个重要组成部分。不同族群常常拥有独特的宗教体系和信仰习惯，这些信仰在塑造其道德价值观和仪式方面起着关键作用。

4. 习俗和传统：不同族群拥有各种各样的习俗和传统，这些习俗包括节日庆典、婚礼仪式、食物制作和服饰风格等。这些习俗反映了族群的文化身份和历史传承。

5. 艺术形式：艺术在族群文化中扮演着重要角色。不同族群创造了各种各样的艺术形式，包括绘画、音乐、舞蹈、文学等，这些艺术形式表达了他们的审美观和创造力。

6. 生活方式：生活方式包括居住方式、饮食习惯、社会组织等方面。不同族群的生活方式反映了其对环境的适应和文化传统的延续。

族群文化是多元化和复杂的，它在社会中扮演着重要的角色。了解族群文化的定义、历史背景和分类有助于我们更好地理解和尊重不同文化之间的差异，促进文化多样性的保护和推动。此外，族群文化也是一个不断演化和变化的概念，受到历史和社会环境的不断塑造，因此需要持续的研究和关注，以更好地理解和促进不同族群之间的交流与理解。最终，族群文化的多样性是我们丰富的人类文化遗产的一部分，值得我们共同珍视和保护。

二、地域特色的形成与影响

地域特色的形成与影响是文化人类学、地理学、历史学和社会学等多个学科领域的重要研究课题。这一问题涉及地理环境、历史背景、经济发展和社会结构等多个方面，深刻地影响着一个地区的文化特色。地域特色的形成与地理环境密切相关。地理环境包括地形、气候、土壤、自然资源等多个因素，这些因素影响了人类社会的发展和生活方式。例如，位于沙漠地区的文化可能会与水资源的稀缺性和沙尘暴的频繁发生有关，因此可能具有与干旱地区相适应的特点，如节水技术和沙漠中的居住方式。而山地地区可能会因为地形的限制而形成独特的文化特色，如农业方式、建筑风格和社会组织结构等。因此，地理环境对地域特色的形成起着至关重要的作用。

历史背景也是地域特色形成的重要因素。历史事件和演变塑造了一个地区的文化特点。例如，不同地区的殖民历史、战争经历、政治体制等都会对当地的文化产生深远的影响。历史背景可以通过传统文化、宗教信仰、法律体系等方面体现出来。一个地区的文化特色可能会受到历史上的移民潮、宗教改革、政治革命等事件的影响，这些事件都会在当地的文化中留下独特的痕迹。

经济发展也是地域特色形成的重要因素之一。不同地区的经济基础和发展水平不同，这会引发不同的社会结构和生活方式。例如，发达地区的文化可能更加注重经济成功和个人成就，而贫困地区的文化可能更加关注社区合作和生存技能。经济发展水平还会影响人们的生活质量、教育水平和文化消费水平等方面，进而塑造了地域特色。

社会结构也在地域特色的形成中扮演着重要角色。不同地区的社会结构包括了社会阶层、家庭结构、职业分布等方面的差异。这些差异会影响到人们的价值观、社会行为和文化习惯。例如，一个地区的社会结构可能更加分层，促使不同社会阶层之间的文化差异较大。另一个地区的社会结构可能更加平等，文化特色则更加趋同。社会结构的变化也可能引发地域特色的演变，例如，女性地位的提高和社会包容性政策的实施都可能对地域特色产生深远的影响。

地域特色还在当地居民的身份认同和日常生活中得以体现。地域特色通常被认为是一个地区的文化标志，人们常常通过地域特色来表达自己的身份认同。例如，一个人可能会因为出生在某个地区而对当地的文化特色感到自豪，将其视为自己的一部分。地域特色也影响了人们的日常生活方式，包括饮食习惯、服饰风格、节庆活动等。这些方面的差异不仅是地域特色的体现，也是人们生活的重要组成部分。

地域特色的形成与影响是一个复杂而多层次的过程，涉及地理环境、历史背景、经济发展和社会结构等多个因素。这些因素相互交织，共同塑造了一个地区的文化特色。地域特色不仅是文化研究的重要课题，也是人们身份认同和日常生活的重要组成部分。深入研究地域特色的形成与影响，有助于我们更好地理解不同地区的文化差异，促进跨文化交流和理解。因此，这一问题具有重要的学术和实际意义。

三、族群文化与地域特色的相互作用

族群文化与地域特色之间的相互作用是文化人类学和地理学领域的一个重要研究领域。这个主题涉及不同族群在特定地域内的互动，以及地理环境如何影响和塑造了这些族群的文化特征。我们需要关注不同族群的迁移和融合对地区文化特色的影响。迁移是文化变迁的一个重要因素，它将不同的文化元素引入新的地理环境中。当不同族群迁移到一个地区时，他们带来了自己的语言、宗教、习俗和价值观。这些元素与当地文化相互交融，创造出新的文化形态。例如，美国是一个移民国家，各种族群在过去几个世纪中迁移到这个国家，形成了多元文化的社会。这些族群的食物、音乐、宗教仪式等元素都融入了美国文化，塑造了独特的美国文化特征。

不同族群的融合也可以引发文化的创新和多样性。当不同文化相遇时，它们可能会互相借鉴、融合，并创造出新的文化表达形式。这种文化创新可以在语言、艺术、音乐、食物等方面体现出来。例如，拉丁美洲是一个文化多样性丰富的地区，由于西班牙殖民和非洲奴隶贸易，不同的文化元素相互融合，产生了独特的拉丁美洲文化，包括萨尔萨舞、雷鬼音乐和克里奥尔美食。

地域环境也对特定族群的文化特征产生深远影响。地理因素，如地形、气候和资源分布，可以塑造和限制文化的发展。例如，生活在高山地区的民族可能会发展出特殊的建筑风格和生存技巧，以适应高海拔环境。而沿海地区的民族可能会依赖海产品作为主要食物来源，因此他们的文化特色与海洋有着密切关系。地域环境还可以影响到农业模式、经济活动和社会结构，这些因素都会深刻地影响到族群的文化。

另一个关键因素是文化与地域环境之间的相互适应。不同地区的地理特征可能会引发不同的生活方式和文化实践。举例来说，沙漠地区的居民可能发展出特殊的衣物、住房和生存技能，以应对高温和干旱。这些文化特征反过来又会影响到他们的社会组织和价值观。因此，文化与地域环境之间存在一种相互适应的关系，地理因素塑造了文化，同时文化也适应了地理环境。

地域特色还可以在文化表现形式中体现出来。不同地区的艺术、音乐、建筑和工艺品可能具有独特的地域特色，反映了当地的自然环境和历史传统。例如，中国的园林艺术反映了中国人对自然的崇敬和对园林美的追求，而北欧的绘画和建筑则受到北极圈地理特点的影响，体现出北欧文化的独特性。

地域特色和族群文化之间的相互作用还涉及文化保护和文化转化的问题。一方面，地理环境可能对特定族群的文化传统构成威胁，例如气候变化、自然灾害或资源枯竭。这可能导致文化元素的流失和文化衰落。另一方面，地域特色也可以促进文化的传承和保护，因为人们可能会更加珍惜与地理环境相关的文化元素。因此，地域特色可以成为文化保护的动力，同时也可以促进文化的传承和创新。

族群文化与地域特色之间的相互作用是一个复杂而多层次的主题，涉及迁移、融合、创新、适应、表现、保护和转化等多个方面。这个关系不仅影响着人类社会的文化多样性，也反映了人类与地球环境之间紧密相连的关系。深入研究这一主题有助于我们更好地理解文化的形成和演化，以及地理环境对人类社会的影响。因此，族群文化与地域特色之间的相互作用是一个值得深入研究的重要课题，有助于我们更好地理解人类社会的多样性和复杂性。

四、文化保护与传承的挑战

文化保护与传承的挑战是一个涉及多个维度的复杂议题，涵盖了全球化、城市化以及经济发展等多方面因素的影响。在全球化的背景下，世界各地的文化元素相互渗透，传统文化面临着来自外部文化冲击的威胁。城市化则伴随着农村人口向城市迁移，导致农村文化传承面临断裂的风险。同时，经济发展带来了现代生活方式的普及，可能导致传统文化价值观的淡化。在这一情境下，保护和传承传统文化成为一项紧迫的任务，需要制定多层次的策略和实践来应对挑战。

全球化对传统文化产生的影响是一个重要议题。全球化促使不同文化之间的交流变得更加频繁和深入，这在一定程度上丰富了文化的多元性。然而，全球化也带来了文化同质化的风险，因为流行文化和商业文化在全球范围内传播迅速，可能导致本土文化的边缘化。为了应对这一挑战，需要采取措施来促进本土文化的传播和发展。这可以通过政府支持艺术和文化项目、推动本土文化的国际传播、加强文化教育等方式来实现。

城市化对传统文化传承也带来了一系列挑战。随着农村人口大规模迁徙至城市，农村地区的传统生活方式和文化传统面临着消失的风险。这一过程可能导致年青一代对传统文化失去兴趣，从而使传承的难度增加。为了解决这个问题，可以采取措施来促进城市和农村之间的文化交流和合作。例如，组织文化节庆活动、设立文化中心，为城市居民提供了解和参与传统文化的机会，同时也为农村居民提供传承和传播文化的平台。

经济发展对传统文化的影响也不可忽视。随着经济的快速增长，现代化的生活方式和消费习惯逐渐渗入社会。这可能导致人们对传统文化价值观的转变，传统技艺和手工艺品的市场需求下降，传统文化的传承面临压力。为了保护传统文化，可以采取多种策略。首先，可以制定政策支持传统文化产业的发展，包括提供资金支持、培训传统工匠等。其次，可以通过文化教育和宣传来增强人们对传统文化的认识和兴趣，从而提高其市场价值。最后，最重要的是，需要找到传统文化与现代生活的融合点，使其能够适应现代社会的需求，同时保留其核心价值。

文化保护与传承还涉及知识传承和教育问题。传统文化通常包括许多口头传承的知识和技艺，这些知识需要通过师传徒的方式传承下去。然而，随着社会结构的变化和职业选择的多样化，传统知识的传承面临挑战。为了应对这一问题，可以建立专门的文化传承机构，提供培训和教育，以培养新一代传统文化传承者。同时，也可以通过数字化技术来记录和传播传统知识，以便更广泛地传播。

文化保护与传承需要社会的共同参与和支持。政府、社会组织、个人都应该发挥作用，共同努力保护和传承传统文化。政府可以制定政策和法律来支持文化保护工作，提供经济支持和资源。社会组织可以组织文化活动和项目，推动文化传承工作。个人可以通过参与文化活动、购买传统手工艺品等方式来支持传统文化的传承。只有社会各界人士共同努力，才能有效地保护和传承传统文化。

文化保护与传承面临着全球化、城市化和经济发展等多重挑战。为了应对这些挑战，需要采取多层次的策略和实践，包括促进本土文化传播、推动城市和农村的文化交流、支持传统文化产业发展、加强文化教育和知识传承，以及社会各界人士的共同参与和支持。只有通过综合性的努力，才能有效地保护和传承传统文化，确保其在现代社会中继续发展和传播。这不仅有助于维护文化多样性，也有助于传承人类宝贵的文化遗产。

第三节 社会变迁中的价值观转变

一、价值观的演变

在探讨社会价值观的演变时，我们需要首先理解历史的背景和社会的变迁如何塑造了人们的价值观。价值观是个体和社会的观念、信仰和原则的反映，它们随着时间的推移和社会环境的变化而发生演化。以下将从不同的历史时期出发，分析社会结构、经济发展和政治变革如何引导了价值观的演变。

我们可以回顾工业革命期间的社会演变。工业革命是人类历史上的一个重大转折点，它引领了农业社会向工业社会的过渡。在这个时期，社会结构发生了巨大变化，农村人口迁移到城市，工业化和城市化进程快速推进。这一时期的社会变革引发了价值观的演化，人们开始重视劳动和产业化，强调个人的经济独立和社会地位。这种变化在道德观念中也有所反映，个人主义和竞争精神变得更加突出，人们更加追求物质财富和个人成功，这是工业革命时代的价值观特征。

工业革命也带来了社会问题和不平等，这引发了一些社会运动和改革，如工会运动和社会主义运动。这些运动反映了集体主义价值观的回归，强调社会的公平和公正。因此，工业革命时期不仅强调了个人主义，也引发了集体主义价值观的再次崛起，形成了一种平衡。

我们要考察信息时代对价值观的影响。信息时代以数字技术和互联网的发展为特征，这些技术使信息的传播和获取变得更加容易和快速。信息时代的兴起带来了全球化和多元文化的交流，这对个人主义和集体主义价值观都产生了深刻影响。

在信息时代，个人主义的特点仍然明显。个人在互联网上拥有更多的自由表达和自我表现的机会，这强调了个人独立和多样性。此外，信息时代的经济模式也更加注重创新和创业，鼓励个人追求自己的梦想和目标。因此，信息时代对个人主义价值观的强调是显而易见的。

信息时代也带来了新的挑战和问题，例如信息泛滥和虚假信息的传播。这些问题强调了集体主义价值观的重要性。人们开始意识到集体决策和社会合作的必要性，以解决全球性问题，如气候变化和公共卫生。此外，社交媒体的崛起也强化了集体主义的一面，人们通过在线社交平台组织起来，推动社会和政治变革。

社会的历史背景、经济发展和政治变革都对人们的价值观产生了深远的影响。工业革命时期强调了个人主义和竞争，而信息时代则在保留个人主义的同时，强调了集体主义和社会合作的重要性。这些演变是社会动态的反映，表明价值观不是静态的，而是随着社会的演化而变化的。因此，我们需要理解这些演变，以便更好地应对当今复杂的社会和伦理挑战。

二、经济发展对价值观的影响

经济发展与价值观之间存在密切的相互影响关系。经济繁荣时期往往与物质主义价值观的盛行相关。在经济增长迅猛的背景下，人们通常倾向于追求更高的物质享受和经济繁荣。这是因为在这种时期，社会资源相对丰富，人们更容易满足基本需求，因此他们将精力集中在追求更多的物质财富、奢侈品和生活方式的改善上。这种现象被描述为所谓的"物质主义陷阱"，即在繁荣时期，人们往往过度追求物质财富，而忽视了更高层次的精神和道德价值。这种情况可能导致社会中的不平等加剧和环境问题的恶化，因为追求物质财富可能会牺牲自然资源和社会公平。

当经济陷入衰退或危机时，人们的价值观往往会发生显著的变化。经济困境通常会引发对精神和社会价值的更多关注。在这种情况下，人们可能更加强调家庭、友情、社区和社会责任感，因为这些价值观提供了一种安慰和支持，可以帮助他们应对经济不稳定和困难时期。经济危机还可能促使人们重新审视自己的生活方式和消费习惯，以减少浪费和过度消费，更多地关注可持续性和环保价值观。因此，经济衰退时期可能会推动人们更多地考虑社会责任感和可持续发展，而不仅仅是物质追求。

经济发展对个体和社会的心理健康也有重要影响。经济繁荣时期通常伴随着更低的失业率和更高的生活满意度，这有助于提高人们的幸福感和心理健康。然而，过度追求物质财富和社会地位可能导致焦虑、竞争压力和社会分化，对心理健康产生负面影响。相反，经济衰退时期可能会带来更多的不确定性和挫折感，但也可能促使人们更多地依赖社会支持和情感联结，以缓解精神健康问题。

经济发展还与价值观的代际变化相关。新一代人可能在不同的经济环境中成长，他们的价值观可能受到不同的影响。例如，在经济繁荣时期成长的一代人可能更加强调个人成功和物质富足，而在经济衰退时期成长的一代人可能更加注重社会公平和共同体建设。这种代际差异可能引发社会中的文化变革和价值观的演变。

经济发展对人们的价值观产生深远的影响。经济繁荣时期倾向于推动物质主义和个人主义,而经济危机时期则更多地促使人们关注精神价值和社会责任感。这种影响不仅体现在个人层面,还涉及社会、文化和心理健康等多个方面。了解这种关系对于社会政策制定和个体的自我认知都具有重要意义,因为它可以帮助我们更好地理解经济与价值观之间的复杂互动关系,以便更好地引导社会发展和个体幸福。因此,经济发展与价值观之间的关系是一个值得深入研究和思考的重要课题。

三、技术进步与价值观变迁

在当今社会,科技进步已经成为人类生活中不可或缺的一部分。数字化和互联网技术的迅速发展,极大地改变了人们的生活方式和价值观。让我们考察数字时代对隐私的影响。随着数字化技术的普及,人们的个人信息变得更加容易被获取和共享。社交媒体、搜索引擎和在线购物等平台收集了大量用户数据,这些数据用于个性化推荐和广告定位。这种个性化服务的背后是对用户数据的深度分析,这引发了关于隐私权的重要讨论。人们不断权衡个人隐私与便利性之间的关系,这反映了价值观的变化。在数字时代,人们更加关注数据隐私,认为保护个人信息是一种重要的价值观,这反映在法律法规的不断完善和对数据泄露事件的广泛关注上。

让我们看看知识共享的变化。互联网的出现和发展使知识传播变得更加容易和快速。从在线教育到开放式在线课程,知识变得更加普及和全球化。这种全球化的知识共享有助于消除地域隔离,促进文化多样性,并打破了以往知识传统的界限。这也反映了新的价值观,即知识应该是公平和普遍可及的。人们更加看重知识的共享,认为知识的普及有助于社会的发展和进步。这一变化也引发了知识产权和版权等法律领域的重大讨论,以平衡知识共享和创作者的权益。

我们来讨论全球连通性的观念。互联网的兴起使世界变得更加紧密相连,人们可以轻松地与世界各地的人交流和合作。这种全球连通性改变了人们对文化、价值观和世界的看法。数字时代促使人们更加重视全球问题，如气候变化、全球贸易和国际合作。人们开始认识到，全球连通性是解决这些问题的关键。这也反映了价值观的演变，即国际合作和全球意识变得更加重要。这一观念的崛起促使国际组织和跨国公司采取更加全球化的策略，以适应这一变化的社会价值观。

科技进步，特别是数字化和互联网技术的发展，已经深刻地塑造了人们的价值观。随着数字时代的到来，人们更加关注隐私权，认为个人信息的保护至关重要。知识共享变得更加普遍，反映了知识普及的新价值观。全球连通性的观念也日益受到重视，推动了国际合作和全球意识的兴起。这些变化不仅影响了个人层面的价值观，也影响了社会和法律制度，推动了新的社会规范和行为模式的形成。因此，科技进步与价值观变迁之间存在着深刻而不可分割的联系，这将继续塑造未来社会的发展方向。

四、文化交流与价值观整合

在全球化的背景下，文化交流成为一个重要的社会现象，不同文化之间的交流不仅仅是信息和物质的交换，更是价值观的交流和对话。文化交流是多元文化社会中不可避免的现象。全球化使不同文化之间的接触变得更加频繁和深入。这种交流不仅仅限于商业和科技领域，还包括文化、艺术、宗教等各个领域。当不同文化相互交流时，它们的价值观往往会受到影响和改变。例如，西方文化的传播和影响力引发了全球范围内的自由主义和人权观念的传播，这在一些传统社会中引发了对传统价值观的挑战。

文化交流促进了多元价值观的接受。通过与不同文化接触和交流，个体更容易接受来自不同文化的观点和价值观。这有助于人们更加开放和包容地看待世界，接受多元文化社会中的多样性。例如，一个人可能在接触到不同文化的食物、服装、音乐和宗教仪式时，会更容易接受和欣赏这些文化的独特之处，从而形成更加多元化的视野。

文化交流也带来了传统价值观的挑战和重塑。当不同文化之间的价值观相互碰撞时，可能会引发文化冲突和文化认同危机。一方面，一些人可能会坚守传统价值观，拒绝接受外来文化的影响，这可能引发文化保守主义的兴起。另一方面，一些人可能会放弃传统价值观，追求新的文化观念，这可能引发文化的重塑和价值观的混合。例如，在一些社会中，年青一代可能会受到西方文化的吸引，放弃传统的家庭价值观，引发家庭结构和社会关系的改变。

文化交流还可能导致文化标准化的趋势。随着全球化的推进，一些文化元素变得越来越普遍，而其他文化元素则逐渐被边缘化。这可能导致文化多样性的减少，一些文化可能会受到较大程度的同化压力，从而失去其独特性。例如，在全球范围内流行的娱乐、时尚和消费习惯可能导致一种全球文化的崛起，这可能对传统文化的保护和传承构成威胁。

尽管文化交流可能带来挑战，但也提供了机会。文化交流可以促进文化的创新和发展，促使文化更好地适应现代社会的需求。例如，传统艺术形式可以通过与其他文化的交流而获得新的灵感和元素，从而保持其活力。此外，文化交流还可以促进跨文化合作和理解，有助于解决全球性问题，如气候变化、贫困和人权等。

在全球化背景下，文化交流在不同文化之间引发了价值观的融合和碰撞。它促进了多元价值观的接受，同时也带来了传统价值观的挑战和重塑。文化交流既有机会，也有风险，需要在保护文化多样性的同时促进文化的创新和发展。因此，文化交流应被视为一个复杂而重要的社会现象，需要综合考虑其影响和后果，以实现文化交流的积极价值。

第五章　群众文化与社会发展

在本章中，我们深入探讨了群众文化与社会发展之间的密切联系。文化不仅是社会结构的重要组成部分，而且在社会变革的进程中扮演着关键角色。我们将分析文化如何影响并塑造社会结构，以及它在推动社会变革方面的重要作用。此外，本章还着重探讨了群众文化如何增强社会凝聚力，以及文化多元化如何促进社会和谐。通过这些讨论，我们旨在提供一个全面的视角，来理解文化在现代社会发展中的重要性。

第一节　文化与社会结构

一、文化的定义与社会结构的关联

文化是一个广泛而复杂的概念，其定义因时代、地域和学科而异。在社会科学领域，文化通常被视为一种包含价值观、信仰、习俗和艺术表达等元素的集合体。这种定义强调了文化的多元性和多层次性，表明文化不仅仅是一种符号系统，还反映了人类社会的认知、情感和行为模式。

文化可以被视为一种价值观的集合体。价值观是个体和社会对于道德、伦理、美学等方面的信仰和评价。文化中包含的价值观反映了一个社会的共同理念和信仰体系，它们指导着人们的行为和决策。例如，在某些文化中，家庭和社群的价值被强调，而在其他文化中，个人主义和竞争性的价值可能更为重要。这种文化内部的价值观差异对社会结构产生深远影响，因为它们影响了人们的态度和行为，从而塑造了社会的行动模式和互动方式。

文化也包括宗教信仰和宗教仪式等元素。宗教是文化的重要组成部分，它不仅是一种信仰体系,还是一种社会组织形式。不同宗教信仰在不同文化中扮演着重要角色,它们塑造了人们的道德和行为准则,同时也构建了社会的道德框架。这些宗教信仰的不同影响了社会的价值观和道德观,从而在社会结构中创造了差异。

习俗和传统也是文化的重要组成部分。习俗包括社会活动、节庆、婚礼、葬礼等各种仪式和惯例。这些习俗是文化的一种体现,它们反映了社会的历史、价值观和社会规范。习俗和传统的存在使得社会结构变得更加稳定和有序,因为它们提供了人们行为的指导和规范。同时,习俗和传统也可以成为社会变革的障碍,当社会需要适应新的挑战和变化时,习俗和传统可能会阻碍创新和改革。

艺术表达是文化的另一个重要方面。艺术是一种文化表现形式,它可以通过绘画、音乐、文学、戏剧等多种媒介来传达思想、情感和价值观。艺术不仅仅是一种娱乐活动,它还具有深刻的社会和文化意义。艺术作品可以反映社会的历史和文化背景,同时也可以挑战社会的观念和价值观。例如,文艺复兴时期的艺术作品反映了人文主义的理念,同时也对当时的宗教体制提出了质疑。艺术的创作和欣赏都受到文化背景和社会结构的影响,它们可以成为文化交流和认同建构的重要媒介。

文化与社会结构之间存在着密切的相互作用。文化不仅是社会结构的反映,也是社会结构的塑造者。首先,文化影响社会阶层的形成和维持。社会阶层是社会结构的一个核心元素,它包括不同的社会群体,如贵族、中产阶级、工人阶级等。其次,文化中的价值观、习俗和传统可以影响人们的社会地位和社会角色。例如,某些文化中,出生家庭的社会地位对个体的前途有着巨大的影响,而在其他文化中,个人的努力和能力更为重要。这种文化对社会阶层的影响不仅仅是表面上的,它还可以影响到教育、职业选择、社会交往等方面。

文化也影响职业分布和劳动力市场的特征。不同文化中,人们对于职业和工作的态度和期望有所不同。一些文化可能鼓励个体追求高薪高职业地位,而其他文化可能更注重工作与家庭生活的平衡。这种文化差异可以影响劳动力市场的竞争态势和职业分布。例如，一些文化可能更注重STEM（科学、技术、工程和数学）领域的职业，而其他文化可能更注重人文和社会科学领域的职业。这种文化对职业分布的影响也反映在职业的性别分布上，因为文化对于性别角色和期望也有一定影响。

文化也与社会流动性密切相关。社会流动性是指个体或家庭在社会阶层中的上升或下降。文化可以影响社会流动性的机会和路径。在某些文化中，社会流动性可能更为容易，因为社会价值观强调个体的奋斗和机会平等。而在其他文化中，社会流动性可能受到限制，因为社会结构更为刚性，社会地位更为固化。文化中的教育体系、职业机会和社会支持系统都对社会流动性产生影响，从而塑造了社会的动态和稳定性。

文化是社会结构的重要组成部分，它包含多种元素，如价值观、信仰、习俗和艺术表达。文化不仅反映了社会的认知、情感和行为模式，还塑造了社会结构的各个方面，包括社会阶层、职业分布和社会流动性。文化与社会结构之间存在着密切的相互作用，文化不仅是社会的反映，也是社会的塑造者。因此，深入理解文化与社会结构之间的关联对于我们理解社会变化和发展具有重要意义。

二、文化的传承与社会结构的稳定性

文化的传承与社会结构的稳定性是一个复杂而深刻的话题，涉及文化、社会学和人类发展等多个领域。文化的传承方式涵盖了多个层面，其中最重要的包括家庭、教育系统和媒体。家庭在文化传承中扮演着关键的角色。从婴儿时期起，孩子就开始接触家庭传统、价值观和习惯。家庭是文化传统最早的来源，通过亲子关系，父母向子女传递了语言、宗教、风俗习惯等重要的文化元素。这种家庭传承有助于社会结构的稳定，因为它确保了基本的文化价值在代与代之间的传递。

教育系统也在文化传承中发挥着关键作用。学校和教育机构是社会中的文化传承中心之一，它们通过课程、教材和教师的教育来传授文化知识和价值观。这有助于维护社会结构的稳定性，因为它确保了年青一代接受到了社会认可的文化教育，使他们更好地融入社会体系。

媒体是现代社会中文化传承的重要渠道。电视、互联网和社交媒体等媒体平台扮演着向大众传播文化价值观和信息的角色。媒体的影响力在当今社会日益增强，它们有能力塑造人们的观念和价值观。然而，媒体也可能对社会结构产生深远的影响，特别是在信息传递方面不平等或受控制的情况下，可能导致社会不稳定。

在不同社会阶层中，文化传统的保持也是一个重要的议题。社会结构通常包括不同的阶层和群体，这些群体可能具有不同的文化传统。维护这些文化传统可以在某种程度上稳定社会结构，但也可能导致社会不平等和冲突。例如，在一些社会中，特定群体可能更容易继承传统权力和资源，而其他群体可能被边缘化，这可能导致社会不满和动荡。

文化传统的维护和改变也与社会的进步和变革密切相关。一方面，文化传承有助于保持社会的稳定性，但另一方面，过于保守的文化传统也可能抑制社会的创新和进步。在某些情况下，社会需要重新审视和调整传统价值观，以适应新的挑战和机会。这种文化变革可能引发社会结构的改变和重新组织，但也可能引发社会不安和冲突。

文化传承对社会稳定性的影响是一个动态的过程。不同的社会和文化背景下，文化传统和社会结构的互动方式各不相同。在一些社会中，文化传承可能促进社会的和谐和稳定，而在其他社会中，它可能是社会不平等和不稳定的根源。因此，理解不同文化和社会背景下文化传承与社会结构的关系对于社会科学研究和政策制定至关重要。

文化的传承与社会结构的稳定性是一个涉及多个领域的复杂议题。家庭、教育系统和媒体等方式在文化传承中发挥着关键作用，它们可以维护社会结构的稳定性，但也可能对社会产生深远的影响。在不同社会阶层中，文化传统的保持和变革都具有重要意义，它们既可以促进社会的稳定，又可能引发社会变革和冲突。因此，深入研究文化传承与社会结构的相互关系对于理解社会动态和制定政策具有重要意义。

三、社会结构中的文化多样性

社会结构中的文化多样性是一个复杂而深刻的主题，涉及不同社会群体之间的文化差异，以及这些差异如何影响社会的稳定与发展。让我们关注不同经济阶层之间的文化多样性。经济阶层不仅仅包括财富的分配，还包括社会地位、教育水平和职业等多个因素。在一个社会中，不同经济阶层的人们通常具有不同的价值观和生活方式。例如，富裕阶层可能更注重奢侈品和高端文化，而较低阶层可能更注重基本生活需求。这种文化多样性在社会结构中体现为社会的分层和分化，可能导致社会的不平等和社会阶层之间的隔离。然而，它也为社会带来了不同的观点和经验，有助于社会更全面地理解问题和制定政策。

我们考察种族多样性对社会结构的影响。种族差异可以表现为不同的皮肤颜色、文化传统和语言。在多种族社会中，不同种族群体之间的文化多样性可能导致种族间的紧张关系和冲突。然而，它也可以丰富社会的文化和艺术传统，促进不同种族之间的交流和合作。文化多样性的存在还鼓励了人们对种族平等和包容性社会的更广泛讨论，有助于消除歧视和不平等。

宗教团体也是社会结构中的重要文化多样性的组成部分。不同宗教信仰和教义可以塑造人们的价值观和道德观念。在一个多宗教社会中，不同宗教团体之间的文化多样性可能导致宗教冲突和对立。然而，它也为宗教自由和信仰多样性提供了机会，让人们自由选择他们的信仰，并与不同宗教团体之间建立对话和理解。这种文化多样性还可以推动社会对宗教自由和宗教权利的法律保护，确保每个人都有权追求他们的宗教信仰。

文化多样性在社会中共存和互动的方式是一个复杂的议题。首先，文化多样性可以引发社会和解。当不同文化群体能够相互理解和尊重彼此的差异时，社会就更容易实现和平共存。这可以通过教育、文化交流和多元文化政策来促进。例如，学校可以教授多元文化教育，使学生更好地理解不同文化的历史和价值观，从而减少偏见和歧视。

文化多样性也可能导致社会冲突。当不同文化群体之间存在不和谐和对立时，社会可能会出现紧张局势和冲突。这种情况可能加剧社会不稳定，并对社会和谐产生负面影响。因此，社会需要采取措施来促进文化多样性的和平共存。这包括建立对话渠道、制定包容性政策和加强社区间的合作。

文化多样性还可以促进文化融合。当不同文化相互交流和融合时，新的文化元素和创新可能会涌现。这种文化融合可以推动社会的发展和进步。例如，美国就是一个多元文化的社会，各种文化元素相互影响，促进了音乐、食物、艺术等领域的多样化和创新。

文化多样性也可以促进社会的包容性和公平性。当社会承认并尊重不同文化群体的权利和价值观时，它更有可能建立一个包容性的社会结构，保障每个人的权利和机会。这可以通过立法、政策和社会教育来实现。例如，反歧视法律和平等机会政策可以确保每个人都有平等的机会，不受其文化背景的限制。

综上所述，社会结构中的文化多样性是一个复杂而重要的主题，涉及不同社会群体之间的文化差异，以及这些差异如何在社会中共存和互动。文化多样性可以促进社会和解、冲突、融合，同时也需要采取措施来确保文化多样性的和平共存和社会的包容性。只有通过理解、尊重和促进文化多样性，社会才能实现更全面的发展和进步。因此，研究和探讨文化多样性在社会结构中的作用具有重要的学术和社会意义。

四、文化变迁与社会结构的演进

文化变迁与社会结构的演进是一个复杂而重要的主题，涵盖了多个领域，包括文化、社会学和政治学。这一主题的探讨可以从全球化和科技发展的角度入手，以及这些因素如何对社会结构产生长期影响。全球化是一个不可忽视的因素，对文化变迁和社会结构产生深远影响。全球化引发了信息、人员和商品的自由流动，促进了不同文化之间的交流和互动。这种跨文化交流加速了文化的融合和变革，引发了全球文化的崛起。全球化也为新兴文化趋势提供了更广泛的平台，使得传统社会结构面临挑战。

科技发展也在文化变迁和社会结构演进中发挥着关键作用。随着互联网和社交媒体的普及，信息传播变得更加快速和广泛。这不仅促进了全球文化的传播，还加强了个人与群体之间的联系。社交媒体平台使得个体能够迅速组织起来，形成社会运动或政治团体，从而对社会结构产生影响。此外，科技的发展也改变了工作和生活方式，对社会组织形式产生了深刻影响。例如，远程办公和在线教育的兴起改变了传统的工作和学习模式，可能引发社会结构中的权力和资源分布重新定义。

另一个重要方面是新兴文化趋势如何挑战传统社会结构。随着社会的不断演进，新的文化价值观和习惯逐渐兴起，对传统社会结构提出了挑战。例如，性别平等和多元文化主义的观念逐渐获得广泛认同，这促使社会重新审视性别角色和种族关系。这种文化变革可能引发社会规范的改变，以适应新的价值观。同时，新兴文化趋势也可能催生新的社会组织形式，如社会媒体运动或在线社区，这些组织形式可能与传统的社会结构相竞争或互补。

文化变迁和社会结构演进还可能对权力分布产生重要影响。传统社会结构通常包括权威机构和精英集团，它们掌握着社会资源和政治权力。然而，文化变迁和新兴文化趋势可能引发权力的重新分配。举例来说，社交媒体的兴起使普通人能够发表意见并参与公共讨论，这可能削弱了传统媒体和政治精英的影响力。此外，新兴文化趋势也可能促使社会更加注重多元性和包容性，从而改变了权力分布的动态。政府和组织可能被迫更加响应社会的多元需求，以保持合法性和稳定性。

社会规范也可能受到文化变迁和社会结构演进的影响。随着新兴文化趋势的兴起，社会对道德、伦理和行为规范的看法可能发生变化。例如，随着性别和性取向的多元化得到更多认可，传统的性别角色和家庭结构可能受到挑战。这可能促使社会规范的重新定义，以便更好地反映现代社会的多样性和包容性。同时，科技发展也可能引发新的道德和伦理问题，如隐私权和数字伦理，这对社会规范产生了深远影响。

文化变迁与社会结构的演进是一个复杂而多维的主题，涵盖了全球化、科技发展、新兴文化趋势、权力分布和社会规范等多个方面。这些因素相互交织，共同塑造了现代社会的面貌。深入探讨这些影响有助于我们更好地理解社会的发展和变革，同时也提醒我们需要适应和应对不断变化的文化和社会环境。因此，文化变迁与社会结构的演进是一个需要持续研究和讨论的重要话题，对于社会科学和政策制定都具有重要的启示意义。

第二节　文化在社会变革中的作用

一、文化作为社会变革的催化剂

文化作为社会变革的催化剂是一个广泛而深刻的话题，它涉及文化元素如何与社会变革相互作用，以及这种互动如何塑造了社会的演变。文化是一个多层次的概念，它包括艺术、音乐、文学、宗教、价值观念等方面。这些文化元素不仅仅是人类生活的一部分，还反映了社会的价值观和认知模式。在社会变革的背景下，文化元素可以成为一个重要的催化剂，因为它们不仅反映了社会的现实，还有能力塑造和引导社会的演变。

历史上有许多重要的社会运动和变革，其中文化因素起到了关键作用。例如，美国的民权运动在20世纪60年代取得了巨大的成功，其中音乐、文学和艺术发挥了重要作用。民权领袖马丁·路德·金的演讲和赞美诗《自由之歌》都成为该运动的象征，激发了民众的热情和支持。这些文化元素不仅传达了平等和正义的信息，还在社会中创造了一种共鸣和团结的情感，推动了社会的变革。

文化还可以影响社会情绪和公众观点。音乐和艺术作品可以触发情感共鸣，引发对社会问题的深思。例如，越战时期的反战歌曲和抗议艺术作品反映了公众对战争的不满，推动了反战运动的兴起。这些文化作品不仅表达了艺术家和公众的情感，还塑造了反战观点在社会中的影响力。

文化还可以扮演社会变革中的媒介角色。通过文学作品、电影和媒体报道，人们可以了解到社会问题的复杂性和深刻性。这种认知可以引发对问题的关注，并促使人们采取行动。例如，《汤姆·索亚历险记》这部小说通过揭示奴隶制度的不公正性，引发了19世纪美国废奴运动的兴起。文学作品可以将社会问题呈现得深刻而感人，激发读者的思考和行动。

文化还可以为社会变革提供灵感和动力。文化元素常常反映了创作者对社会问题的关切，他们的作品可以激发观众的共鸣，并激发他们采取行动。例如，乔治·奥威尔的小说《1984》描绘了一个极权主义社会，引发了人们对政府权力滥用的担忧，促使他们反思自己的政治参与。这种文化作品的影响力在社会变革中是不可忽视的，因为它们可以启发人们追求变革和改善社会。

文化还可以在社会变革中发挥积极的作用，促进社会的包容性和多样性。多元文化的表达和欣赏可以减少偏见和歧视，推动社会的公平和正义。例如，音乐、电影和文学作品可以传达不同文化背景和经验的故事，促使人们更好地理解和尊重他人。这种文化多样性有助于建立更加开放和包容的社会，促进社会变革的实现。

文化作为社会变革的催化剂具有广泛的影响力和深远的意义。文化元素如艺术、音乐和文学不仅反映了社会的现实和情感，还有能力塑造和引导社会的演变。通过激发情感共鸣、传达社会问题、提供灵感和促进多样性，文化在社会变革中发挥了多重作用，推动了社会的进步和改善。因此，我们应该认识到文化的重要性，并积极支持文化的发展，以促进社会的变革和发展。

二、文化身份与社会团结

文化身份与社会团结是一个复杂而深刻的话题，涉及个体认同、社会集体和文化多样性之间的相互关系。文化身份在社会团结中的作用可以通过社会认同理论来解释。社会认同理论认为，个体在社会中寻找与自己相关的社会群体，并试图与这些群体建立联系，以满足其认同需求。文化身份是社会认同的重要组成部分，因为它是个体与特定文化、价值观和传统之间的纽带。当个体认同于某一文化身份时，他们更有可能与拥有相似文化身份的人建立联系，从而加强了社会团结。

一个典型的例子是民族认同。民族认同通常与特定的文化、语言和历史传统相关联。人们认同于自己的民族文化身份时，他们倾向于与同一民族的人们建立联系，共同追求民族利益。这种团结可以在政治、社会和经济层面发挥作用，促进社会团结。

文化身份也可以在社会动员和集体行动中发挥关键作用。社会动员是指个体或群体通过集结和行动来追求共同目标的过程。文化身份可以作为社会动员的动力源泉，因为它激发了人们对文化群体利益的关注和承诺。例如，在社会运动中，文化身份可以成为推动行动的动力，激发人们参与抗议活动或争取文化权益的热情。

另一个重要方面是文化多样性。文化多样性意味着社会中存在各种不同的文化身份和价值观。虽然文化多样性可能导致差异和冲突，但它也为社会团结提供了机会。多元文化社会中的文化身份之间的互动可以促进对多元文化的尊重和理解，从而增强社会的包容性和团结。

文化身份对社会团结的影响并不总是积极的。有时，过于强调文化身份可能导致分裂和排斥。例如，民族主义或宗教极端主义可能将文化身份用作分裂工具，使不同文化群体之间的紧张关系升级，而不是促进团结。因此，在探讨文化身份对社会团结的影响时，需要考虑到其正面和负面的潜在影响。

文化身份的影响也受到社会和政治背景的影响。在不同的社会和政治环境下，文化身份可能会产生不同的效果。例如，在多党制和民主社会中，文化身份可能更容易被包容和整合，促进社会团结。相反，在独裁或专制社会中，政府可能会利用文化身份来分裂社会，以维护自己的权力。

文化身份在社会团结中发挥着重要作用。它可以促进个体和群体之间的联系，激发社会动员和集体行动的热情，同时也可以在不当情况下导致分裂和冲突。因此，深入研究文化身份与社会团结之间的复杂关系，以及其在不同社会和政治背景下的作用，对于理解和促进社会团结具有重要意义。这一领域的研究可以帮助我们更好地应对当今社会面临的多元文化挑战，促进更加包容和和谐的社会发展。

三、文化与社会规范的演变

文化与社会规范的演变一直是一个备受关注的话题，因为文化不仅反映了社会的现状，还可以塑造社会的未来。在这一领域，我们可以观察到文化产品，如电影、电视节目和书籍等，如何通过挑战现有的社会规范和传统价值观，引领着社会规范和价值观的演变。

文化产品具有强大的影响力，因为它们是信息传播和观念传递的主要媒介。电影、电视节目和书籍作为大众媒体，能够将新的思想、理念和观点传达给广大观众。这些媒体不仅能够吸引人们的视听感官，还能够通过故事情节、角色塑造和对话等元素深刻地影响观众的认知和情感。因此，当文化产品呈现出与现有社会规范不符的观点时，它们往往能够引发公众的讨论和思考，进而促使社会规范的重新审视和调整。

文化产品的挑战通常体现在多个方面，包括性别、种族、宗教、道德等各个领域。例如，一些电影和电视节目可能呈现出非传统的性别角色和关系，挑战了传统的性别规范。这种挑战可以激发社会对性别平等和性别认同的讨论，推动社会规范向更加包容和平等的方向发展。类似地，文化产品也可以通过讲述跨种族关系、宗教包容和多元文化主义等主题来挑战种族和宗教规范，促进社会的多元化和包容性。

文化产品还可以引发道德和伦理观念的辩论。一些文学作品和电影可能涉及道德困境、伦理冲突和道德选择，让观众思考什么是对和错，以及道德价值观的相对性。这种挑战可以促使社会对道德规范的重新审视，并有助于塑造更加成熟和复杂的伦理观念。

文化产品还可以通过艺术手法和创作风格来挑战社会规范。一些艺术作品可能采用非传统的表现形式，突破传统审美观念，引发观众的思考和争议。这种挑战有助于推动社会对审美价值观的变革，促使人们接受更广泛的艺术表现形式和风格。

文化产品在推动社会规范和价值观的演变中发挥着重要作用。它们通过引发讨论、挑战传统观念和提出新的思想，逐步改变了公众的看法和行为方式。这种影响不仅体现在个体层面，还可以在社会层面引发政策变革和社会运动。因此，我们应该认识到文化与社会规范之间的相互作用，以便更好地理解社会的发展和演变过程。在这个过程中，文化产品不仅仅是娱乐和艺术的载体，更是社会变革和进步的推动力量。我们需要重视文化产品的影响力，同时也需要持续关注文化产业的伦理和道德责任，以确保它们不仅满足市场需求，还有助于社会的进步和发展。

四、文化多样性与包容性社会的形成

文化多样性与包容性社会的形成是当今社会学和人文科学领域的一个重要议题。这一主题涉及文化、社会、政治等多个层面的交互作用，对于深刻理解和促进社会的发展具有重要意义。文化多样性可以被定义为不同文化背景、价值观念、信仰和习惯的存在和共存。这种多样性可以在不同的层面上体现，包括种族、宗教、语言、风俗习惯等。文化多样性是人类社会的普遍现象，也是人类历史和社会发展的重要组成部分。文化多样性的存在意味着社会中存在着各种各样的群体和个体，他们在思想、行为和生活方式上都有着不同的特点和特质。

文化多样性对建立一个包容性社会具有重要意义。首先，文化多样性为不同文化背景的人们提供了相互学习和交流的机会。不同文化的碰撞和互动可以促进知识的传递和共享，有助于拓宽人们的视野，提高他们的跨文化沟通能力。这对于构建一个开放、多元且包容的社会至关重要，因为一个包容性社会需要人们具备跨文化理解和尊重的能力。

文化多样性对社会的经济发展和创新能力有着积极影响。不同文化的融合和交流可以促进新思想、新观念的涌现，激发创新和创造力。各种文化传统和价值观念的碰撞可以引发新的思考和思维方式，从而推动社会的进步和发展。例如，美国的文化多样性被认为是其科技创新和经济实力的重要因素之一，吸引了来自世界各地的人才和创业者，推动了科技领域的创新。

文化多样性还有助于社会和政治稳定。一个包容性社会意味着各种文化和群体都能够在社会中获得平等的机会和权利。这种平等和公正有助于减少社会不平等和冲突，促进社会的和谐与稳定。相反，缺乏文化多样性和包容性可能会导致社会的分裂和紧张局势，甚至可能引发社会动荡和冲突。

要实现文化多样性对包容性社会的重要性，需要克服一些挑战和障碍。首先，文化冲突和文化差异可能导致误会和误解。不同文化之间的价值观和习惯可能产生冲突和摩擦，需要建立跨文化的对话和理解机制来化解这些问题。其次，包容性社会需要建立法律和政策框架来保护和促进文化多样性。这包括制定反歧视法律、支持多元文化教育、鼓励文化交流与合作。最重要的是，包容性社会需要社会领袖和政治家的积极参与和引导，以推动文化多样性的实现。

文化多样性与包容性社会的形成还需要教育和宣传的支持。教育系统可以起到培养跨文化意识和尊重的作用，帮助人们更好地理解和欣赏不同文化的贡献。同时，宣传和媒体也可以起到宣扬包容性价值观和文化多样性的作用，帮助塑造社会的舆论和文化氛围。

文化多样性对于包容性社会的形成具有不可忽视的重要性。它为社会带来了多元性、创新性和稳定性，促进了知识的传递和共享，推动了经济发展和社会进步。然而，要实现文化多样性对包容性社会的贡献，需要克服文化差异和冲突带来的挑战，建立法律和政策框架，以及通过教育和宣传来推动文化多样性的认知和尊重。只有这样，我们才能建立一个更加开放、多元且包容的社会，实现共赢的目标。

第三节　群众文化与社会凝聚力

一、群众文化的定义与特征

群众文化是一个广泛讨论的概念，它涉及人们日常生活中的各种文化元素和表现形式。

群众文化的定义可以理解为普及广泛、易于接受的文化形式。它是人们日常生活中的文化元素，包括语言、习俗、艺术、娱乐等方面。群众文化通常不受高度专业化或精英化的限制，而是能够被大多数人理解、欣赏和参与的文化。与传统的高文化相比，群众文化更加平民化，更容易被社会各个层面的人接受和参与。

群众文化的发展往往是从主流文化中衍生出来的。主流文化通常由社会上的精英群体所主导和塑造，它反映了社会的权力结构、价值观念和审美标准。然而，随着时间的推移，社会的不同群体开始渴望表达自己的声音和文化身份。这些群体可能包括不同阶层、民族、性别、年龄等各种背景的人。因此，群众文化往往是社会多元性和民主化的产物，它允许更多人参与文化生产和表达自己的观点。

群众文化具有一些独特的特征，它有助于区分其与主流文化的不同之处。首先，群众文化通常以大众化为特点，具有广泛的观众和受众群体。这意味着群众文化的内容和形式必须具有普遍吸引力，能够吸引不同背景和兴趣的人。例如，流行音乐、电影、电视剧等在群众文化中扮演着重要角色，因为它们能够吸引大量观众，并具有广泛的社会影响力。

其次，群众文化通常是流动的和不断变化的。它反映了社会的动态性和变革，因此经常受到新的趋势、技术和时事的影响。群众文化的内容和形式会随着时间的推移而演变，适应社会的发展和变化。这种灵活性使群众文化能够保持活力和吸引力，不断吸引新的受众。

再次，另一个群众文化的特征是它常常反映社会价值观、历史背景和集体身份。群众文化可以通过各种方式来表达社会的核心价值观，如自由、平等、多元化等。它还可以反映特定历史时期的重要事件和经验，以及不同群体的文化认同。通过群众文化，人们可以共享和传递自己的价值观和身份认同，建立共鸣和联系。最后，群众文化还具有娱乐性和互动性的特征。它往往以娱乐为主要目的，通过各种形式的娱乐活动来吸引观众。这包括音乐会、体育比赛、电影院、游戏等各种娱乐形式。同时，群众文化也鼓励互动和参与，人们可以积极参与到音乐、电影、电视节目的创作和讨论中，形成社群和粉丝团体。

群众文化常常与大众传媒有关。大众传媒，如电视、广播、互联网等，为群众文化的传播和共享提供了关键平台。这些媒体机构能够将群众文化内容传播到更广泛的观众中，促进文化交流和互动。同时，大众传媒也受到群众文化的影响，因为它们需要反映观众的兴趣和需求，以保持竞争力和吸引力。

群众文化是一个具有广泛吸引力和多元性的文化概念。它从主流文化中发展而来，反映了社会的多样性和民主化。群众文化具有大众性、流动性、价值观反映、娱乐性和与大众传媒相关的特征。它在社会中扮演着重要的角色，不仅反映了人们的兴趣和文化身份，还促进了文化交流和互动。群众文化的存在和发展使我们能够更好地理解社会，分享文化经验，建立联系和共享乐趣。因此，它在当今社会中具有不可或缺的重要性。

二、群众文化在社会凝聚中的作用

群众文化在社会凝聚中扮演着不可或缺的角色。它通过促进共享的文化体验来增强社会成员之间的联系，建立共同的社会认同和归属感。

国家节日是社会凝聚的重要元素之一。这些节日通常是国家历史、文化和价值观的体现，通过庆祝和纪念这些节日，社会成员能够共同分享情感和经验。国家节日不仅是传统仪式，也是民众聚集的机会，人们在这些日子里共同参与游行、庆祝活动、文化表演等。例如，美国的独立日庆典和法国的国庆日庆祝活动，都是具有广泛社会参与度的例子。这些节日不仅强化了国家认同感，还加强了社会内部的凝聚力，因为人们共同庆祝国家的成就和价值观。

流行音乐也在社会凝聚中发挥着重要作用。音乐是一种普遍的语言，能够跨越文化、语言和国界，引发共鸣。流行音乐的歌词和旋律常常反映了社会的情感和价值观，使人们能够在音乐中找到共鸣和认同。音乐会、音乐节和演唱会成为人们聚集的场所，共同享受音乐的乐趣。例如，英国的格拉斯顿伯里音乐节、美国的卡内基音乐厅、巴西的里约热内卢嘉年华等都是吸引数以千计的人聚集在一起的音乐活动。通过音乐，人们不仅建立了个人的身份认同，还在音乐社群中找到了共同的归属感，这有助于社会的凝聚和和谐。

电影和电视节目也是促进社会凝聚力的媒介。电影具有强大的故事叙述能力，能够引发观众的情感共鸣，探讨社会问题，反映文化特征。一部成功的电影可以成为社会对话的焦点，引发广泛的讨论。电视节目则是家庭和社群的共享体验，人们在家庭、朋友圈或社交媒体上讨论剧情、人物和主题。例如，美国的超级碗决赛、英国的皇家婚礼、韩国的流行电视剧等都成为全球范围内的热门话题。这些电视事件和节目不仅吸引了数百万观众，还引发了社交媒体上的大规模互动，促进了社会成员之间的联系和交流。此外，体育比赛也是社会凝聚的重要因素之一。体育具有独特的能力，能够激发人们的竞争精神和团队合作，增强社会凝聚力。世界杯足球赛、奥林匹克运动会、超级碗等大型体育赛事吸引了来自不同文化和国家的运动员和观众。人们通过观看比赛、支持自己的国家或城市队伍，建立了共同的体育认同。这种认同感不仅在体育场馆内体验，还在社交媒体、酒吧和聚会中得以传播。体育赛事不仅激发了激情，也促进了社会的团结和凝聚。

另一个值得关注的社会凝聚因素是社区文化和传统活动。社区文化可以是小范围的，如家庭、邻里或小镇，也可以是大范围的，如民族或地区社群。社区文化通常通过传统活动、节日庆典、文化展览和社区服务来表达。这些活动不仅加强了社区成员之间的联系，还促进了共同的文化认同。例如，中国的春节庆祝活动、美国的万圣节、印度的排灯节等都是社区内部的重要文化活动，能够增进社会凝聚力，传承传统价值观。

社交媒体在现代社会凝聚中也扮演了重要角色。虽然它们是数字媒体的一部分，但社交媒体可以用来分享和传播群众文化，促进社会成员之间的联系。人们通过社交媒体平台分享自己的文化观点、音乐喜好、电影评价和体育热情。社交媒体上的群组和页面也提供了一个聚集的场所，让人们围绕特定的文化兴趣或爱好建立社区。通过社交媒体，人们可以与世界各地的人分享自己的文化，并了解其他文化的视角和价值观，从而增强了社会的凝聚力。

群众文化在社会凝聚中扮演着至关重要的角色。通过共享的文化体验，如国家节日、流行音乐、电影、电视节目、体育比赛、社区文化和社交媒体，社会成员之间建立了联系，形成了共同的社会认同和归属感。这些文化元素不仅强化了个体的身份认同，还加强了社会内部的凝聚力，有助于构建更加和谐的社会关系。因此，群众文化不仅是文化传承和娱乐的一部分，也是社会稳定和和谐的关键要素，值得我们深入研究和重视。

三、群众文化的包容性与多样性

群众文化的包容性与多样性是一个令人鼓舞的主题，因为它强调了文化的力量，能够将不同背景和文化的人们聚集在一起，实现融合和社会和谐。在当今多元化和全球化的社会中，群众文化发挥着重要的作用，为人们提供了一个共同的文化平台，超越了种族、宗教、性别、年龄等各种差异。

群众文化在促进多元文化的融合方面发挥了重要作用。群众文化通常是由广大民众创造和传承的，它反映了社会各个群体的生活方式、价值观和传统。在这种文化中，人们可以自由地表达自己的身份认同，并将自己的文化元素与他人分享。这种文化的开放性和包容性为不同背景的人们提供了一个共同的平台，使他们能够互相了解、学习和欣赏彼此的文化。例如，音乐、舞蹈、美食和时尚等领域的群众文化元素常常受到全球范围内的欢迎，跨越了国界和文化差异，为人们创造了相互学习和交流的机会。

群众文化的多样性有助于提高社会的文化素养和包容性。通过接触和参与不同的群众文化，人们能够拓宽自己的视野，了解其他文化的习惯和传统。这有助于减少偏见、歧视和排斥，促进社会的多元和谐。在学校、社区和工作场所，群众文化的表演和展示可以成为教育的一部分，帮助年青一代培养包容性和跨文化的意识。同时，它也为社会提供了机会，让不同背景和文化的人们能够相互融合，共同创造更加包容和多元的社会环境。此外，群众文化也在处理社会矛盾和差异方面扮演着积极的角色。社会常常存在各种差异和矛盾，例如种族、宗教、阶级等方面的分歧，群众文化可以提供一个非暴力、非对抗的方式，让不同群体之间进行对话和交流。通过共同参与文化活动、庆祝节日和展示传统，人们可以建立联系，减轻社会紧张局势，促进和解和合作。例如，在一些多种宗教信仰的社会中，群众文化的宗教节日和仪式可以成为各群体和谐共处的象征，有助于减少宗教冲突和对抗。

另一个重要的方面是，群众文化可以在娱乐领域推动社会融合。文化娱乐活动如音乐会、节日庆祝、体育比赛等吸引了大批观众，不分种族、宗教或背景。这些活动成为人们共同参与和享受的场所，有助于减少社会隔离，增强社会凝聚力。在这些活动中，人们可以忘却差异，共同欢庆和支持。例如，全球性的体育赛事如世界杯足球赛和奥林匹克运动会将来自不同国家和背景的人们会聚在一起，共同欢庆竞技精神和文化多样性。

群众文化还为人们提供了一个表达自己的途径，促进了个人和社会的认同感。每个人都有自己独特的文化背景和身份认同，通过参与群众文化活动，人们可以表达自己的文化身份，感到自己在社会中有价值。这有助于增强个体的自尊心和自信心，使他们更好地融入社会，参与公民活动，并为社会的发展和进步做出贡献。同时，群众文化也鼓励人们保持联系和互动，建立社会网络和友谊关系，从而增强社会的凝聚力和稳定性。

群众文化的包容性和多样性在当今社会中具有重要意义。它们为不同背景和文化的人们提供了一个共同的文化平台，促进了文化的融合和社会和谐。通过多元文化的融合、文化素养的提高、社会矛盾的处理和娱乐活动的推动，群众文化为社会的发展和进步做出了重要贡献。

四、群众文化的传播与影响力

群众文化的传播与影响力是一个在当今社会中备受关注的话题。在全球化和数字化的背景下，群众文化变得更加容易传播和影响，媒体在其中扮演着关键角色。

群众文化通过传统媒体的广泛传播渠道得以扩大影响力。传统媒体包括电视、广播、报纸和杂志，它们通常拥有庞大的观众群体。电视节目、广播节目和报纸的文化内容能够迅速传播到社会各个角落，塑造和影响了大众的审美观、价值观和娱乐偏好。例如，一部热门电视剧可以在全球范围内吸引数百万观众，将某种文化元素或社会趋势传播到全球。这种传统媒体的广泛传播力有助于促进文化的交流和融合，形成全球性的群众文化现象。

然而，随着数字媒体的兴起，社交媒体平台在群众文化的传播和影响方面发挥了越来越重要的作用。通过社交媒体，个人和群体可以迅速传播各种文化元素，包括音乐、舞蹈、时尚、美食、电影等。这些内容可以迅速走红，引发全球范围内的讨论和模仿。例如，一段有趣的视频或一首流行的歌曲可以在社交媒体上迅速传播，成为群众文化的一部分，并对年青一代的价值观和娱乐偏好产生深远影响。

社交媒体还为个人创造了更多展示和分享自己文化身份的机会。通过上传照片、视频、博客或故事，人们可以展示他们的文化传统、家庭活动、节日庆典等，从而分享自己的文化体验。这有助于增强文化多样性的认识和尊重，同时也促进了不同文化之间的交流和理解。社交媒体使人们能够与世界各地的人建立联系，交流文化知识和观点，这对于文化的传播和传承至关重要。此外，媒体不仅传播群众文化，还对其形成和演变产生影响。媒体的报道、剧情和内容选择都能够塑造观众的文化观念和价值观。例如，电视剧和电影中的角色和情节可以影响观众对社会问题、性别角色、家庭关系等方面的看法。广告和宣传活动也可以塑造消费者的文化态度和购买行为。媒体在选择、呈现和解释文化内容时，常常反映和强化社会的价值观和偏见，从而影响了群众文化的形成和演变。

媒体还可以通过提供平台和机会，促进群众文化的创新和发展。独立音乐家、艺术家、导演、作家等可以通过媒体展示自己的创意作品，吸引更多观众和支持者。这种创意和文化创新对于群众文化的多样性和丰富性至关重要。媒体也可以通过报道文化活动、艺术展览、音乐会等提供一个平台，让人们了解和参与不同文化领域的创意和表达。然而，媒体的影响也可能带来一些负面效应。过度商业化和娱乐化可能导致文化内容的肤浅化，降低文化质量。此外，媒体的部分呈现和刻板印象可能导致文化刻板化和误解。因此，媒体在传播和塑造群众文化时需要谨慎权衡，避免负面影响，同时提倡文化多样性和文化的深度理解。

群众文化的传播与影响力是一个复杂而多层次的过程，媒体在其中发挥着关键作用。传统媒体通过广泛的传播渠道扩大了群众文化的影响力，而社交媒体则加速了文化内容的传播和分享。媒体不仅传播群众文化，还塑造和影响着其形成和演变。然而，媒体的影响力也需要谨慎使用，以确保文化多样性和深度理解得到保护和促进。在全球化和数字化的时代，媒体在塑造和传播群众文化方面将继续发挥重要作用，这也需要我们更加关注和研究。

第四节　文化多元化与社会和谐

一、文化多元化的定义与重要性

文化多元化是指社会中存在着来自不同文化背景、信仰、习俗和传统的多种元素，这些元素在一个共同体或国家内并存并相互影响。这种多样性可以涵盖各个方面，包括语言、宗教、民族、风俗、艺术、价值观以及社会习惯。文化多元化不仅涉及个体和群体的身份认同，还反映了一个社会的历史、演变和包容性。在现代社会中，文化多元化已经成为一个重要的社会特征，并具有极其重要的意义。

文化多元化的重要性不容忽视。首先，文化多元化强调了社会的丰富性和多样性。不同文化背景的人们在社会中共同生活，带来了不同的视角、经验和观点。这种多元性使社会更加丰富多彩，各种文化元素相互交融，创造出富有创意和独特性的文化氛围。从美食、音乐、艺术到社交习惯，文化多元化丰富了人们的生活体验，让人们能够更好地欣赏和尊重不同的文化。

当不同文化背景的人们相互交流和合作时，他们带来了不同的思维方式和解决问题的方法。这种多元性促进了创新的涌现，推动了社会和经济的进步。世界上许多伟大的发明和创意都源自不同文化之间的融合和启发。因此，文化多元化不仅是社会的财富，也是创新和发展的动力。

文化多元化有助于促进社会的包容性和和谐。在一个多元文化的社会中，人们需要学会尊重和接纳不同的文化背景。这种包容性的氛围有助于减少社会中的偏见、歧视和冲突。通过互相了解和尊重，不同文化背景的人们能够更好地共同生活，从而建立和谐的社会关系。文化多元化也为人们提供了机会，让他们更深入地了解其他文化，拓宽视野，培养跨文化的沟通和合作能力。此外，文化多元化有助于保护和传承文化遗产。不同文化的传统、习俗和价值观在一个多元文化的社会中得以保存和传承。这对于文化的长期繁荣和传承至关重要。在一个包容和多元的社会中，各种文化元素得到了保护，不会被边缘化或遗忘。这有助于维护文化的多样性，让后代能够继续受益于不同文化的丰富遗产。

文化多元化有助于国际合作和理解。在全球化的背景下，不同国家和文化之间的交往和合作日益频繁。文化多元化使各国能够更好地理解彼此的文化背景，建立互信关系，推动国际合作与和平共处。文化交流和互相尊重成为解决国际问题和促进国际关系的重要因素。通过文化多元化，世界各国能够更好地协作应对全球性挑战，促进全球的和平与繁荣。

文化多元化是现代社会中的一个重要特征，具有广泛的重要性。它不仅丰富了社会的文化氛围、促进了创新和发展，还促进了社会的包容性与和谐，有助于保护和传承文化遗产，以及推动国际合作和理解。文化多元化让世界更加多样且富有活力，是构建一个更加美好与和谐社会的重要因素。因此，我们应该积极倡导和支持文化多元化，尊重和欣赏不同文化背景的人们，共同努力建设一个更加包容和多元的社会。

二、多元文化对社会和谐的贡献

多元文化对社会和谐的贡献是一个极为重要且值得深入探讨的话题。在当今全球化的背景下，社会变得越来越多元化，各种不同文化、宗教、民族和价值观都在同一个社会中共存。这种多元文化环境不仅丰富了社会，还对促进社会和谐产生了积极的影响。

多元文化环境鼓励不同文化之间的交流和互动，从而增进了相互理解与尊重。当不同文化群体生活在同一个社会中时，人们不得不面对不同文化背景的邻居、同事和朋友。这种相互接触促使人们更多地了解其他文化的习惯、信仰和价值观。通过对话和互动，人们可以消除对陌生文化的误解和刻板印象，更好地理解其他人的观点和生活方式。

多元文化还提供了一个独特的机会，使人们能够学习如何欣赏和尊重不同的生活方式和观点。在多元文化社会中，人们常常需要面对与自己不同的文化传统和价值观。这种挑战可以激发人们的思考，让他们更加开放和包容。人们开始意识到，多元文化社会的美妙之处在于，每个文化都有独特之处，值得被尊重和欣赏。这种尊重和欣赏的态度有助于减少文化冲突和偏见，从而促进社会和谐。另一个多元文化的贡献是丰富了社会的文化景观。不同文化带来了不同的艺术、音乐、美食、传统和庆典。在多元文化社会中，人们有机会参与和享受来自世界各地的文化活动和娱乐。这不仅增加了社会的多样性，也丰富了人们的生活经验。例如，一个多元文化城市可能会有各种各样的餐馆，供人们品尝不同国家的美食；多种音乐和舞蹈表演丰富了文化娱乐活动。这些文化元素不仅为社会带来了乐趣，还有助于人们更好地了解其他文化。

多元文化社会也促进了创新和合作。当不同文化的人们共同生活和工作时，他们带来了不同的思维方式和解决问题的方法。这种多样性激发了创新和创意，有助于社会的发展。不同文化的人们可以共同合作解决复杂的问题，汇集不同的知识和经验，推动社会向前发展。在多元文化的工作环境中，人们也能够学会跨文化沟通和协作，这对于国际合作和跨国企业来说尤为重要。另外，多元文化社会也提醒人们要面对一些挑战，文化冲突、偏见和歧视仍然存在，并且需要解决。然而，多元文化社会也提供了解决这些问题的机会。通过教育和宣传，人们可以更好地了解不同文化，减少偏见和歧视。政府和社会组织可以制定政策和计划，促进文化的融合和包容。此外，个人也可以通过主动参与跨文化活动和对话，来推动社会更加和谐和包容。

多元文化对社会和谐做出了积极的贡献。通过促进不同文化之间的交流和互动，它增进了相互理解与尊重，减少了冲突和偏见。多元文化环境也鼓励人们学会欣赏和尊重不同的生活方式和观点，丰富了社会的文化景观，促进了创新和合作。然而，多元文化社会也需要面对一些挑战，包括文化冲突和偏见。但通过教育、政策和个人努力，这些挑战可以得到克服。最终，多元文化社会为人们提供了一个机会，让人们共同努力，建立一个更加和谐、包容和多元化的社会。

三、政策支持与法律框架

政府和法律层面的政策支持和法律框架在促进文化多元化和社会和谐方面

发挥着至关重要的作用。这些政策和法律旨在确保不同文化和社群之间的平等和包容，促进多元文化的共存和互尊互鉴。

反歧视法律是维护文化多元化和社会和谐的关键工具之一。这些法律禁止基于种族、宗教、性别、性取向、残疾等因素的歧视行为，并确保每个人都享有平等的权利和机会。这些法律的存在向社会传达了政府对多元文化的支持和保护，鼓励人们尊重和包容不同背景的个体。此外，反歧视法律提供了一个机制，让受到歧视的个体可以通过法律途径维护自己的权益，这有助于建立一个更加公正和平等的社会。

多元文化节庆活动是另一个政策支持的重要方面。政府通常会资助和组织各种多元文化节庆活动，以促进不同文化的相互了解和交流。这些活动包括文化节、国际食品节、多元文化艺术展览等，吸引了各个社群的参与和关注。这些节庆活动不仅提供了一个展示和庆祝多元文化的平台，还有助于打破文化隔阂，促进社会的融合与和谐。此外，这些活动也能够创造经济机会，推动旅游业和文化产业的发展。

教育项目也在支持文化多元化和社会和谐方面发挥着关键作用。政府通常会制定教育政策，鼓励学校和教育机构在课程中包含多元文化和跨文化教育内容，这包括教授学生关于不同文化的历史、价值观、传统和文化交流的知识。这样的教育项目有助于培养学生的跨文化意识，促进对多元文化的尊重和理解。此外，政府还可以提供奖学金和补助金，鼓励学生参与国际交流项目，亲身体验不同文化，并培养全球公民的意识。这些教育项目有助于年青一代更好地适应多元文化社会，增进社会的和谐与稳定。此外，政府还可以通过制定多元文化政策来支持文化多元化，这些政策旨在保护和促进少数民族、原住民族群体以及其他文化社群的权益和传统。政府可以提供资源和支持，以确保这些社群的文化传承和发展。例如，政府可以资助文化保护项目、语言保护项目、艺术表演和文化传统的传承活动。这些政策不仅有助于维护文化多样性，还鼓励各个社群积极参与社会生活，促进社会的包容与和谐。

政府还可以通过支持社会和谐的倡议来发挥积极作用。这些倡议通常由政府、非营利组织和社区团体共同发起，旨在促进社会的包容与和谐。这些倡议可以包括跨文化对话、反歧视培训、文化交流活动等。政府可以提供资金和资源支持这些倡议，以确保它们得以顺利实施。这些倡议有助于不同文化社群之间建立互信和理解，减少社会紧张局势，促进社会的和谐与稳定。

最后，法律框架在支持文化多元化和社会和谐方面也起到关键作用。法律应该明文规定反歧视和平等权利的原则，确保每个人都受到平等对待。此外，法律还应该规定对文化遗产的保护和传承，以确保文化多样性得以保护和传承。法律还可以制定规定，鼓励文化交流和跨文化合作，以促进社会的和谐共存。政府和社会应该不断审查和更新法律框架，以适应社会的不断变化和多元化。

政府和法律层面的政策支持和法律框架对于促进文化多元化和社会和谐至关重要。反歧视法律、多元文化节庆活动、教育项目、多元文化政策、移民和难民政策、社会和谐倡议以及法律框架都是实现这一目标的关键工具。它们共同构建了一个更加包容和多元的社会，鼓励不同文化和社群之间的相互尊重和合作。通过这些政策和法律的支持，我们可以建立一个更加和谐、稳定和繁荣的社会，让每个人都能享受平等的权利和机会，无论他们来自哪个文化背景。

四、社区参与和民间组织的作用

社区参与和民间组织在促进文化多元化和社会和谐方面发挥着至关重要的作用。它们是社会的基础构建块，通过组织各种活动、文化交流项目和教育倡议，促进了不同文化群体之间的理解、尊重和协作。

其一，社区参与是文化多元化的关键。社区是文化传承和交流的基本单位，各种文化群体在社区中保持着自己的传统和价值观。社区参与项目可以通过促进不同文化之间的交流和互动，帮助居民更好地了解彼此的文化，增进共情和尊重。例如，社区文化节日、工作坊和庆典可以为不同文化背景的人们提供一个互相了解和分享文化的平台。通过这些活动，社区成员可以品尝不同的美食、欣赏各种艺术表演、学习其他文化的传统技能，从而拉近文化之间的距离，减少偏见和误解。

其二，民间组织在社会和谐中发挥着关键作用。这些组织通常由志愿者和社区领袖组成,专注于推动社会变革和文化多元化。它们可以发起各种文化交流项目,如文化艺术展览、音乐会、舞蹈表演和工作坊,以促进文化的互相理解和欣赏。此外,民间组织还可以提供社区教育和培训,帮助人们更好地了解不同文化背景下的社会问题和挑战,培养跨文化的沟通技能。这些组织也在推动多元文化政策和法规方面发挥着积极作用,促进社会的包容性和平等。

其三,教育倡议是社区参与和民间组织的另一个关键领域。教育是培养文化多元化的重要手段,它可以帮助人们了解不同文化的历史、价值观和传统。社区教育项目和文化课程可以为居民提供跨文化教育的机会,增强他们的文化敏感性。民间组织和社区学校通常扮演着教育倡议的角色,推动文化多元化的教育内容,培养下一代对不同文化的尊重和欣赏。这些教育倡议有助于打破种族和文化隔阂,培养具有跨文化意识的公民。

其四,社区参与和民间组织在社会和谐方面也发挥着关键作用。它们通常在解决社会问题和社区服务方面发挥着领导作用。通过各种社区服务项目,如食品银行、庇护所和社会支持团体,这些组织能够帮助不同文化背景的人们共同应对生活中的挑战。这种跨文化的协作不仅改善了社区的生活质量,还增强了社会的和谐和凝聚力。它们也可以发起倡导活动,争取社会公平和平等,推动多元文化政策的制定和实施。此外,社区参与和民间组织在缓解文化冲突和建立和解机制方面也发挥着关键作用。在社会中存在不同文化背景的人们之间,文化冲突和误解是不可避免的。这时,民间组织和社区参与可以提供中立的平台,促进不同文化群体之间的对话和协商。它们可以组织文化交流活动、文化媒介和和解会议,帮助各方更好地理解对方的立场和需求,寻找共同的解决方案,从而减少文化冲突和建立社会和谐。

其五,社区参与和民间组织在塑造社会的文化氛围和价值观方面也发挥着关键作用。它们可以通过举办文化活动、庆祝节日、推动社会宽容和包容的价值观来塑造社区的文化氛围。这些活动可以帮助社区成员感到自己是一体的,无论他们的文化背景如何,都受到欢迎和尊重。这种积极的文化氛围有助于社会的和谐发展,减少社会冲突和紧张局势。

社区参与和民间组织在促进文化多元化和社会和谐中发挥着不可替代的作

用。它们通过组织各种文化活动、文化交流项目和教育倡议，促进了不同文化群体之间的理解、尊重和协作。这些组织还在社会和谐、教育倡议、文化交流和和解机制建立方面发挥着领导作用，有助于建立一个更加包容和多元化的社会。因此，社区参与和民间组织是实现文化多元化和社会和谐的重要力量，它们为社会的进步和发展做出了积极的贡献。

第六章　群众文化的全球化

在当今世界，文化的边界正在逐渐模糊。随着全球化的加速，群众文化不再局限于地域，而是在全球范围内传播和交融。这一过程既带来了前所未有的机遇，也带来了挑战。本章将深入探讨全球化对本土文化的影响，分析文化全球化的双重性质，探讨跨文化交流的多种模式，以及提出保护本土文化的有效策略。通过这些讨论，我们将看到如何在全球化的浪潮中寻找文化的共生与和谐，以及如何在变化的环境中维护文化的多样性和独特性。

第一节　全球化对本土文化的影响

一、文化同化与文化多样性丧失

在当今全球化的背景下，文化同化和文化多样性丧失是一个备受关注的话题。全球化是一种多层次、复杂的过程，它涉及信息、货物、人员和资本的跨国流动，引发各国之间的文化相互渗透。在这个背景下，本土文化可能面临着一系列挑战，其中最重要的就是文化同化。

文化同化是指一个文化群体逐渐失去其独特的文化特征，与主导文化融合为一体。这种现象常常出现在全球化的压力下，因为全球化通常由一种或多种主导文化主导，这些文化倾向于传播并取代其他文化。文化同化可能导致文化多样性的减少，因为不同文化的特点和传统可能会被边缘化或消失。在这里，我们将深入探讨文化同化对文化多样性的影响，重点关注本土服饰、语言、习俗和艺术等方面。

本土服饰是文化多样性的重要组成部分。在全球化的浪潮下，国际品牌和流行文化的传播已经导致了一种全球标准化的服饰趋势。这意味着越来越多的人选择穿着与主导文化相符的服装，而传统的本土服饰可能会逐渐被淘汰。例如，在一些亚洲国家，西方服装品牌的崛起已经导致了传统的亚洲服饰的边缘化。这种情况可能导致人们失去对自己文化传统的认同感，从而降低了文化多样性。

语言也是文化多样性的关键因素。全球化通常伴随着主导文化的语言传播，这些语言在全球范围内变得更加流行。这可能导致本土语言的衰落，因为越来越多的人选择学习和使用主导文化的语言，而不是本土语言。本土语言的消失可能导致人们失去了与自己文化根源的联系，从而削弱了文化多样性。例如，英语作为全球通用语言的传播已经导致了一些小语种的边缘化，这些语言在全球范围内逐渐失去了使用者。

文化习俗也受到全球化的影响。全球化常常伴随着主导文化的价值观和习惯的传播，这些习惯可能与本土文化的传统相冲突。人们可能因为追求与主导文化一致而放弃本土习俗，从而导致本土文化的丧失。例如，一些社会可能面临着全球化导致的家庭结构和社交习惯的变化，这可能会导致传统的家庭价值观的瓦解。

艺术也是文化多样性的重要表现形式。在全球化的压力下，一些艺术形式可能被边缘化，因为主导文化的艺术形式更容易在国际舞台上获得认可和传播。这可能导致本土艺术形式的衰落，因为艺术家可能更愿意追求与主导文化一致的创作，以获取更广泛的关注和市场。这种情况可能使人们失去了接触和欣赏本土艺术的机会，从而降低了文化多样性。

值得注意的是，文化同化并不是全球化的必然结果。一些国家和社区采取了积极的措施，以保护和传承本土文化。例如，一些国家制定法律和政策来支持本土艺术和文化的发展，鼓励人们学习和使用本土语言，以及保护本土服饰和习俗。这些努力有助于维护文化多样性，同时也促进了全球文化交流的平衡。

在全球化的背景下，文化同化和文化多样性丧失是一个复杂而深刻的问题。它涉及服饰、语言、习俗和艺术等多个方面，对于文化多样性的保护和传承提出了挑战。然而，通过积极的政策和努力，可以实现文化多样性的平衡，从而确保各种文化在全球舞台上都有发言权和存在感。这样的平衡不仅有助于维护文化的独特性，还丰富了全球文化的多样性，为人类社会的进步和发展提供了丰富的资源和动力。因此，文化同化和文化多样性丧失是一个需要持续关注和研究的问题，以便更好地理解和应对全球化对文化产生的影响。

二、文化交流与融合

全球化对文化交流与融合产生了深远影响，这一现象在全球文化产品的普及和本土文化中的接受度上表现得尤为明显。全球化通过媒体和通信技术的发展，使文化产品如电影、音乐和美食可以轻松地跨越国界传播。这种跨文化传播不仅使各种文化产品更容易被人们接触和了解，还促进了不同文化之间的交流。例如，美国好莱坞电影在世界范围内享有广泛的影响力，不仅为观众提供了娱乐，还传递了美国文化价值观和生活方式。这种传播使观众有机会深入了解美国文化，并可能对其产生兴趣，进而引发文化的交流和融合。

全球化还加速了各种文化产品在本土文化中的接受度。随着人们对不同文化的了解增加，他们更容易接受和融合外来文化元素。这可以在日常生活中的各个方面看到，如饮食习惯、时尚、语言等。例如，寿司这一日本传统美食现在已经成为全球范围内的美食之一，许多国家的人们都喜欢吃寿司。这种接受度不仅体现在食物上，还反映在音乐、电影和时尚等领域。人们对不同文化的接受度提高，也促使了文化交流与融合的发展。

文化交流与融合还可以通过全球文化产品的混合和创新来实现。在全球化的背景下，各种文化元素相互交汇，创造出新的文化形态和表达方式。这种现象在音乐领域尤为明显。世界各地的音乐风格和元素相互融合，创作出跨文化的音乐作品。例如，拉丁音乐和流行音乐的融合，诞生了"拉丁流行"音乐，这一音乐风格在全球范围内广受欢迎。这种创新不仅丰富了音乐领域，也反映了文化交流与融合的成果。

全球化还推动了文化表达方式的多样化。各种文化的艺术和创作方式相互影响，创造出了独特的文化表达方式。例如，印度电影产业受到好莱坞电影的影响,但同时也保留了自己独特的风格和元素,创造出了印度式的电影文化。这种多样性不仅丰富了文化表达的方式,还促进了不同文化之间的理解和尊重。

全球化也引发了一些文化挑战和争议。一方面,文化交流与融合可能导致文化同质化,即不同文化逐渐失去其独特性,变得相似而缺乏个性。这种同质化可能导致文化多样性的减少,从而引发一些文化保护主义的反应,人们担心本土文化会被全球化淹没。另一方面,全球化也可能引发文化冲突,因为不同文化之间的价值观和信仰可能产生冲突。例如,一些文化可能感到威胁,因为全球化引发了外来文化的传播,这可能与其传统价值观相抵触。

全球化对文化交流与融合产生了深远影响。它通过促进文化产品的传播和接受度的提高,推动了文化元素的混合和创新,丰富了文化表达方式,同时也引发了一些文化挑战和争议。要实现文化交流与融合的和谐发展,需要平衡全球化的推动力量与文化多样性的保护,促进不同文化之间的对话与理解,以实现共赢的文化交流与融合。这不仅有助于各种文化的繁荣发展,也为人类社会的进步与和谐做出了重要贡献。

三、经济全球化对文化的商业化

经济全球化是当今世界不可忽视的一股强大力量,它深刻地塑造了我们的社会、经济和文化。在这个全球化时代,文化不再是孤立的存在,而是被商业化和商品化的趋势深刻影响。全球品牌的崛起是经济全球化的产物,它们跨足不同国家和地区,迅速占领市场份额,改变了本土市场的格局。这些全球品牌具有庞大的资金和资源,能够通过广告、市场推广和产品创新等手段,深刻地渗透到本土市场中。以麦当劳为例,这个美国连锁快餐品牌已经成为世界上最知名的品牌之一,它在不同国家的餐厅内提供当地口味的菜单,以迎合当地消费者的口味。这种策略不仅增加了麦当劳在全球市场的竞争力,还改变了消费者的饮食习惯和文化认同。全球品牌的影响不仅体现在产品和服务层面,还延伸到文化和社会层面,它们通过广告宣传、赞助活动和社会责任项目等方式,塑造了本土文化的一部分。举例来说,可口可乐在全球范围内以"开心每一刻"为口号进行广告宣传,强调快乐和共享的价值观。这种广告策略不仅帮助可口可乐在全球市场中保持了竞争力,还传播了一种积极、乐观的文化观念,影响了当地居民的生活方式和价值观。全球品牌对本土市场的影响并非一味地积极。一些人担心,全球品牌的崛起可能导致本土文化的同质化,使各地的消费体验趋同化。例如,国际快时尚品牌如 Zara 和 H&M 在全球范围内提供相似的时尚款式,这可能导致不同国家的消费者失去了他们独特的时尚文化。此外,全球品牌的进入也可能对本土小企业造成竞争压力,导致一些本土文化产业的衰落。因此,全球品牌对本土市场的影响既有积极的一面,也有负面的一面,需要仔细权衡和管理。

除了全球品牌的影响,经济全球化还催生了本土文化元素在商业推广中的广泛应用。越来越多的企业意识到,通过融入本土文化元素,他们可以更好地吸引和争夺本地消费者的关注。这一趋势体现在广告、市场营销和产品设计等多个层面。广告是一个重要的渠道,通过广告,企业可以将本土文化元素巧妙地融入产品宣传中。例如,Nike 曾推出一支广告,以中国传统武术和文化为主题,吸引了众多中国年轻消费者的注意。这种广告不仅强化了品牌在中国市场的地位,还传达了一种尊重和认可本土文化的信息,赢得了当地消费者的好感。市场营销活动也积极利用本土文化元素。在印度,可口可乐曾推出特制的庆祝排灯节的广告活动,与当地传统文化紧密结合,取得了巨大的成功。这种方式不仅增加了产品在本土市场的销售额,还树立了可口可乐在印度的文化认同。产品设计也受到本土文化元素的启发。例如,苹果公司在中国推出的限量版 iPhone 采用了中国传统的红色和金色元素,以迎合中国农历新年的传统颜色,这一策略使得产品在中国市场备受欢迎。通过将本土文化元素融入产品设计中,企业能够更好地满足当地消费者的需求,并增强产品的吸引力。尽管本土文化元素在商业推广中的应用带来了一系列的好处,但也存在一些潜在问题。滥用本土文化元素可能引发文化争议和误解。如果企业不恰当地使用本土文化元素,可能会引发文化敏感性问题,损害品牌声誉。过度商业化可能导致本土文化元素的丧失和贬值。当某一文化元素被过度商业化时,它可能失去原有的特殊性,变得平庸和毫无意义。

经济全球化不仅影响了文化的商业化，还深刻地改变了文化的本质和传播方式。在全球化时代，文化不再是孤立的存在，而是交流、融合和演化的产物。

全球化促进了文化的交流和融合。不同文化之间的交流变得更加便捷，通过互联网和社交媒体，人们可以轻松地了解、学习和分享不同文化的元素。这种交流促使文化之间的融合和互相影响，创造出新的文化形式和表达方式。例如，韩国流行音乐(K-pop)在全球范围内蓬勃发展，融合了韩国传统音乐和现代流行音乐元素，吸引了全球年轻人的热情。

文化的传播方式发生了根本性的变化。传统上，文化的传播是通过书籍、电视、电影等媒体进行的，而现在，互联网和社交媒体成为主要的传播渠道。这意味着文化可以更广泛地传播到全球各地，无须受限于地理位置或语言障碍。视频分享平台和社交媒体平台使得艺术家、音乐家和创作者能够将他们的作品直接呈现给全球观众，这种传播方式迅速传播了各种文化元素，促进了文化的多样性和丰富性。

文化的全球化也带来了一些挑战。一方面，文化的交流和融合可能导致文化的模糊和混淆，使人们难以界定和保护自己的文化身份。另一方面，文化的全球传播可能导致文化的商业化和标准化，使一些独特的文化元素失去了原有的魅力和价值。

经济全球化对文化的商业化是不可避免的趋势，全球品牌的崛起和本土文化元素在商业推广中的应用都深刻地影响了文化的本质和传播方式。这一趋势既带来了机会，也带来了挑战。因此，我们需要在商业推广和文化保护之间取得平衡，以确保文化的多样性和独特性得以保留，同时充分利用全球化的机会，促进文化的交流和发展。只有这样，我们才能在经济全球化的浪潮中实现文化的繁荣和持续传承。

四、技术在文化保护与传播中的作用

在全球化时代，技术的快速进步对文化保护与传播产生了深远的影响。这些技术包括互联网和社交媒体等数字化工具，它们在本土文化的维护与推广方面发挥着双重作用，这在学术领域引发了广泛的讨论。技术的进步使文化更容易传播和接触。互联网以其无界限的特性，使得文化信息可以跨越国界、地域和语言的限制，迅速传播到全球范围。这种全球性传播为本土文化提供了前所未有的机会，使得人们能够更容易地了解、学习和体验不同文化。例如，通过在线平台，人们可以观看来自世界各地的电影、阅读各种语言的文学作品，甚至学习外语和探索不同国家的历史和传统。这种文化传播的全球化趋势有助于促进跨文化的理解与交流，有助于打破文化壁垒，促进文化多样性的推广。

技术也为文化保护和记录提供了全新的途径。数字化工具使得文化遗产可以更容易地被保存、恢复和分享。例如，数字化档案馆和在线博物馆使得珍贵的历史文物和文献可以以高分辨率的方式被保存下来，并对公众开放。这不仅有助于保护本土文化的珍贵遗产，还能够使更多人远程访问这些文化资源。此外，社交媒体平台也为文化传承提供了新的机会，人们可以通过分享视频、图片和故事来传递自己的文化传统和习惯。这些平台为文化的口头传统和非物质文化遗产的传承提供了一个全新的媒介。

虽然技术在文化保护与传播中发挥了积极作用，但也面临着一些挑战和问题。首先，全球化的文化传播可能导致文化同质化的风险，即各国文化趋于趋同，失去了独特性。这是因为互联网和社交媒体上的主流文化往往更容易被传播和接受，而本土文化可能会受到边缘化的风险。例如，流行文化和娱乐产业在全球范围内占据主导地位，可能会压制一些小众文化的传播。因此，如何在全球化的背景下保护和推广本土文化，仍然是一个重要的挑战。

其次，技术的使用也可能导致文化信息的滥用和误解。在互联网上，文化信息可能被错误解释或夸大，导致文化误解和歧视。此外，社交媒体上的虚假信息和偏见也可能对文化形成不正当的影响。这些问题可能会导致文化传播的负面效应，甚至可能损害文化的形象和价值观。

最后，是技术的不平等性。尽管技术为文化传播提供了新的机会，但并不是所有人都能够充分利用这些技术。数字鸿沟仍然存在，许多地区的人们仍然无法获得互联网和数字设备。这可能导致文化传播的不平等，使一些地区的文化受到限制，难以传播和维护。

技术在文化保护与传播中发挥着重要作用,既促进了文化的传播和接触,又提供了新的途径来保护和记录文化遗产。然而,这一过程中面临着文化同质化、信息滥用和技术不平等等挑战。因此,为了充分发挥技术的积极作用,需要采取措施来促进文化多样性、文化教育和技术平等,以确保文化传播能够更加有益于人类社会的多元发展。这需要政府、社会机构和个人的共同努力,以找到平衡,使技术与文化的互动成为共赢的局面。

第二节 文化全球化的机遇与挑战

一、文化多样性的推广与保护

文化全球化是当今社会的主要趋势之一,它为不同文化之间的交流与融合提供了前所未有的机会。这一全球化进程促使各种文化元素跨越国界传播,从而推广了世界各地的文化多样性。然而,与此同时,文化全球化也带来了一系列挑战,包括如何保护本土文化特色与传统。

文化全球化通过传媒、互联网和国际贸易等渠道,使不同文化之间的交流更加频繁和广泛。这促进了各种文化元素的传播,例如电影、音乐、食品和时尚等。这种传播可以被视为一种文化输出,有助于各国文化的推广和传播,从而增加了文化多样性。例如,韩国流行音乐(K-pop)在全球范围内取得了巨大成功,吸引了不同国家和文化的粉丝,同时也使韩国文化在全球范围内更加知名。

文化全球化也为各国提供了合作的机会,促进了文化交流与合作。这种跨文化合作有助于不同文化之间的理解与尊重,同时也创造了新的文化创新。例如,国际合作电影和音乐项目使不同文化的艺术家能够共同创作,产生独特的文化作品,既包含了本土特色,又融合了全球元素,这对文化多样性的丰富和发展起到了积极作用。

文化全球化也伴随着一些问题和挑战。问题之一是文化同质化的威胁,即不同文化受到全球主流文化的同化影响,这可能导致一些文化失去其独特性,逐渐变得相似。例如，全球范围内的连锁快餐和电视节目可能会使某些本土文化习俗和价值观受到冲击，因为它们受到了全球主流文化的影响。这种同质化威胁可能会削弱文化多样性。

文化全球化的挑战包括文化侵权和剽窃问题。在文化全球化的背景下，一些文化元素可能被未经授权地借用或复制，导致原始文化的贬值和丧失。例如，一些服装设计、艺术品和传统手工艺品可能会被盗版或侵权，损害了原创文化创作者的权益。这种文化侵权问题可能会限制文化的创新和传承，从而对文化多样性构成威胁。

为了平衡文化传承与创新，确保文化多样性的持续发展，有一些关键策略和方法值得考虑。首先，政府和国际组织可以采取措施来保护本土文化特色和传统。这包括制定法律和政策，保护文化遗产，鼓励本土艺术和文化创作，并支持文化教育。通过这些措施，可以确保本土文化得以传承和保护，不受外部文化的侵害。

其次，跨文化合作和文化交流应该以尊重和平等为原则。各国和文化之间的合作应该建立在共同理解和尊重的基础上，避免一种文化主导另一种文化的情况。这有助于确保各种文化都能够在合作中保持其独特性，而不受到同质化的威胁。

再次，教育在维护文化多样性方面起着重要作用。教育系统应该鼓励学生学习本土文化，了解不同文化的历史和价值观，培养跨文化的理解和尊重。通过教育，可以增强人们对文化多样性的认识，促进文化的传承和创新。

最后，技术和互联网也可以用于促进文化多样性。在线平台和数字技术可以为各种文化提供展示和传播的机会，使更多的人能够了解和欣赏不同文化的特点。这有助于文化的传播和推广，同时也为文化创作者提供了更多的机会来展示他们的作品。

文化多样性的保护和推广需要全球共同努力。国际组织和跨国合作可以促进文化多样性的交流和合作，制定共同的标准和政策，以应对文化全球化带来的挑战。只有通过国际合作，才能更好地保护和推广全球各地的文化多样性。

文化全球化为文化多样性的推广提供了机会，但也伴随着一系列挑战。为了平衡文化传承与创新，确保文化多样性的持续发展，政府、国际组织、教育系统和技术平台都需要采取积极措施。只有通过综合性的策略和全球合作，我们才能实现文化多样性的保护和推广，让不同文化在全球范围内共存与繁荣。

二、技术进步对文化传播的影响

技术进步对文化传播的影响是一个备受关注的话题，因为数字技术的快速发展已经彻底改变了文化的传播方式和范围。数字技术的发展使文化更加易于获取。互联网的兴起为人们提供了一个巨大的信息和文化资源库，使得任何人都可以轻松访问来自世界各地的文化内容。社交媒体和流媒体服务的出现进一步丰富了这一领域，使人们能够与全球范围内的文化互动，分享和传播他们所钟爱的文化产品。这种便捷性极大地促进了文化的多样性，使各种不同文化能够更容易地被人们发现和了解。

技术的进步也带来了文化同质化的风险。一方面，互联网和社交媒体的普及引发了信息和文化的快速传播，但这也可能导致文化的标准化。另一方面，流行文化产品在全球范围内传播迅速，可能导致一种全球文化趋同的现象，即文化产品趋向于符合全球化的标准，失去了独特性和多样性。这种文化同质化可能对文化的多样性和传统产生负面影响，使一些文化逐渐边缘化或消失。

数字技术的发展也引发了文化产业的变革。传统的文化产业模式在数字时代面临着挑战，因为数字化使得文化产品更容易被复制和传播，导致了盗版和版权问题的加剧。这对艺术家和文化创作者的收入和权益构成了威胁。同时，数字平台的崛起也改变了文化产品的分发方式，从传统的实体媒体转向了数字媒体，这为传统文化产业带来了竞争压力。

技术进步也为文化产业带来了新的机遇。数字化和互联网为文化产品的推广提供了更广泛的平台，让小众文化和艺术作品能够更容易地被发现和推广。新兴的数字媒体平台也为艺术家提供了更多的创作和展示机会，同时也为观众提供了更多的选择。这些机会可能有助于推动文化创新和多样性。

技术进步对文化传播产生了深远的影响。它使文化更容易获得，为全球文化互动提供了机会，但也存在文化同质化的风险。同时，技术也改变了文化产业的运作方式，带来了挑战和机遇。因此，我们需要在技术的发展和文化传播之间寻找平衡，以确保文化的多样性和创新能够继续存在并繁荣。这需要政府、产业和社会共同努力，以维护文化的独立性和多样性，同时推动技术的创新和发展。只有这样，我们才能实现技术与文化传播之间的良性互动，使文化得以传承和发展。

三、经济全球化与文化市场

经济全球化与文化市场的关系是当今世界格局中一个备受关注的议题。全球化不仅仅是文化的交流，更是经济活动的交融，这一点在各个层面都有深刻的影响。要理解经济全球化对文化市场的影响，我们需要考虑跨国公司在全球文化产业中的作用。跨国公司具有庞大的资本和市场份额，能够跨足多个国家和地区。这些公司通过跨国并购、合资合作等方式，积极参与到文化产业中，不仅仅是娱乐业，还包括电影、音乐、出版、电视等多个领域。它们在全球范围内推广和传播文化产品，这导致了文化产品的国际化和全球化。例如，好莱坞电影公司制作的电影不仅在美国国内上映，还在世界各地的影院上映，并通过互联网平台传播到全球观众。这种全球化趋势使得文化产品能够触及更广泛的受众，但同时也引发了文化同质化的担忧，因为跨国公司的产品往往更容易获得市场份额，而本地文化产品面临竞争的压力。

经济全球化对文化市场的影响还体现在文化产品的多样性和质量上。由于跨国公司的介入，文化市场上出现了更多的选择，观众可以接触到来自不同文化背景的作品。这种多样性对于促进文化的交流和理解具有积极的作用，但也存在质量问题。为了迎合全球市场，一些文化产品可能过于商业化，牺牲了艺术性和原创性。这导致了一种趋势，即某些文化产品过于同质化，缺乏独特性。在这方面，文化市场需要在全球化的同时保护本地文化的特色，以确保文化的多元性和质量得以保持。

跨国公司在全球文化市场中的垄断地位也对本地文化产业的发展构成了挑战。由于跨国公司的规模和资源，他们能够投入更多的资金和营销资源，推广自己的产品，这使得本地文化产业面临着竞争的不利地位。例如，在音乐产业中，国际唱片公司可能更容易签约和推广国际巨星，而本地音乐人则可能面临更大的市场壁垒。这可能导致本地文化产业的衰退和本土文化的流失。因此，政府和文化机构需要采取措施，支持本地文化产业的发展，以维护本土文化的多样性和独特性。

全球化也为本地文化产业带来了机遇。跨国公司的国际化推广和市场拓展为本地文化产品提供了更广阔的市场。本地文化创作者有机会将自己的作品推向全球，与国际市场竞争。例如，韩国的流行音乐产业在全球范围内取得了巨大成功，韩国艺术家的音乐和文化产品受到了全球观众的欢迎。这表明，全球化可以为本地文化产业提供更多的曝光和机会，促进本土文化的传播和认可。

全球化还促使文化产业采用新的商业模式和技术创新。互联网和数字技术的发展使得文化产品可以更容易地被传播和分发，艺术家和创作者可以通过在线平台将作品直接推送给观众，绕过传统的中介机构。这种去中心化的趋势为文化创作者提供了更多的自主权和创作自由。同时，全球化也鼓励文化产业采用跨界合作的方式，推动不同领域之间的交流和融合。例如，电影和音乐产业经常与科技和创新产业合作，创造出新颖的文化体验和产品。这种跨界合作不仅丰富了文化产品，还推动了经济的创新和增长。

经济全球化与文化市场之间存在密切的关系，既带来了机遇，也带来了挑战。跨国公司在全球文化市场中的作用使得文化产品更容易被传播，但也引发了文化同质化的问题。本地文化产业面临跨国公司的竞争，但也有机会在全球市场上获得成功。政府和文化机构需要采取措施，促进本地文化的发展，并保护文化的多样性和独特性。此外，全球化也催生了新的商业模式和技术创新，推动文化产业的发展和经济的增长。综合而言，经济全球化与文化市场之间的关系是一个动态的过程，需要不断地监测和调整，以实现文化产业的可持续发展和文化多元性的维护。

四、文化身份与全球认同的冲突

文化身份与全球认同的冲突是当今全球化时代的一个重要议题。随着全球交流的不断加深，人们的文化身份感受到了前所未有的挑战和变革。全球化对文化身份认同的冲击主要表现在文化多元性的推动。全球化使各种文化元素跨越国界，进入不同地区。这种文化的交流和融合导致了人们对自身传统文化的认同感变得复杂多样。以中国为例，中国传统文化在全球范围内逐渐被接受和传播，但随之而来的是一种文化多元性的挑战，因为人们在接触外来文化时可能会产生文化认同的冲突。例如，年青一代可能更容易接受西方文化的价值观和生活方式，而传统的中华文化价值观在这个过程中可能会受到影响。这种冲突反映了全球化时代文化认同的复杂性，因为个体需要在不同文化价值观之间找到平衡，这可能导致文化身份的混合和重构。

全球化还加剧了文化认同的流动性。在过去，文化身份通常与地理位置和民族背景紧密相连。然而，全球化使人们更容易跨越国界，参与不同文化圈子。这种流动性使个体更容易选择他们自己的文化认同，而不再受到传统社会和家庭压力的束缚。例如，一个生活在美国的华人可能既保持着中国传统文化的一部分，同时也融入美国文化，形成一种独特的文化身份。这种流动性使文化认同变得更加个体化，不再被地理和民族因素限制，这也为全球公民意识的形成提供了可能性，因为个体可以更容易地超越国界，参与全球事务。

文化身份与全球认同之间的冲突也不可避免。全球化虽然促进了文化多元性和流动性，但也带来了文化霸权的问题。一些强大的文化在全球范围内占据主导地位，而其他文化则可能受到边缘化。这导致了文化认同的不平等，一些人可能感到自己的文化受到了侵蚀和忽视。例如，英语作为全球通用语言，使英语文化更容易被传播，这可能导致其他文化在全球范围内的较少传播。这种不平等可能引发文化冲突，使一些人感到自己的文化身份受到威胁。

文化身份与全球认同之间的冲突还体现在文化价值观的对立上。不同文化圈子之间存在着不同的价值观和信仰体系，全球化使这些差异更加明显。例如，一些文化强调个人主义和市场竞争，而另一些文化则更注重社区和合作。这种价值观的冲突可以导致文化认同的对立，使个体难以融入全球社会。同时，这种对立也可能导致全球事务的紧张和冲突，因为不同文化圈子之间的价值观冲突可能引发政治和经济纷争。

尽管存在文化身份与全球认同的冲突，全球化也为全球公民意识的形成提供了重要的机遇。全球公民意识是一种意识形态,强调个体在全球范围内的责任和参与。全球化使人们更容易获得全球信息,了解全球挑战,这有助于唤醒个体的全球公民意识。例如,全球气候变化问题不再是一个国家内部的问题,而是一个全球性的挑战,每个人都应该关注。这种全球性的问题促使个体超越国界,积极参与全球事务,形成了全球公民意识。

全球化也推动了文化交流和理解,有助于减少文化冲突。通过文化交流,人们更容易了解不同文化的价值观和信仰,增进了文化之间的理解和尊重。这种理解有助于缓解文化身份与全球认同之间的冲突,使个体更容易融入全球社会。

文化身份与全球认同之间的冲突是全球化时代的一个复杂问题。全球化带来了文化多元性和流动性,但也带来了文化霸权和价值观的冲突。然而,全球化也为全球公民意识的形成提供了机遇,通过文化交流和理解,有助于减少文化冲突。在这个全球化时代,个体在保持自己的文化认同的同时,也要积极参与全球事务,形成一个既有根基又有全球视野的文化身份。这需要个体和社会共同努力,以促进文化多元性和全球公民意识的发展,从而更好地应对全球挑战。

第三节 跨文化交流的模式

一、国际学术交流与合作

国际学术交流与合作一直以来都是学术界的重要组成部分。在这方面,学者和研究机构通过多种途径来促进跨文化理解。学者的交流计划在国际学术交流与合作中扮演着关键的角色。学者可以通过访问不同国家的大学、研究机构或实验室来与国际同行交流思想、分享研究成果,并建立长期的合作关系。这种交流计划有助于学者们开阔视野,深化对不同文化的理解,同时也促进了各国之间的学术合作。例如,一位中国的生物学家可以前往美国的实验室工作,与美国的科学家合作研究,这不仅有助于提升科研水平,还能促进中美两国之间的科技交流与合作。因此，学者的交流计划是推动国际学术交流与合作的重要手段之一。

跨国学术会议的举办也是促进国际学术交流与合作的关键因素。这些会议会集了来自世界各地的学者，提供了一个互相交流、分享研究成果和探讨学术问题的平台。在会议上，学者们可以听取来自不同文化背景的研究报告，参与讨论，建立学术网络，甚至合作开展新的研究项目。举例来说，国际心理学大会每年都会吸引来自不同国家的心理学家参与，他们在会议上分享自己的研究成果，深入探讨心理学领域的前沿问题，从而促进了心理学领域的跨文化合作与发展。因此，跨国学术会议是促进学术交流与合作的重要平台。

国际学术期刊在促进跨文化理解方面也具有重要作用。这些期刊为学者提供了一个发布自己研究成果的国际化平台，使他们的研究成果能够被全球范围内的学者阅读和引用。特别是，国际学术期刊中的跨文化研究发表有助于将不同文化的观点和研究成果传播到全球，从而促进不同文化之间的学术交流与合作。例如，一篇关于中国传统医学在治疗某种疾病上的研究成果可以被发表在国际医学期刊上，这样全球的医学研究者可以了解并讨论这一研究成果，从而促进中西医学的交流与合作。因此，国际学术期刊为跨文化研究的传播和合作提供了有力的平台。

国际学术交流与合作对于学术界和不同文化之间的理解具有深远的影响。首先，通过学者的交流计划，学者们能够深入了解不同文化的背景、价值观和研究方法，从而拓宽自己的学术视野。这有助于打破学科领域的局限性，促进了跨学科研究的发展。其次，跨国学术会议的举办不仅促进了学术交流，还为学者们提供了分享自己研究成果的机会，从而推动了学术领域的发展。最后，最重要的是，国际学术期刊中的跨文化研究发表有助于不同文化之间的学术对话，为解决全球性问题提供了有力的学术支持。

国际学术交流与合作也存在一些挑战和问题。首先，语言和文化差异可能导致沟通障碍，使学者们难以理解彼此的观点和研究成果。为了克服这一障碍，学者们需要具备跨文化交流的能力，包括语言技能和文化敏感性。其次，国际学术合作可能受到政治和经济因素的影响，例如国际关系紧张、资金限制等，这可能影响到合作项目的顺利进行。因此，学者们需要在合作中解决这些问题，以确保合作的顺利进行。

国际学术交流与合作是促进跨文化理解和学术发展的重要途径。学者的交流计划、跨国学术会议和国际学术期刊都在不同层面上推动了这一进程。然而，也需要克服一些挑战和问题，如语言和文化差异以及政治经济因素的影响。通过不断努力和改进，国际学术交流与合作将继续在学术界和不同文化之间发挥重要作用，促进知识的传播与创新的产生。

二、文化艺术交流活动

文化艺术交流活动一直以来都是国际社会中重要的文化交往方式。通过艺术展览、音乐会、电影节等形式的文化艺术活动，不仅可以促进不同文化之间的交流与理解，还有助于推动跨文化的合作与互动。国际艺术节和艺术展览是一种有力的跨文化交流方式。这些活动通常吸引了来自世界各地的艺术家和观众，为不同文化背景的人们提供了一个交流和分享彼此文化的平台。在这些展览和节日中，观众可以欣赏到来自不同文化的艺术作品，了解不同文化的审美观和艺术表达方式。这种直观的艺术体验有助于打破文化隔阂，促进对其他文化的理解和尊重。同时，艺术家们也能够通过参与这些国际性的活动，获得更多的国际曝光和交流机会，推动自己的艺术创作和表达。

跨国电影合作项目也是促进文化艺术交流的重要手段。电影是一种强大的文化媒介，具有广泛的影响力和吸引力。通过国际合作项目，不同国家的电影制作人可以合作创作电影，将各自文化元素融入故事情节中。这种文化融合在全球范围内引起观众的兴趣，促进了不同文化之间的交流和互动。同时，这些合作项目也有助于扩大电影市场，从而增加电影产业的国际影响力。例如，好莱坞与印度宝莱坞的合作电影项目既促进了印度文化的传播，也为好莱坞进军印度市场提供了机会。

艺术家的国际交流项目也为文化艺术交流提供了重要的渠道。艺术家们常常通过参与国际驻留项目、工作坊和展览来与来自不同文化背景的艺术家互动。这种跨文化交流不仅有助于拓宽艺术家的视野，还能够激发其创作灵感。

当艺术家们在不同国家和文化中工作和生活时,他们经常会受到新的艺术形式、思想和技巧的启发,这有助于丰富他们的创作。因此,艺术家的国际交流项目不仅有助于个体艺术家的成长,还能够促进全球艺术领域的创新和发展。

在这些文化艺术交流活动中,文化多样性的重要性不可忽视。不同文化之间的艺术表达方式和美学观点的差异使得这些活动充满了新奇和创意。观众可以通过欣赏和体验不同文化的艺术作品来丰富自己的文化视野,拓宽自己的审美范围。这种文化多样性也有助于保护和传承各种文化的独特性,避免文化同质化的趋势。通过这些活动,不同文化的独特之处得以保留和传播,促进了文化多样性的发展。

这些文化艺术交流活动也有助于促进国际合作和友谊。通过合作制作艺术作品、电影或音乐,不同国家之间建立了紧密的合作关系。这种合作不仅有助于促进文化交流,还有助于解决全球性问题,如环境保护、社会正义等。艺术和文化交流为国际社会提供了一个平台,让各国能够通过共同的兴趣和价值观来加强合作,促进全球和平与稳定。

文化艺术交流活动通过艺术展览、音乐会、电影节等方式,为不同文化之间的交流和理解提供了重要的平台。这些活动促进了文化多样性的发展,推动了美学的启发,同时也促进了国际合作和友谊的建立。通过深化跨文化交流,我们可以更好地欣赏和尊重不同文化的独特之处,为全球社会的多样性和和谐做出贡献。因此,文化艺术交流活动在当今世界中具有不可替代的重要性,应得到更多的支持和鼓励。

三、国际商业合作与交易

在全球化的背景下,国际商业合作与交易成为跨文化交流的重要平台,这一点在跨国公司的文化管理策略、国际市场营销中的文化因素考量以及全球供应链中的跨文化交流和合作方面表现得尤为明显。跨国公司必须面对来自不同文化的员工、合作伙伴和客户,因此文化管理策略成为至关重要的一环。首先,跨国公司需要制订跨文化培训计划,以帮助员工理解和尊重不同文化的价值观、习惯和信仰。其次,跨国公司还需要建立多元文化的工作环境,鼓励员工之间的跨文化交流和学习。文化敏感性培训和文化智商的提高也是文化管理策略的一部分，以确保员工能够适应不同文化的工作环境并提高跨文化协作的能力。

在国际市场营销中，文化因素是至关重要的。首先，跨国公司必须定制其产品和服务以满足不同文化的需求和偏好。这包括适应不同地区的文化符号、颜色、口味和习惯。例如，麦当劳在不同国家的菜单中提供不同的选项，以适应当地口味。其次，广告和市场推广活动也必须考虑到文化因素，以避免冒犯或误解当地消费者。文化的深入了解有助于建立品牌的信任和忠诚度，因此跨国公司需要投资于文化研究和市场调查。

全球供应链是现代商业活动中不可或缺的一部分，其中包括来自不同国家和文化的供应商、制造商和物流合作伙伴。在这种跨文化环境中，有效的跨文化交流和合作至关重要。首先，供应链管理必须考虑到不同文化的商业习惯和法规，以确保合规性和高效性。其次，跨文化团队合作需要建立互信和共识，以应对供应链中的挑战和变化。文化的理解和尊重也有助于解决潜在的文化冲突，从而保持供应链的稳定性和可持续性。

国际商业合作与交易在全球化背景下扮演着重要角色，涉及跨国公司的文化管理策略、国际市场营销中的文化因素考量，以及全球供应链中的跨文化交流和合作。这些方面的深入分析揭示了商业活动在不同文化间建立理解和合作关系方面的作用。跨文化交流和合作不仅是经济增长和商业发展的关键，也是促进全球和平与稳定的重要因素，因此在全球商业环境中，对文化的敏感性和尊重至关重要。只有通过深刻理解和积极应对跨文化挑战，国际商业合作与交易才能够实现长期的成功和可持续性发展。

四、教育交流与留学项目

教育交流与留学项目是当今全球化时代中的重要议题，它们不仅涉及教育领域的发展，还在跨文化交流和全球视野的培养方面发挥着重要作用。教育交流项目，如国际学生交换和留学计划，为学生提供了独特的机会，他们能够在国外学习和生活。这些项目不仅仅是传授知识的途径，更是促进跨文化理解和全球视野的重要工具。首先，国际学生交换项目有助于学生深入了解不同国家的文化、价值观和社会体制。通过亲身经历，学生能够更好地理解其他文化，消除刻板印象，培养尊重和包容的态度。这对于构建国际社会和减少文化冲突至关重要。

教育交流项目也有助于提高学生的语言能力和跨文化沟通能力。在国外学习的学生不仅需要学习新的学科知识，还需要适应不同的语言环境和交流方式。这种挑战促使他们积极学习语言技能，提高了他们的跨文化沟通能力，这在今后的职业生涯中将会非常有用。

国际学校在教育交流项目中发挥着重要的角色。这些学校通常具有多元文化的师资队伍和学生群体，为学生提供了一个与来自不同国家和文化背景的人互动的机会。在这种多元化的环境中，学生可以学习如何尊重和理解不同文化，同时也可以建立国际性的友谊和人际网络。这有助于打破文化壁垒，促进国际合作和友好关系。

另一个重要方面是文化适应性教育。在留学过程中，学生常常会面临文化冲击和适应性问题。文化适应性教育的目标是帮助学生更好地适应新的文化环境，减轻文化冲击的影响，这包括教授学生如何理解和尊重不同文化的价值观、习惯和礼仪。文化适应性教育还可以教授学生解决文化冲突的技能，以及如何应对不同文化背景的人际关系挑战。这些技能不仅对留学生有益，也对他们未来的职业生涯中的跨文化工作和国际合作至关重要。

留学生与本地学生之间的互动也是教育交流项目的重要组成部分。这种互动可以促进文化交流和友谊的建立，有助于打破学生之间的隔阂和偏见。国际学校和大学可以采取各种措施来促进留学生和本地学生之间的互动，如组织文化交流活动、跨文化课程和合作项目。这种互动不仅有助于留学生更好地融入当地社会，也有助于本地学生拓宽视野，增强全球意识。

教育交流与留学项目在当今全球化时代中扮演着重要的角色。它们不仅有助于促进跨文化理解和全球视野的培养，还提高了学生的语言能力、跨文化沟通能力和文化适应性。国际学校和文化适应性教育也为学生提供了支持和资源，帮助他们更好地适应留学生活。最重要的是，留学生和本地学生之间的互动促进了文化交流和友谊的建立，有助于打破文化壁垒，建立更加包容和多元化的社会。因此，教育交流与留学项目在推动全球化教育和国际合作方面具有不可忽视的价值。

第四节　保护本土文化的策略

一、文化遗产保护与恢复

文化遗产保护与恢复是一项重要的社会任务，它涉及维护并传承本土文化的物质和非物质遗产。这包括广泛的领域，如建筑、艺术作品、传统手工艺、民俗和仪式等。文化遗产保护与恢复是为了保护和传承过去的文化成就。建筑和艺术作品代表了一个社会的历史和文化，它们不仅仅是物质的存在，更是文化的象征。通过修复古迹和艺术品，我们能够保留和弘扬过去的艺术和建筑风格，让后代能够了解和欣赏自己文化的瑰宝。此外，传统手工艺、民俗和仪式也是文化遗产的重要组成部分，它们代表了人们的生活方式、价值观和信仰体系。因此，保护和传承这些非物质文化遗产同样至关重要，以确保我们不失去宝贵的文化传统。

制订详尽的保护计划是文化遗产保护与恢复的核心。这些计划需要考虑到不同文化遗产的特点和需求，并制定相应的保护措施。例如，对于古迹和艺术品，需要进行定期的维护和修复工作，以防止其被进一步地破坏。同时，对于传统手工艺、民俗和仪式，需要记录和研究它们，以便将它们传承给下一代。这些保护计划需要有长期的规划和可持续性，以确保文化遗产能够得到持续的维护和恢复。

鼓励当地社区参与文化遗产保护与恢复是至关重要的。当地社区是文化遗产的直接传承者和保护者，它们拥有丰富的知识和经验，可以为保护工作提供宝贵的支持。通过鼓励社区参与，我们不仅能够增加保护工作的有效性，还能够促进社区的参与感和责任感。社区参与还可以帮助传承和传播文化遗产，使其更加活跃和有生命力。因此，与社区密切合作，共同制订保护计划，并提供培训和支持，可以加强文化遗产保护与恢复的可持续性。

为了更好地实施文化遗产保护与恢复工作，建立专门机构或基金会是必不可少的。这些机构可以提供专业的知识和资源，协调各种保护活动，确保保护工作得到有效的管理和监督。此外，它们还可以筹集资金，支持保护项目的实施。这些机构应该具备跨学科的专业知识，能够应对各种不同类型的文化遗产，并制定综合性的保护策略。同时，它们还应该与政府、学术界和社会团体合作，形成多方合作的保护网络，以共同推动文化遗产的保护和传承。

文化遗产保护与恢复对社会、经济和文化方面都有积极影响。首先，它可以促进旅游业的发展。古迹和文化遗产通常是旅游景点的重要组成部分，吸引着大量的游客。这不仅可以增加地区的旅游收入，还可以促进就业机会的增加。其次，文化遗产保护与恢复还可以提高当地社区的文化认同感，增强社会凝聚力。通过保护和传承本土文化，人们更容易找到自己的文化根脉，从而更加珍惜和维护自己的文化传统。

再次，文化遗产保护与恢复也对经济有直接的贡献。保护古迹和艺术品需要专业的工程师、建筑师和艺术专家，这些人才的培训和就业为经济提供了机会。另外，文化遗产的保护和传承也可以促进文化产业的发展，包括艺术市场、手工艺品制作、文化教育等领域。这不仅可以创造就业机会，还可以增加文化产业的收入，促进文化创意的繁荣。

最后，文化遗产保护与恢复对文化本身具有深远的意义。它有助于保护多样性和多元性，防止文化的单一化和同质化。通过保护和传承各种不同类型的文化遗产，我们能够促进文化的多样性，让不同文化相互交流和融合，从而丰富了人类文明的宝库。此外，文化遗产的保护也有助于弘扬文化价值观和道德伦理，传播积极的社会信息，提高人们的文化素养和社会责任感。

文化遗产保护与恢复是一项重要的社会任务，它涉及维护并传承本土文化的物质和非物质遗产。通过制订详尽的保护计划、鼓励社区参与、建立专门机构或基金会，我们可以确保这些文化财富得到恰当的维护和传承。文化遗产保护与恢复不仅有助于社会和经济的发展，还有助于丰富文化多样性，提高文化素养和社会责任感，从而为人类社会的进步和发展做出重要贡献。

二、教育与培训项目

教育与培训项目对于传承和弘扬本土文化具有重要的意义。这些项目不仅有助于年青一代了解本土文化的知识和价值观，还有助于增强他们对本土文化的认同和尊重。教育与培训项目为年青一代提供了深入了解本土文化的机会。这些项目不仅仅是关于知识传递，还包括对本土文化的深入研究。通过课程、研讨会和工作坊，学生可以学习到本土文化的历史、文化背景、传统习俗和价值观。这种深度的学习有助于年轻人更好地理解本土文化的本质和根源，使他们能够更好地与之产生共鸣。

教育与培训项目还包括本地语言的教学。语言是文化的核心组成部分，通过学习本地语言，年青一代能够更好地沉浸在本土文化中。语言是传递价值观、习俗和传统的媒介，因此，掌握本地语言有助于年轻人更好地理解和传承本土文化。此外，通过本地语言的教学，年青一代还可以与长辈建立更紧密的联系，从而更好地传承本土文化的知识和价值观。

教育与培训项目还提供了传统艺术和工艺的培训。传统艺术和工艺是本土文化的重要组成部分，它们承载着丰富的文化内涵和历史故事。通过培训，年轻人可以学习到制作传统艺术品和工艺品的技巧，同时也能够理解这些艺术和工艺的文化意义。这种培训不仅有助于年青一代继承传统技能，还有助于保护和传承本土文化的美学价值。

教育与培训项目也包括对本土历史的学习。了解本土历史对于理解本土文化的演变和发展至关重要。通过学习本土历史，年轻人可以了解到本土文化的起源、演变和与其他文化的交流互动。这有助于他们更好地认识到本土文化的独特性和独特之处，从而更好地珍惜和传承。

教育与培训项目在学校和社区中实施以本土文化为中心的教育项目对于传承和弘扬本土文化具有深远的意义。通过这些项目，年青一代可以深入了解本土文化的知识和价值观，增强对本土文化的认同和尊重。本地语言的教学、传统艺术和工艺的培训，以及本土历史的学习都是这些项目的重要组成部分，它们共同为年轻人提供了丰富的本土文化体验和学习机会。这些教育措施不仅有助于年轻人传承本土文化，还有助于保护和弘扬本土文化的独特魅力。因此，教育与培训项目应被视为一种重要的文化传承工具，需要得到更多的支持和推广。

三、政策支持与立法

政策支持与立法在保护和发展本土文化方面起着至关重要的作用。这些政策和法律的制定和实施有助于确保文化遗产的传承和传播，同时也有助于维护文化多样性和本土文化的独特性。政府应该制定并积极实施支持本土文化的政策。这些政策可以采取多种形式，其中之一是提供财政补贴。财政补贴可以帮助文化机构和艺术家在文化领域中开展各种项目和活动，包括文化展览、音乐会、剧院演出等。通过资金支持，政府可以鼓励文化创意产业的发展，促进文化产品和服务的创新，提高本土文化的影响力。

政府还可以通过税收优惠来支持本土文化。税收优惠可以降低文化产业从事者的负担，鼓励他们积极投入文化创作和推广。这种措施可以包括减免税收、减少税率或提供税收抵免。通过减轻税收负担，政府可以激励更多的人参与到文化创意产业中，从而促进本土文化的繁荣。

政府还可以采取其他激励措施，以鼓励个人和企业参与保护本土文化。例如，政府可以设立文化奖励基金，向那些在本土文化保护和发展方面做出杰出贡献的个人和机构提供奖励和荣誉。这种奖励制度可以激发更多人的积极性，使他们投入本土文化的保护和推广中。

政府还应该制定法律来保护重要的文化遗址。文化遗址是一个国家的宝贵财富，它们承载着历史、文化和传统的重要信息。政府应该确保这些遗址得到妥善保护，以防止它们受到破坏或滥用。这可以通过制定法律来规定文化遗址的保护和管理标准，确保它们得到合适的保养和维护。

政府还应该采取措施来禁止非法交易本土文化艺术品。非法交易不仅损害了本土文化的利益，还可能导致文化艺术品的失窃和流失。政府可以通过制定法律来打击非法交易，加强对文化艺术品市场的监管，确保只有合法途径才能购买和销售这些艺术品。这不仅有助于保护文化艺术品的完整性，还有助于维护本土文化的独特性和多样性。

政策支持与立法在保护和发展本土文化方面起着至关重要的作用。政府应该积极制定和实施支持本土文化的政策，包括提供财政补贴、税收优惠和其他激励措施，以鼓励个人和企业参与文化创作和推广。此外，政府还应该制定法律来保护文化遗址，防止非法交易文化艺术品的现象发生。这些措施有助于保护本土文化的独特性和多样性，促进文化遗产的传承和传播，同时也有助于文化创意产业的繁荣。政府在这方面的积极作用不仅有利于本土文化的发展，还有助于提升国家的文化软实力，增强国际影响力。因此，政府应该将文化保护和发展纳入其政策和法律框架，以确保本土文化的长期繁荣和传承。

四、促进文化交流与合作

文化交流与合作在国际关系中扮演着至关重要的角色，它不仅有助于提升本土文化的国际知名度，还为文化的传承与保护提供了宝贵的机遇。国际文化交流项目能够显著提升本土文化的国际知名度。当一个国家能够与其他国家的文化机构建立合作关系，举办文化节、展览和表演等活动时，这将为世界各地的观众提供一个深入了解该国文化的机会。通过这些活动，人们能够更全面地了解本土文化的独特性和魅力，从而吸引更多的国际关注。这有助于改变国际社会对该国文化的认知，使其逐渐从陌生和模糊的概念转变为具体和丰富的文化体验。

国际文化交流项目为文化的保护和传承提供了新的视角和思路。在与其他国家的文化机构合作过程中，国家可以学习其他文化保护的成功经验，借鉴其有效的方法和策略。这种知识和经验的分享有助于加强本土文化的保护工作，提高其长期的可持续性。例如，通过了解其他国家如何平衡文化传承与现代化发展的关系，本国文化保护者可以更好地应对挑战，制定更加具体和可行的政策。

国际文化交流项目还有助于促进文化的多样性和包容性。当不同国家的文化机构合作举办文化活动时，通常会涵盖多个文化传统和表现形式。这种多样性有助于扩大人们的文化视野，使他们更加开放和包容不同文化的观念和价值观。通过在国际舞台上展示多元文化，有助于减少文化冲突和偏见，为文化交流与和平合作创造更有利的氛围。

国际文化交流项目也有助于促进国际间的互相理解和友谊。当不同国家的文化机构建立合作关系时，不仅是文化的传播，更是人际关系的建立。通过合作举办各种文化活动，人们有机会互相交流、互相学习，增进相互之间的了解和信任。这种互相理解和友谊有助于改善国际关系，减少潜在的冲突和紧张局势。

国际文化交流项目还能够为国家的文化产业带来经济利益。文化节、展览和表演等文化活动通常会吸引大量的观众和游客，为当地经济带来一定的收入。此外，这些活动还有助于推广本国文化产品和创意产业，促进文化产业的发展和国际化。这不仅有助于提升国家的软实力，还有助于创造就业机会和促进经济增长。

通过国际文化交流项目促进文化交流与合作具有广泛的重要性和多重益处。它有助于提升本土文化的国际知名度，为文化的保护和传承提供新的视角和思路，促进文化的多样性和包容性，加强国际互相理解和友谊，同时也能够为国家的文化产业带来经济利益。因此，国际文化交流项目应当被视为国际关系中不可或缺的一部分，为各国共同的文化繁荣与和平发展做出积极的贡献。

第七章 群众文化与媒体

在当今时代,群众文化与媒体之间的关系日益紧密,二者互相塑造和影响。传统媒体,如报纸、广播和电视,长期以来在文化传播中扮演着关键角色,是文化价值和社会规范的重要传播者。随着时间的推移,新媒体的兴起,如互联网和社交媒体,为文化创新提供了前所未有的平台,使得文化内容更加多元化和个性化。媒体融合现象,即传统媒体与新媒体的结合,为文化传承开辟了新的路径,促使文化遗产以更加生动和互动的方式传播。同时,随着媒体在日常生活中的深入渗透,媒体批判和文化监管也变得尤为重要,以确保文化内容的健康发展和多元声音的平衡。这些变化不仅反映了媒体技术的发展,也揭示了群众文化的演变过程。

第一节 传统媒体在文化传播中的作用

一、作为文化传承的载体

传统媒体一直被视为文化传承的重要载体,这一点毋庸置疑。电视、广播和报纸这些传统媒体形式,长期以来在维护和传播各种文化的独特性方面发挥了不可或缺的作用。它们通过多种方式贡献于文化传承,既包括报道,也包括展示,为我们提供了窥探不同文化和历史的窗口。

首先,电视作为一种视觉媒体,具备独特的优势,能够将文化活动以生动的画面呈现在观众面前。无论是世界各地的传统节庆、民族舞蹈,还是古老的仪式和庆典,电视都能够将这些场景传递给观众,使他们亲临其境,感受到文化的魅力。例如,各种音乐会、舞台剧和民间艺术表演,通过电视传输到千家万户，不仅让人们欣赏到高水平的艺术表演，也让他们更加了解了不同文化的音乐、舞蹈和戏剧传统。电视还可以播放纪录片，探讨历史事件和文化现象，让观众深入了解不同地区和民族的背景和故事，促使人们对文化传承产生浓厚的兴趣。

其次，广播作为一种声音媒体，也在文化传承中发挥着独特的作用。通过广播，人们可以聆听各种传统音乐、民间故事和口述历史，这些声音通过广播传播，将文化元素带入人们的耳边，激发他们的想象力。广播还常常播放文化讲座和访谈节目，邀请专家学者和文化传承者分享他们的见解和经验，这有助于加深人们对文化传承的理解和认知。例如，一位传统乐器的大师可以在广播中演奏并讲解其历史和演奏技巧，使听众对这种乐器的认识更加深入。

最后，报纸作为一种文字媒体，也为文化传承提供了独特的平台。它们可以发表专栏文章，深入探讨各种文化话题，从文学、艺术到历史和宗教，报纸都能够提供多样的视角和观点，为读者呈现丰富多彩的文化景观。同时，报纸还扮演着记录历史事件和文化发展的角色，通过新闻报道和特稿，它们将文化的演进和变迁展现在读者面前。此外，报纸还可以发表书评和文化评论，推荐重要的文化作品和活动，引导读者深入了解文化遗产和传统。

除了传统媒体的形式，这些媒体还通过特别节目、纪录片和专栏，积极向公众介绍文化遗产和传统习俗。例如，电视台经常制作特别节目，深入探讨某个文化主题，如中国的春节、印度的焰火节等，通过采访、纪录片和实地报道，向观众展示这些传统庆典的盛况和历史渊源。这种方式让观众有机会深入了解不同文化的底蕴和传统仪式，促使他们对文化传承感到更加亲近和珍视。此外，专栏作家和文化评论家经常在报纸和杂志上发表文章，分享他们对文化传承的见解和看法，这些文章不仅可以启发读者思考文化的重要性，还可以引导他们参与文化保护和传承的活动。

传统媒体的作用不仅限于传播文化，还在教育和启蒙方面发挥了重要作用。通过媒体的报道和展示，人们可以学习到各种文化知识，了解不同地区的风土人情，拓宽自己的视野。电视纪录片常常深入介绍历史事件和文化现象，使观众对世界各地的历史和文化有更全面的了解。广播节目可以传授语言技能，帮助人们学习不同地区的语言和方言，促进文化交流和理解。报纸上的专栏文章和评论也可以激发读者的思考和探索欲望，引导他们深入研究文化领域，甚至参与文化保护和传承的活动。

此外，传统媒体还在文化传承的过程中起到了启蒙的作用。它们可以帮助年青一代了解和珍视自己的文化传统，激发他们对文化的兴趣。通过电视、广播和报纸，年轻人可以接触到各种文化元素，从而更好地理解自己的文化身份。例如，一部电视纪录片可以讲述一个族群的传统故事和习俗，激发年轻人对自己文化的自豪感。广播节目可以邀请年轻文化传承者分享他们的经验，鼓励其他年轻人积极参与文化保护和传承的活动。报纸上的专栏文章可以探讨年青一代对文化的看法和期望，引发社会对文化传承的讨论和反思。

二、影响力与覆盖面广泛

传统媒体的影响力与覆盖面广泛，这一事实在当今数字媒体时代仍然具有重要意义。尽管数字媒体已经成为信息传播的新宠，但传统媒体仍然在各个方面发挥着关键作用。

传统媒体的广泛覆盖力不容忽视。尤其是在一些偏远地区，数字化设施可能不够普及，或者老年人群体可能不熟悉并不常使用数字媒体。在这些地方，报纸、广播和电视仍然是主要的信息来源。传统媒体通过覆盖广泛的地理区域和各种社会群体，确保了信息的广泛传播，让更多人能够获得重要的新闻、娱乐和文化内容。

传统媒体在社会中拥有深远的影响力。虽然数字媒体在互联网上拥有广泛的观众，但传统媒体仍然在塑造社会观念、引导公众舆论和影响政治决策方面扮演着重要角色。电视新闻节目、报纸社论和广播节目能够深入分析重大事件，提供专业的解释和评论，帮助公众更好地理解世界。此外，传统媒体也是政府和组织与公众互动的重要平台，通过它们可以传达政策、宣传活动和社会问题，引起社会的广泛讨论和反思。

另一个传统媒体的独特之处在于它们具有广告和商业的潜力。广播电视广告、报纸刊登的广告，以及杂志中的宣传广告仍然是广告商和企业推广产品和服务的重要渠道。这些媒体平台通常拥有大量的观众，能够吸引广告主的注意力，促进商业交流，增加销售和市场份额。传统媒体不仅为新兴企业提供了宣传的机会，还有助于大型品牌维持他们的知名度和市场地位。此外，传统媒体还在文化传承方面发挥着关键作用。许多国家都有自己的传统文化，包括语言、习俗、艺术和价值观。传统媒体通常在维护和传承这些文化方面发挥着积极作用。电视和电台节目可以播放传统音乐、舞蹈和戏剧，报纸和杂志可以刊登有关文化传统和历史的文章。通过这些方式，传统媒体有助于保持文化多样性和传统价值的延续，使人们能够更好地了解自己的文化根源。

传统媒体还对社会互动和教育产生了重要影响。例如，电视和广播节目可以用于教育目的，向观众传授知识和技能。公共电视台经常制作高质量的纪录片和教育节目，以促进学习和启发人们的好奇心。此外，报纸和杂志也提供了深入研究和分析的平台，可以用于学术研究和知识传播。传统媒体的教育价值远远不只于此，它们还有助于培养批判性思维、阅读能力和媒体素养，这些都是现代社会所需要的重要技能。

传统媒体在一些特殊情况下具有救灾和危机通信的功能。在自然灾害、紧急事件或重大危机发生时，广播电台和电视台可以迅速传达重要信息，警示公众并提供指导。这种即时性和可靠性在危机时刻至关重要，因为数字媒体可能受到网络故障或电力中断的影响，而传统广播仍然能够通过电池供电继续播放重要信息。

传统媒体虽然在数字媒体时代面临挑战，但它们仍然具有广泛的影响力和覆盖面。它们在信息传播、社会影响、广告和商业、文化传承、教育以及危机通信方面发挥着独特和不可替代的作用。数字媒体和传统媒体可以互补，共同构建一个多元化的信息生态系统，以满足不同需求和受众的需求。因此，在评估媒体的影响力和价值时，不应忽视传统媒体的重要性，它们仍然是我们社会的重要支柱之一。

三、促进文化交流

传统媒体在促进文化交流方面具有不可低估的作用，不仅在国内，而且在国际舞台上扮演着重要的角色。通过电视节目、广播、报纸和杂志等多种渠道，传统媒体能够传播各种国家和地区的文化，从而实现文化的跨越界限的交流和分享。

传统媒体通过电视节目的播放，将各种国家和地区的文化呈现给观众。电视台通常制作文化节目，展示不同文化的传统舞蹈、音乐、美食、艺术和风俗习惯。观众可以通过这些节目了解其他国家的文化，拓宽自己的视野，培养对不同文化的兴趣和理解。例如，一位在亚洲的观众可以通过电视节目了解欧洲的文化，或者一个非洲观众可以通过电视看到亚洲的传统庆典。这种跨越地理和文化界限的文化交流有助于打破偏见和误解，促进世界各地的文化理解与和谐共存。

广播也是国际文化交流的重要媒介。国际广播电台通常在不同语言中播放节目，向全球观众传递各种文化信息。这些广播节目包括文化特辑、新闻报道、音乐和访谈等内容，涵盖了各种主题和文化元素。通过广播，人们可以听到来自世界各地的声音，了解其他国家的文化和社会情况。国际广播有助于建立全球文化之间的桥梁，促进文化的互相理解和交流。此外，传统媒体中的报纸和杂志也在国际文化交流中发挥着作用。国际报纸和杂志通常报道全球各地的文化事件、艺术展览、文学作品以及文化现象。它们提供了一个平台，让读者了解其他国家的文化动态，探索不同文化的视角和价值观。此外，一些文化杂志还专门介绍各国文化的独特之处，从时尚到美食再到建筑，都有详细的报道。这些媒体通过文字和图片传递文化信息，为文化爱好者提供了丰富的信息源。

传统媒体在国际文化交流中的重要性还体现在国际合作和文化交流活动上。各国政府和文化机构通常通过传统媒体来宣传文化交流项目和国际合作活动。这些媒体渠道可以帮助传达文化活动的目的、日程和亮点，吸引观众和参与者的关注。例如，一个国际文化节的详细报道可以在报纸上找到，电视广播可以播放相关的特别节目，以提高公众的参与度和兴趣。这种方式不仅促进了文化交流，还有助于国际友好关系的建立和深化。

传统媒体对全球文化多样性的重要性不可忽视。全球化的今天，文化之间的交流和融合变得越来越普遍,但也面临着文化同质化的威胁。传统媒体通过传播各个国家和地区的文化,有助于保护和弘扬各自的文化传统,维护文化的多样性。这对于文化的传承和发展至关重要,因为它们提供了平台,让各种文化在全球范围内得以存在和传播。

传统媒体在促进国际文化交流方面发挥着不可替代的作用。通过电视节目、广播、报纸和杂志等多种媒体渠道,传统媒体可以传递各个国家和地区的文化信息,帮助人们了解不同文化,促进跨文化的理解和尊重。此外,传统媒体还在国际合作、文化交流活动以及文化多样性的维护方面发挥着重要作用。因此,在数字媒体盛行的今天,传统媒体仍然在全球文化交流中扮演着不可或缺的角色,它们是连接各个文化的纽带,有助于构建一个更加多元化和丰富的文化世界。

第二节　新媒体与文化创新

一、新媒体的概念与发展

传统媒体在支持和推广地方文化以及地方身份认同方面具有极其重要的作用。在全球化的浪潮中,地方文化和方言往往受到冲击和边缘化,但传统媒体仍然是维护和传承这些宝贵文化遗产的关键力量。

地方电视台和广播站在播放与当地文化密切相关的节目方面起到了至关重要的作用。这些节目包括地方节日庆典、方言戏剧、民间故事、地方音乐和舞蹈等。通过这些媒体渠道,人们可以了解并参与庆祝当地的传统节日和文化活动,这有助于传承和弘扬地方文化。例如,一家地方电视台可以播放当地传统庙会的实况,让不同年龄层的观众都能亲身体验传统仪式和庆典。这样的节目不仅提供了娱乐,还教育了年青一代关于自己文化的重要知识。

传统媒体的文化节目有助于振兴和保护地方方言。在全球化的背景下,许多地方方言正面临消失的危险。然而,一些地方电视台和广播站致力于制作和播放以方言为基础的节目。这些节目不仅有助于方言的传承,还让使用方言的人们感到自豪。通过听到自己的方言在电视或广播上被使用,地方居民会更加珍惜自己的语言传统,从而推动方言的保护和传承。

传统媒体也在传播地方故事和传奇方面发挥了关键作用。许多地区都有自己的传说和民间故事,这些故事通常代表着地方文化和价值观。地方电视台和广播站经常制作并播放这些故事,让观众能够了解自己的文化遗产。这些故事不仅为娱乐,还传递了重要的道德和文化价值观,有助于强化人们对自身文化身份的认同。

传统媒体还为地方艺术家和文化团体提供了展示和宣传的平台。许多地方音乐家、舞蹈家、戏剧演员和艺术家依赖于地方电视和广播来推广自己的作品。这种宣传不仅有助于他们的艺术事业发展,还让更多人了解并欣赏到地方艺术和文化的独特之处。这种推广有助于地方文化的繁荣和传承,同时也促进了艺术家和文化从业者的生计。

传统媒体在支撑地方文化和身份认同方面对社会的积极影响不容忽视。通过传播和推广地方文化,这些媒体渠道有助于维护社会的文化多样性,防止文化同质化和全球文化大一统。地方文化是一个国家或地区的独特标志,它反映了历史、价值观和生活方式。因此,保护和传承地方文化不仅有助于人们对自己身份的认同,也有助于维护文化多样性,让世界变得更加丰富多彩。

传统媒体在支持和推广地方文化以及地方身份认同方面发挥着至关重要的作用。通过电视节目、广播、报纸和杂志等媒体渠道,传统媒体可以传递各种与地方文化有关的信息,促进文化的传承和发展。同时,它们也提供了展示地方艺术和文化的平台,促进了艺术家和文化从业者的成长和发展。最重要的是,传统媒体有助于人们对自身文化身份的认同,强化了地方文化在全球文化多样性中的地位。因此,在数字媒体逐渐兴起的今天,传统媒体仍然是维护和传承地方文化的不可或缺的力量,它们是连接人们与他们的文化根源的桥梁,有助于构建一个更加多元化和丰富的文化世界。

二、新媒体在艺术创作中的应用

新媒体技术在当今艺术领域中扮演着重要的角色,为艺术家提供了全新的创作工具和平台，同时也拓展了艺术创作的边界。

  首先，数字艺术是一种利用数字技术创作和展示艺术作品的形式。艺术家可以使用计算机软件、数字绘画工具和虚拟现实技术来创作数字艺术作品。这些作品可以以数字文件的形式存在，也可以在数字画廊或在线平台上展示。数字艺术的优势在于它为艺术家提供了无限的创作可能性，可以通过数字媒体的灵活性和互动性来实现。例如，艺术家可以创建动态的数字艺术作品，观众可以通过触摸屏幕或其他交互方式来与作品互动，改变其外观和表现。这种互动性为观众提供了参与式的艺术体验，打破了传统艺术作品和观众之间的界限。

  其次，虚拟现实艺术是一种通过虚拟现实技术创作和呈现艺术作品的形式。虚拟现实技术通过头戴式设备、手柄和传感器等工具，将观众沉浸在一个虚拟的三维环境中。艺术家可以使用虚拟现实平台来创作沉浸式的艺术作品，观众可以在虚拟环境中自由探索和互动。这种形式的艺术使观众能够身临其境地体验艺术作品，仿佛置身于艺术家所创造的虚拟世界中。虚拟现实艺术拓展了艺术创作的可能性，允许艺术家创造出超越现实的视觉和情感体验。

  最后，网络艺术是一种以互联网和在线平台为媒介的艺术形式。艺术家可以利用互联网的全球性和互动性，创作具有网络元素的艺术作品。这些作品可以包括网站、社交媒体项目、在线互动性作品等。网络艺术的特点在于它能够与观众进行实时的互动和合作，观众可以在网络上参与艺术创作的过程，共同塑造作品的发展和演变。网络艺术也常常涉及社会、政治和文化议题，借助网络传播，引发广泛的讨论和参与。这种形式的艺术将观众变成了参与者，强调了合作和互动的重要性，打破了传统艺术作品与观众之间的单向沟通。

  新媒体技术的应用为艺术家带来了许多创作上的好处，同时也带来了一些挑战。首先，新媒体技术赋予了艺术家更大的自由度和创造性。传统的艺术媒介可能会受到物质限制，如画布的大小、颜料的种类等，而数字艺术、虚拟现实艺术和网络艺术可以突破这些限制，让艺术家更自由地表达自己的创意。例如，数字艺术家可以轻松地创建复杂的图像和动画，虚拟现实艺术家可以构建虚拟世界，网络艺术家可以利用全球互联网来与观众合作创作作品。这种自由度激发了艺术家的创造力，推动了艺术创作的不断创新。

其次，新媒体技术也拓展了艺术作品的观众范围。传统艺术作品通常需要观众前往画廊、博物馆或演出场地进行欣赏，而新媒体艺术作品可以通过互联网和数字媒体传播到全球各地，观众可以在任何时间和地点访问和体验这些作品。这种全球性的观众覆盖为艺术家提供了更广泛的影响力和曝光机会。观众也可以通过互动性的新媒体作品与艺术家互动，分享他们的观点和反馈，从而构建更紧密的艺术社区。

然而，新媒体技术也带来了一些挑战。首先，技术的快速发展和更新意味着艺术家需要不断学习和适应新的工具和平台。这可能对一些艺术家构成了挑战，特别是那些不熟悉技术或不具备数字技能的人。其次，新媒体技术也引发了一些关于数字作品的版权和收益分配的争议。数字作品的复制和传播变得容易，艺术家和创作者需要制定新的商业模式和合同，以确保他们的作品得到合理的报酬。

另一个挑战是数字艺术、虚拟现实艺术和网络艺术的可持续性。由于技术的不断更新和改进，一些数字作品可能在未来变得难以访问和维护。艺术家和文化机构需要思考如何保存和传承这些新媒体艺术作品，以确保它们的价值和影响不会随着时间的推移而减弱。

新媒体技术在艺术创作中具有巨大的潜力和机会。数字艺术、虚拟现实艺术和网络艺术等形式为艺术家提供了创新的创作工具和全球性的观众平台。这些技术不仅扩展了艺术创作的可能性，还促进了观众的参与和互动，为艺术世界带来了新的活力。然而，新媒体技术也带来了一些挑战，包括技术的快速变化、版权和可持续性问题。因此，艺术家和文化机构需要积极应对这些挑战，以确保新媒体艺术能够持续发展并为社会带来更多的创新和启发。新媒体技术已经改变了艺术的面貌，它们将继续影响着未来的艺术创作和文化体验。

三、新媒体对传统文化的影响

新媒体在当今社会对传统文化产生了深刻的影响，既改变了传统媒体如电视、广播和印刷媒体的传播方式，也为传统文化的保护和传播提供了新的机会和工具。在这方面，新媒体的影响是多方面的，包括对传统媒体的挑战、数字化保存遗产、在线文化交流等方面。

随着互联网的普及，人们可以通过在线新闻网站、社交媒体平台、视频分享网站等多种途径获取信息，这改变了他们获取新闻和娱乐内容的方式。传统媒体如电视和广播在数字化时代面临着观众流失的挑战，因为人们更倾向于通过手机、平板电脑和计算机等设备在线观看和听取内容，而不再依赖传统的广播电视。这促使传统媒体不得不适应新的媒体格局，推出在线平台，提供数字内容，以保持观众的关注度。

新媒体在传统文化的数字化保存方面发挥了重要作用。传统文化遗产包括文学、音乐、艺术、手工艺品等，这些宝贵的文化资产需要得到保护和传承。新媒体提供了数字化保存和展示传统文化的途径。例如，许多博物馆和文化机构已经将他们的藏品数字化，并在网上建立了虚拟展览，使更多人能够远程欣赏文化遗产。此外，数字化技术还可以用于保存古老的文献、音乐录音和艺术品，以确保它们的永久保存。这为传统文化的保护提供了全新的可能性，同时也使这些文化更容易传播和分享。

另一个新媒体对传统文化的影响是在线文化交流的促进。互联网和社交媒体平台让人们能够与世界各地的人分享自己的文化和观点，同时也能够了解其他文化。这种全球性的文化交流有助于打破文化隔阂，促进不同文化之间的理解和尊重。例如，社交媒体上的用户可以分享他们的传统食谱、节日庆祝方式、艺术作品等，使其他人能够更深入地了解他们的文化。这种开放的文化交流有助于推动文化的多样性和全球文化交融。

另外，新媒体也在文化教育和推广方面发挥了积极作用。在线教育平台和文化网站可以提供丰富的文化课程和资源，帮助人们学习和了解传统文化。例如，有许多在线课程和文化网站致力于教授古代语言、历史、艺术和文学等方面的知识，使学习传统文化变得更加便捷和灵活。此外，一些新媒体平台也为文化创作者提供了宣传和推广自己作品的机会，使传统文化得以传承和发展。

然而，尽管新媒体对传统文化的影响带来了许多积极的变化，但也伴随着一些挑战和问题。首先，数字化保存文化遗产虽然有利于长期保存，但也带来了数字化鸿沟的问题。一些传统文化资产可能因缺乏数字化技术而被忽视，导致文化遗产的不平等保存。此外，数字化资产的长期保存和维护需要投入大量资源，这对一些文化机构和社群来说可能是一项挑战。

其次，另一个挑战是在互联网和社交媒体上的文化交流可能导致文化混淆和失真。人们在在线平台上分享文化信息时，有时会出现误解或刻板印象，导致文化的不准确传播。此外，一些传统文化可能受到商业化和商品化的影响，失去了其纯粹性和原汁原味。这些问题需要审慎处理，以确保传统文化的传承和保护。

新媒体在当今社会对传统文化产生了深刻的影响，既挑战了传统媒体的地位，也为传统文化的保护和传播提供了新的机会。通过数字化保存遗产、在线文化交流、文化教育和推广，新媒体帮助促进了文化的传承和发展。然而，新媒体也带来了一些挑战，如数字化鸿沟和文化失真等问题，需要我们认真思考和应对。综合来看，新媒体和传统文化可以相互促进，共同构建一个更加多元和包容的文化生态系统。

第三节 媒体融合与文化传承

一、媒体融合的概念与发展趋势

媒体融合是一个在信息时代变得越来越重要的概念，它涉及不同媒体形式之间的融合和交互，以创造更丰富、多样和交互式的媒体体验。媒体融合的定义可以从不同角度来解释，但总体来说，它指的是各种传媒形式的交互和整合，包括印刷、广播、电视和社交媒体等。随着技术的不断发展和进步，媒体融合已经成为媒体产业的重要趋势之一。

媒体融合的发展趋势首先可以追溯到印刷媒体的数字化转型。随着计算机技术的发展，报纸和杂志逐渐从纸质媒体转向了数字平台。这种数字化转型使得内容可以更容易地被传播和共享，同时也为广告商提供了更多的投放渠道。此外，印刷媒体也开始整合在线新闻、多媒体元素和社交分享功能，以提供更具吸引力的读者体验。

另一个媒体融合的发展趋势是广播和电视媒体与互联网的结合。传统的广播和电视节目已经开始在在线平台上提供内容，观众可以通过流媒体服务观看他们喜欢的节目，而不再受限于特定的播放时间。这种变化不仅提高了观众的访问性，还为广告商提供了更多的广告投放机会。同时，社交媒体的崛起也为观众提供了与节目和电影进行互动的机会，从而增加了媒体娱乐的交互性。

数字媒体的兴起也催生了社交媒体的发展，进一步推动了媒体融合的趋势。这些数字媒体不仅让个人用户成为内容创作者，也让新闻机构和娱乐公司能够与观众直接互动和传播信息。社交媒体的媒体融合带来了更加个性化和社交化的媒体体验，也增强了人们对文化内容的访问性。

除了媒体形式的融合，媒体融合还涉及文化内容的创作和传播方式的变革。传统媒体往往由专业的记者、编辑和制片人掌控内容的创作和编辑过程。然而，随着互联网和社交媒体的发展，任何人都有机会成为内容创作者。社交媒体账户使个人可以轻松分享自己的观点、经验和创作，这扩大了文化内容的来源和多样性。这也意味着观众可以更加灵活地选择他们感兴趣的内容，而不再受制于传统媒体的编辑决策。

此外，媒体融合对文化内容的访问性产生了重大影响。传统媒体通常需要购买印刷杂志、报纸或电视订阅，而互联网上的许多文化内容是免费的，观众可以随时随地访问。这增加了人们接触文化内容的便捷性和可负担性。通过智能手机、平板电脑和电脑，观众可以轻松地浏览新闻、观看电影、听音乐和阅读书籍。这使文化内容更加普及和易于获取，进一步推动了媒体融合的发展。

媒体融合是一个不可逆转的趋势，随着技术的不断进步，它将继续演变和扩展。从传统的印刷和广播媒体到今天的数字和社交媒体，媒体融合已经改变了文化内容的创作、传播和访问方式。它不仅为观众提供了更多元化的媒体体验，还促进了跨文化交流和文化内容的普及。媒体融合的未来将继续充满挑战和机遇，对媒体行业和文化内容产业都将产生深远的影响。无论如何，媒体融合已经成为信息社会不可或缺的一部分，我们可以期待它继续塑造我们的文化和媒体体验。

二、技术创新在媒体融合中的作用

技术创新在媒体融合中发挥着至关重要的作用，它们不仅改变了媒体产业的格局，还深刻地塑造了人们获取和体验文化的方式。

人工智能（AI）在媒体融合中的作用不可忽视。AI 技术已经催生了个性化推荐系统，这些系统通过分析用户的历史浏览和喜好，为他们提供定制的内容建议。这不仅提高了用户的媒体体验，还促进了不同文化形式之间的交流。AI 还在内容创作和生成方面发挥了关键作用，例如，自动生成的音乐、绘画和文本已经成为一种现实。这些技术推动了艺术和文化的创新，同时也为传统文化形式注入了新的生机，例如，AI 可以生成古典音乐作品，使古典音乐得以在数字时代继续传承。

虚拟现实（VR）和增强现实（AR）技术正在改变文化体验的方式。一方面，虚拟现实技术允许用户沉浸在虚拟世界中，例如，通过 VR 头戴设备，用户可以参观全球著名博物馆、历史古迹或与其他用户互动的虚拟社交平台。这种沉浸式体验使文化传播变得更加生动和引人入胜，使用户能够身临其境地探索文化遗产和艺术作品。另一方面，增强现实技术将虚拟元素与现实世界相结合，为用户提供丰富的信息和互动体验。例如，AR 应用可以将历史场景与现实环境相结合，让用户在街头看到古代建筑的重建或艺术品的互动展示。这些技术推动了文化体验的数字化转型，为用户提供了前所未有的参与感和深度。

此外，互动性和参与度的提高也是技术创新在媒体融合中的重要作用之一。社交媒体平台、在线社区和虚拟现实环境都鼓励用户积极参与文化创造和分享。用户可以通过社交媒体分享他们的文化体验、观点和创意作品，与其他用户互动，形成一个全球性的文化交流网络。这种互动性不仅促进了文化多样性的传播，还使文化传统更具吸引力和活力。例如，用户可以在社交媒体上讨论世界各地的文化事件，分享他们的文化见解，从而促进文化的交流和理解。

此外，技术创新还在传统文化形式的数字化适应方面发挥了关键作用。例如，电影、音乐和出版等传统文化形式正在经历数字化的转型，使它们更容易被访问和分发。音乐流媒体平台、在线电影订阅服务和电子书出版等数字化工具使人们能够随时随地享受各种文化形式。这种数字化转型为文化产业提供了新的商业模式，同时也为艺术家和创作者提供了更广阔的表达空间。此外，虚拟博物馆和在线艺术展览等数字化文化活动也在促进传统文化形式的数字化适应，使文化遗产和艺术作品得以永久保存和传承。

然而，尽管技术创新在媒体融合中的作用是积极的，但也面临一些挑战和问题。首先，数字媒体的广泛使用可能导致信息过载和消费者疲劳。用户面临来自各种渠道的大量信息和内容，可能难以筛选和处理。这可能导致用户疲劳，降低了他们对文化体验的质量和深度。其次，数字化文化可能会引发版权和知识产权问题，特别是在在线内容共享和复制方面。艺术家和创作者可能面临盗版和未经授权的使用，这可能损害他们的创作激情和经济利益。最后，虽然技术创新可以促进文化交流和多样性，但也可能导致数字鸿沟的加剧，特别是在一些发展中国家和地区，缺乏访问技术和互联网连接的人可能被排除在数字文化的范围之外。

技术创新在媒体融合中发挥着重要作用，改变了文化体验的方式，促进了文化交流和传统文化形式的数字化适应。人工智能、虚拟现实、增强现实等新兴技术使文化体验更加互动和沉浸式，同时也促进了文化多样性的传播。然而，技术创新还面临着一些挑战，包括信息过载、版权问题和数字鸿沟等。因此，媒体融合需要综合考虑技术创新的积极影响和可能带来的问题，以实现更加丰富和可持续的文化体验。

三、媒体融合对文化传承的直接影响

媒体融合是当今社会发展的一个显著趋势，它对文化传承产生了深远的影响。

媒体融合为传统文化的记录和保存提供了全新的机会。数字平台和技术使得文化遗产的保存变得更加容易和便捷。通过数字化的手段，我们可以将古老的文化文物、文献、音乐和艺术品进行数字化存储，以确保它们不会随着时间的流逝而逐渐消失。例如，古老的手稿、艺术品、传统音乐和口述传统可以被数字化并存储在云端，以便后代继续访问和研究。这种数字化保存方式不仅提

高了文化遗产的可持续性，还降低了文物的磨损和损坏风险。

传统文化通常通过口头传承、书写和表演传递给后代。而媒体融合使得传统文化可以通过数字媒体平台、社交媒体和在线视频等形式广泛传播。这使得传统文化更容易被全球观众接触和了解。例如，传统的舞蹈、音乐和戏剧可以通过在线视频分享到全球，不仅可以让更多人欣赏到，还有助于传统文化的传承和弘扬。此外，社交媒体平台也提供了一个互动的空间，人们可以分享自己的传统文化经验，从而形成更广泛的文化社区。

媒体融合为传统文化的展示提供了创新的途径。数字技术使得传统文化可以以全新的方式呈现给观众。虚拟现实（VR）和增强现实（AR）技术可以让观众身临其境地体验传统文化活动，如节庆、仪式和舞蹈。博物馆和文化机构也可以利用数字展示技术，将传统文物以更生动、互动的方式呈现给观众。这种创新的展示方式不仅引起了年青一代的兴趣，还使传统文化更具吸引力和活力。此外，媒体融合为文化传承提供了教育和研究的机会。数字化的文化资料和文献使得学者和研究人员可以更轻松地访问和研究传统文化。在线文化档案和数字图书馆提供了大量的资源，供研究人员进行深入研究和探索。这有助于促进文化学术研究的发展，为传统文化的传承提供了更多的知识和洞见。同时，教育机构也可以利用数字媒体来教授传统文化知识，使学生更好地了解和欣赏自己的文化遗产。

然而，媒体融合也带来了一些挑战和问题。首先，数字化保存可能面临数据安全和永久性的问题。虽然数字化可以确保文化遗产的保存，但也需要应对数据丢失、黑客攻击和技术陈旧等问题。因此，确保数字化文化资料的安全和可持续性是一个重要的挑战。其次，文化的滥用和误解也是一个潜在问题。当传统文化被数字媒体广泛传播时，可能会出现文化的误解、商业利用或创作的不当行为。保护文化的真实性和尊重传统文化的原则是必要的。最后，数字鸿沟可能会使一些社群无法充分享受媒体融合带来的好处。那些缺乏数字技能或没有访问互联网的人可能会被排除在数字化文化传承的过程之外。

媒体融合对传统文化和遗产保护产生了深远的影响。它提供了新的机会，如数字化保存、全球传播、创新展示和教育研究，以促进传统文化的传承和弘扬。然而，也需要应对挑战，如数据安全、文化滥用和数字鸿沟等问题。因此，在媒体融合的时代，我们需要制定有效的政策和措施，以确保传统文化在数字化时代得到适当的保护和传承，同时也要充分利用媒体融合的机会，让更多人能够欣赏和参与传统文化的传承。这样，我们可以实现文化传承的现代化，同时保护和传承我们宝贵的文化遗产。

四、多样性和包容性在媒体融合中的作用

媒体融合在当今数字时代扮演着至关重要的角色，不仅在信息传递方面有着巨大影响，同时也在文化表达的多样性和包容性方面发挥了重要作用。

媒体融合为不同文化、语言和地区提供了更广泛的可见性和表达平台。随着数字技术的发展，互联网已经成为一个全球性的信息和媒体平台，使得各种文化和语言可以在全球范围内传播和分享。社交媒体、在线视频平台和数字出版等新媒体形式为各种文化提供了传播自己观点和价值观的机会。不同地区的内容创作者可以通过网络将自己的作品推向国际舞台，更多人能够了解和欣赏不同文化的艺术、音乐、文学和传统。这种广泛的可见性有助于打破文化壁垒，让更多人有机会接触和理解其他文化。

媒体融合通过跨文化交流促进了不同文化之间的理解和交流。在数字媒体时代，人们可以轻松地与来自不同文化背景的人进行在线互动，分享观点、经验和故事。社交媒体平台成为人们交流和分享文化元素的重要场所。通过这些平台，人们可以了解其他文化的日常生活、节庆习俗、社会问题和文化价值观。这种交流有助于消除对陌生文化的偏见和误解，促进跨文化的友好关系。例如，一个来自亚洲的年轻人可以通过社交媒体与来自美洲的年轻人互动，分享彼此的文化，从而促进文化之间的交流和友谊。此外，媒体融合还在文化多样性的保护和促进方面发挥了重要作用。通过数字媒体，小众文化和语言可以找到自己的受众，传播和保护自己的文化传统。在线平台允许少数民族和文化团体在全球范围内传播自己的语言、音乐、舞蹈和传统技艺。这种多样性的表达有助于文化的传承和发展，使世界更加丰富多彩。此外，媒体融合也为跨文化的合作提供了平台，不同文化之间可以共同创作和分享内容，从而促进文化

的多元性和包容性。

媒体融合还可以通过技术和创新手段推动文化表达的多样性和包容性。数字技术使得创作者能够以更多样化和创新的方式表达自己的文化观点。虚拟现实、增强现实和人工智能等新技术为文化创意带来了全新的可能性。例如，艺术家可以利用虚拟现实技术创建全新的文化体验，音乐制作人可以借助人工智能创作出跨文化的音乐作品。这些技术不仅丰富了文化表达的形式，还为不同文化和人群提供了更多参与的机会。

另一个媒体融合的重要方面是用户生成内容（UGC）。在社交媒体和在线平台上，普通人可以成为内容创作者，分享自己的观点、生活经验和创意作品。这种 UGC 的兴起使得文化表达更加多元化和包容性。不同年龄、性别、种族和背景的人们都有机会通过 UGC 表达自己的文化身份和观点。这种分散式的媒体环境使得文化表达不再受到传统媒体的限制，每个人都可以成为自己文化的代表，为文化的多样性和包容性做出贡献。

媒体融合在增加文化表达的多样性和包容性方面发挥着关键作用。通过新媒体平台和数字技术，不同文化、语言和地区可以获得更广泛的可见性和表达机会。跨文化交流促进了不同文化之间的理解和交流，有助于打破文化壁垒。此外，媒体融合也通过技术创新和用户生成内容推动文化表达的多样性和包容性。这一发展趋势使文化更加丰富多彩，促进了全球文化的多元性和包容性。因此，媒体融合不仅是信息传递的方式，更是文化多样性和包容性的推动者，为全球文化的交流和共享提供了新的机会和可能性。

第四节　媒体批判与文化监管

一、媒体批判的理论基础

媒体批判是一个重要的学术领域，旨在揭示媒体的社会和政治影响，并提供对媒体内容和机构的批评性分析。媒体批判的理论基础是多元的，涵盖了不同学派和思想流派的观点，包括马克思主义、法兰克福学派，以及后现代主义等。媒体批判的理论基础可以追溯到马克思主义。马克思主义强调了媒体在资本主义社会中的作用，认为媒体是统治阶级维护其权利和意识形态的工具。这一观点强调了媒体的阶级性质，媒体内容和报道会受到资本家和政治精英的控制，从而形成了一种有利于维护现有社会秩序的宣传机器。马克思主义的媒体批判理论强调了对媒体所有权和控制的关注，以及媒体内容对社会意识的塑造作用。

法兰克福学派的理论对媒体批判产生了重要影响。法兰克福学派强调了媒体在大众文化和社会意识形态中的角色，特别是在现代工业社会中。他们关注了大众文化的商品化和媒体的娱乐化特征，认为这会导致人们对政治和社会问题的淡化，从而加强了统治阶级的控制。法兰克福学派的媒体批判理论强调了对文化工业和大众媒体的批评，以及媒体如何塑造了现代社会的价值观和观念。

后现代主义对媒体批判产生了深远的影响。后现代主义理论挑战了传统的现代性观念，包括真理、权威和固定的意义。在媒体批判领域，后现代主义强调了媒体的多样性和复杂性，拒绝了单一真理和权威的存在。后现代主义理论认为，媒体的意义是多样化和流动的，不同的社会群体和个体可能对同一媒体内容有不同的解读。这种观点挑战了以往的媒体批判理论，强调了媒体的分散性和多元性，以及对多元声音和视角的重要性。

在当前的媒体环境中，媒体批判理论有着广泛的应用。首先，马克思主义的观点仍然有助于理解媒体的所有权和控制问题。媒体垄断和跨国媒体集团的存在引发了对信息流通的担忧，这与马克思主义强调的资本主义社会中的媒体控制相一致。其次，马克思主义的理论还有助于分析媒体的经济基础和对广告和消费的依赖，以及它们如何影响新闻报道和媒体内容的定向。

法兰克福学派的观点仍然具有启发性。大众文化和大众媒体的持续发展使人们对大众化和商业化的问题产生了更多关注。媒体批判者继续关注大众文化的商品化和媒体的娱乐化趋势，以及这些趋势如何影响社会的文化价值观和政治参与。法兰克福学派的理论还有助于分析媒体的意识形态影响，尤其是在政治宣传和社会控制方面。

后现代主义的观点对媒体批判产生了革命性的影响。在当前的数字时代，媒体内容和信息传播已经发生了巨大的变化，媒体平台和社交媒体的崛起使信息的流动更加复杂多样。后现代主义理论提供了一个更加灵活的框架，来理解这些变化。它强调了媒体的多样性和多元性，以及信息的流动性和多重解释性。这对于分析社交媒体上的信息传播、虚假新闻和意见多元化等问题非常有价值。

媒体批判的理论基础包括马克思主义、法兰克福学派和后现代主义等不同的理论观点。这些理论框架提供了不同的视角，来理解媒体在社会和政治中的作用。在当前的媒体环境中，这些理论仍然具有重要的应用价值，帮助我们理解媒体的所有权、控制、意识形态影响以及信息传播的复杂性。媒体批判理论的发展和应用将继续对我们理解和评估媒体的角色和影响产生深远的影响。

二、媒体产业的结构与影响

媒体产业的结构与影响是当今社会中一个备受关注的话题。媒体在塑造公众意识、传递信息和影响社会观念方面扮演着至关重要的角色。在这方面，我们可以从市场控制、广告业的影响和文化多样性的威胁三个方面来详细展开。市场控制是媒体产业结构中一个关键的方面。媒体集团的市场控制程度在很大程度上决定了信息的流动和选择。大型媒体企业拥有广泛的资源和影响力，它们在市场上占据主导地位，这使得它们能够主导新闻报道和媒体内容。这种媒体垄断可能导致信息的偏见和失衡，因为少数媒体巨头可以掌控公众对特定问题的看法。这也可能导致信息的同质化，因为不同的媒体集团可能在一定程度上传递相似的信息，缺乏多样性和深度。

广告业的影响力也是媒体产业结构的一个重要因素。媒体企业依赖广告收入来维持运营和盈利，因此广告客户对于媒体内容的影响不可忽视。广告商通常希望他们的广告出现在受众广泛的媒体上，因此媒体公司可能会受到广告商的压力，以便提供符合广告客户利益的内容。这可能导致媒体内容的商业化和消费取向，而不是专注于公共利益和新闻报道的质量。此外，广告业还推动了媒体的点击率和流量导向，因为这些因素直接影响广告的价值。因此，广告业的影响可能导致媒体追求煽动性和娱乐性的内容，而不是深度和严肃的新闻报道。

媒体所有权集中对文化多样性构成潜在威胁。当少数大型媒体公司控制大部分市场份额时，它们可能会倾向于在内容上采取一种一致的、流行的文化视角。这可能导致边缘文化和意见的被忽视，从而损害了社会的多样性和包容性。此外，集中的媒体所有权还可能导致文化霸权主义的问题，即少数主导媒体集团将自己的文化价值观强加给整个社会。这可能限制不同文化之间的交流和理解，加剧社会分裂和文化冲突。

媒体产业的结构对于社会有着深远的影响。市场控制、广告业的影响和文化多样性的威胁都是需要认真思考和解决的问题。在一个信息爆炸的时代，我们必须确保媒体产业的结构不仅能够提供多样性和深度的信息，还要维护公共利益和社会多元性。这需要政府、媒体公司和公众共同努力，以确保媒体在塑造社会观念和传递信息时能够发挥其最大的潜力，同时保持独立性和客观性。只有这样，我们才能建立一个更加开放、包容和充满多元性的媒体环境，有助于推动社会的进步和发展。

三、文化监管的政策与实践

文化监管的政策与实践是一个重要而复杂的领域，涉及政府与媒体之间的权力关系、信息传播的自由与责任之间的平衡，以及文化产业的发展与社会价值的保护等多方面因素。政府在文化监管中扮演着至关重要的角色。政府通过立法和监管机构来制定并执行文化监管政策，以确保媒体内容和运营符合国家法律法规以及社会价值观念。这些政策框架通常包括广播电视法、互联网法、出版法等，旨在规范媒体行业的运作，保护公众免受不良信息的侵害。政府监管机构负责审核和审查媒体内容，对违规行为进行处罚，并确保媒体机构遵守法律法规。

政府的文化监管政策也面临一系列挑战和争议。首先，政府如何平衡言论自由与社会稳定之间的关系是一个复杂的问题。一方面，政府需要保护公众免受虚假信息、仇恨言论和不道德内容的侵害，以维护社会和谐。另一方面，政府也需要避免滥用权力，限制言论自由，以免损害言论多样性和公共辩论。这种平衡是一个艰难的挑战，需要权衡各种利益和价值观。

政府的文化监管政策还涉及审查制度的问题。一些国家采取了广泛的审查措施，对媒体内容进行严格审核和审查，以确保符合政府的官方立场。这种审查制度引发了言论自由和新闻自由的争议，因为它可能导致信息的审查和塑造，削弱了新闻的客观性和独立性。因此，政府在文化监管中需要权衡审查的必要性和可能导致的负面影响。

另一个重要方面是文化监管政策对文化产业的影响。政府的监管政策可以影响文化产业的发展和繁荣。一方面，政府可以通过激励措施、资金支持和税收政策来促进文化产业的发展，为创意产业提供更多的机会。另一方面，政府的审查和限制措施可能对文化产业产生负面影响，限制了艺术家和创作者的创作自由，导致文化产品的审查和审查制度。因此，政府需要在文化监管中找到平衡，既保护社会价值观念，又不损害文化产业的创造力和创新性。

除了政府的监管政策，自我监管也是文化监管领域的重要方面。自我监管通常由媒体机构和行业协会来实施，旨在提高媒体的道德和责任标准。自我监管的模式包括自律守则、伦理准则和投诉处理机制等。这些机制可以帮助媒体机构自我约束，提高内容的质量和真实性。

自我监管也面临一些挑战。首先，自我监管的有效性需要媒体机构的自觉性和诚信。如果媒体机构不遵守自律守则或滥用自我监管机制，那么自我监管就会失去效力。其次，自我监管通常缺乏法律强制力，媒体机构可能不会受到严格的处罚。因此，自我监管需要在政府监管的支持下，以确保媒体机构遵守规范和准则。

另一个问题是自我监管的透明度和独立性。一些自我监管机构可能受到媒体机构的影响或控制，导致监管不够独立和客观。因此，自我监管机构需要建立透明的运作机制，确保公众和利益相关者可以监督其工作，提高其独立性和可信度。

文化监管的政策与实践是一个复杂的领域，涉及政府的权力与责任、言论自由与社会稳定、文化产业的发展与社会价值的保护等多重因素。政府通过立法和监管机构来监督媒体内容和运营，但需要权衡各种利益和价值观。自我监管也是重要的，可以提高媒体的道德和责任标准，但需要保证透明和独立性。在文化监管领域，政府和媒体机构需要共同努力，以维护公众利益和促进媒体责任，实现信息传播的平衡与和谐。

第八章 群众文化的政策与管理

在本章中，我们将深入探讨群众文化的政策与管理，这是一个涵盖广泛领域的主题。从文化政策的历史演变开始，首先，本章将揭示这些政策是如何随着时间的推移而发展和变化的。其次，我们将关注政府在文化保护中扮演的关键角色，探讨政府如何在保护和促进文化遗产和现代文化表现形式中发挥作用。再次，我们将讨论文化立法与法规，探究法律框架是如何支持文化保护和发展的。最后，本章将着眼于公共文化服务体系，分析这些系统如何对大众文化的传播和接受产生影响。总的来说，本章旨在提供一个全面的视角，以理解和评估群众文化政策和管理的复杂性。

第一节 文化政策的历史演变

一、早期阶段的文化政策形成

文化政策的形成是一个复杂而深刻的过程，它涵盖了政府对文化的态度和行动，以及文化在政治、社会和经济层面的作用和影响。早期阶段的文化政策形成可以追溯到古代文明，例如古希腊和罗马时期，以及中世纪时期，这些时期的政府对文化的态度和行动都留下了深远的影响。

我们可以看到古希腊和罗马时期政府对文化的态度是积极的，他们认为文化是社会和政治稳定的重要组成部分。在这个时期，政府通过建筑、艺术和文学来表达政治和社会理念。例如，古希腊的雅典民主制度鼓励了公共辩论和哲学思考，政府支持了许多哲学家和文学家，如苏格拉底、柏拉图和亚里士多德。这些哲学家的作品成为政治和社会思考的基石，对后来的文化政策产生了深远的影响。

古罗马时期也是文化繁荣的时期，政府在建筑和艺术方面投入了大量资源，以展示帝国的强大和文明。例如，古罗马的建筑工程如斗兽场和万神殿成为政治宣传的工具，展示了罗马帝国的辉煌和统一。此外，古罗马政府还鼓励了文学和历史写作，以记录和传承帝国的成就。维吉尔的《埃涅阿斯纪》和塔西佗的《编年史》等作品成为后来欧洲文化的基石，表达了古罗马政府对文化的积极态度。

随着宗教改革的兴起，欧洲各国政府对文化的态度发生了变化。宗教改革期间，宗教和政治的关系发生了根本性的变化，各国政府试图通过控制文化来维护自己的权威。例如，在16世纪的宗教改革中，天主教会对异端思想的打压导致了宗教战争的爆发，各国政府试图通过审查和控制文化来维护宗教的统一性。这导致了一系列的文化政策，如禁书令和异端审判，对文化自由产生了负面影响。

宗教改革也促使了新的文化运动的兴起，如文艺复兴。文艺复兴时期，政府和贵族支持了艺术家和学者，鼓励他们探索新的思想和艺术表现形式。这种支持促使了伟大的文化成就，如达·芬奇的绘画和莎士比亚的戏剧。政府的文化政策在这个时期也有了积极的影响，推动了文化的繁荣和创新。

早期阶段的文化政策形成在古希腊和罗马时期表现为积极的态度，政府通过建筑、艺术和文学来表达政治和社会理念。然而，宗教改革期间，欧洲各国政府对文化的态度发生了变化，试图通过控制文化来维护自己的权威。尽管宗教改革导致了一些负面影响，但也促使了文艺复兴等新的文化运动的兴起。这些早期阶段的文化政策对后来的文化发展产生了深远的影响，塑造了欧洲和世界的文化面貌。今天，我们仍然可以看到古希腊、罗马和宗教改革时期政府的文化政策在现代社会中的影响，这证明了文化政策的重要性和持久性。

二、工业革命和现代国家对文化政策的影响

工业革命是欧洲历史上一个重要的时期，从18世纪末到19世纪初，伴随着技术、生产和经济的快速发展。这一时期的巨大变革不仅改变了工业和经济

领域，还对文化政策产生了深远的影响。工业革命带来的经济繁荣为国家提供了更多的财政资源，使政府能够更积极地介入文化领域。在这一时期，政府开始认识到文化不仅仅是艺术和娱乐的问题，而且对国家的整体发展和社会稳定具有重要意义。因此，许多国家开始积极支持文化项目，以提高文化教育水平和促进民族身份建构。

19世纪欧洲国家建立了一系列公共文化机构，如博物馆、图书馆和音乐厅。这些机构的建立不仅是为了提供文化娱乐和教育，还为了保存国家的文化遗产。例如，大英博物馆于1753年成立，成为世界上第一家国家博物馆。这些公共文化机构的建立使人们可以接触到各种形式的艺术、历史和科学，从而提高了文化素养和知识水平。此外，这些机构还有助于国家建立自己的文化认同，强调国家的历史和文化传统，加强了国家凝聚力。

工业革命加速了信息传播和文化交流的速度。随着印刷术的发展和出版业的兴起，书籍和报纸变得更加普遍，知识和思想得以更广泛地传播。政府开始重视文化教育，鼓励公众参与文化活动，提高素质和技能。这一趋势在19世纪普及了文盲率下降的情况，有助于培养更加有教养和思辨能力的公民。

工业革命还改变了文化产业本身。新的技术和媒体形式，如摄影、电影和音乐录音，催生了新的文化形式和产业。政府开始意识到文化产业的经济潜力，积极支持文化创意产业的发展。这不仅促进了文化产业的繁荣，还为国家创造了就业机会和财政收入。

尽管工业革命对文化政策产生了积极的影响，但也带来了一些挑战。随着城市化的加速和工业化的推进，社会变得更加复杂，文化多样性增加，这对政府的文化管理提出了更高的要求。政府需要制定更加包容和多元化的文化政策，以满足不同群体的文化需求，维护社会和谐。

工业革命也引发了一些文化冲突和价值观的碰撞。传统文化价值观与现代化的冲突导致了一些社会不稳定和文化争议。政府不仅需要平衡传统文化的保护和现代化的推进，还需要解决不同文化群体之间的矛盾，以维护社会的和谐和稳定。

工业革命对政府对文化的管理和支持产生了深远的影响。它为政府提供了更多的财政资源，使其能够积极介入文化领域，建立了一系列公共文化机构，提高了文化教育水平和民族身份建构的重视。然而，工业革命也带来了文化多样性和价值观的碰撞，对政府提出了更高的要求。政府需要制定更加包容和多元化的文化政策，以维护社会的和谐和稳定。这一时期的文化政策和实践对今天的文化发展和国家建设仍然具有重要的启示和影响。

三、20世纪的文化政策发展

20世纪的文化政策发展在全球范围内产生了深远的影响，这一时期的历史事件和政治动态对艺术和文化表达产生了显著影响。让我们回顾20世纪的前半段，尤其是两次世界大战期间，这段时期，许多国家采取了严格的文化政策，以控制和审查艺术和文化表达。在纳粹德国，例如出现了对"非德国"艺术和文化的残酷打压，被认为是对国家社会主义意识形态的一种反抗。画家、作家等艺术家们被迫遵守党的指导原则，不得不创作符合纳粹意识形态的作品。这一政策导致了许多著名艺术家的逃离，或者他们的作品被焚烧，这对于艺术和自由表达构成了巨大的威胁。

类似的情况也发生在苏联和其他共产主义国家。在斯大林时代，苏联的文化政策非常严格，艺术家和文化从业者被迫创作符合社会主义现实主义的作品，任何形式的异议或不和谐都受到镇压。这种审查制度对于文化自由和创新构成了巨大障碍，并对艺术和文化的多样性产生了负面影响。

随着第二次世界大战的结束，战后的文化政策开始发生变化。西方国家在冲击纳粹和法西斯主义后，更加重视文化自由和言论自由的重要性。这引发了文化自由主义的兴起，艺术家开始享有更大的创作自由，他们不再受到政府的强制性审查和限制。这个时期见证了许多重要文化运动的兴起，包括抽象表现主义、嬉皮士运动和反文化运动，这些都反映了对传统价值观和审查制度的反叛。

在冷战时期，东西方国家之间的政治对立也在文化政策领域有所体现。美国和苏联之间的竞争导致了所谓的"文化冷战"，双方试图通过文化外交来推广自己的政治意识形态。美国通过音乐、电影和文学等媒体在世界范围内宣传民主和自由主义，而苏联则试图推广社会主义和共产主义的理念。这导致了一系列文化交流活动，包括美国的"公共外交"计划和苏联的文化使节团，以及双方的文化节和艺术展览。

尽管冷战期间文化政策的目标是推广各自的政治意识形态，但这也为世界文化交流和艺术创作提供了机会。例如，美国的"自由爵士"音乐在苏联和东欧国家中引起了热烈反响，成为对抗社会主义价值观的象征。同时，苏联的文学和电影也在西方国家引起了兴趣，尽管这些作品通常受到政府审查和控制。这种文化交流不仅影响了各自国家的文化，还促进了跨国合作和理解。

冷战结束后，文化政策再次发生了变化。随着苏联的解体，东欧国家的政权也发生了变化，文化自由得到了更大的保障。西方国家也经历了一系列文化变革，包括互联网的兴起，这进一步扩大了文化自由的范围。但同时，一些国家仍然采取了严格的文化审查政策，限制了言论自由和艺术表达的多样性。

20世纪的文化政策发展经历了多次重大变革。从两次世界大战期间的限制和审查，到战后文化自由主义的兴起，再到冷战时期的文化竞争，以及冷战结束后的文化变革，这些政策变化反映了全球政治和社会动态的演变。尽管文化政策在不同国家和时期有所不同，但文化自由和表达的重要性始终是一个关键问题，对于塑造文化和社会的未来具有深远的影响。这也提醒我们，文化政策的制定需要平衡政府的权力和个体的自由，以促进社会的发展和进步。

四、全球化时代的文化政策

在当今全球化时代，文化政策在塑造世界文化景观和促进国际文化交流方面起着至关重要的作用。全球化是一个多层面、跨国界的现象，它涵盖了经济、政治、社会和文化领域。因此，文化政策在全球化背景下不仅仅是国内事务，而且是国际事务，需要全球范围内的合作和协调。

全球化对文化多样性产生了深远的影响。全球化意味着信息、技术、商品和人员的自由流动，这引发了不同文化之间的接触和交流。在这个过程中，一些大规模的文化现象，如好莱坞电影、国际音乐和跨国媒体公司的崛起，使得全球范围内的文化同质化成为一个潜在问题。这引发了担忧，即全球化可能导致文化多样性的减少,一些小众文化可能会被较为主流的文化取代。

为了维护文化多样性,国际组织如联合国教科文组织在全球文化政策的制定中发挥了关键作用。这些组织通过制定指导性文件和提供支持,帮助各国制定和实施文化政策,以保护和促进其本国文化。例如,联合国教科文组织的《保护和促进文化表现形式多样性公约》旨在保护各种文化表达形式,并鼓励国际文化交流。这种国际协作有助于阻止全球化对文化多样性的不利影响,促进了各种文化之间的对话和交流。

全球化时代的文化政策也影响着国际文化交流。文化政策可以通过各种方式影响国际文化交流,包括文化补贴、文化外交和文化交流项目。通过这些政策,国家可以积极参与国际文化交流,推广自己的文化并与其他国家建立联系。

一个例子是法国的文化外交政策,该政策将法国文化作为一种重要的外交工具,并在国际上积极推广法国文化。法国政府支持法语教育、电影节和艺术展览等活动,以增加对法国文化的兴趣和了解。这种文化外交政策不仅有助于弘扬法国文化,还有助于加强法国与其他国家之间的文化交流和合作。

另一个例子是中国的"一带一路"倡议,该倡议通过投资和合作推动了中国文化在沿线国家的传播。中国政府支持了许多文化项目,如文化交流活动、艺术展览和文化节庆,以增进中国与沿线国家之间的文化联系。这种政策有助于中国在全球范围内推广其文化,加强国际合作,并促进人际交流。

文化政策还可以通过文化产业的支持来促进国际文化交流。全球化使得文化产业成为一个跨国界的领域,文化产品和服务可以轻松地跨越国界传播。国家可以通过制定政策来支持本国文化产业的发展,以便更好地参与国际文化交流。例如,韩国政府积极支持韩国流行音乐产业,通过韩流现象在全球范围内推广韩国文化。这种政策不仅有助于韩国文化在国际上的传播,还创造了文化产业就业机会,促进了国内经济发展。

全球化时代的文化政策在文化多样性和国际文化交流方面起着关键作用。通过国际组织的协作和国家自身的政策制定,各国可以保护和促进本国文化,同时参与国际文化交流。这有助于在全球化的背景下维护文化多样性,促进文化的多元共存，以及促进跨国界的文化互动和合作。文化政策不仅仅是国内事务，它还在全球范围内产生了深远的影响，塑造了全球文化景观，并推动了文化交流的进程。因此，国际社会需要更多地关注和重视文化政策，以确保文化多样性的持续存在和繁荣。

第二节 政府在文化保护中的作用

一、立法与政策制定

政府在文化保护中的角色无疑是至关重要的，尤其是在立法与政策制定方面。政府的立法作用是确保文化遗产得到有效保护的关键因素。政府通过制定相关的法律和法规来确立文化保护的法律框架，这包括文化遗产保护法、非物质文化遗产法以及各种地方性保护条例。这些法律不仅规定了文化遗产的定义和范围，还明确了文化遗产的权利和义务。例如，文化遗产保护法可以规定文化遗产的所有者应该采取哪些措施来保护其文化遗产，以及政府有权采取什么措施来保护文化遗产。

政府通过制定相关政策来进一步支持文化保护工作。这些政策可以包括财政政策、文化政策、教育政策等。例如，政府可以提供经济支持，资助文化遗产的保护和维护工作。政府还可以通过文化政策来鼓励艺术和文化的传承和发展，从而促进文化遗产的传承和传播。此外，政府还可以通过教育政策来推动文化遗产的教育和宣传，提高公众对文化遗产的认识和重视程度。

除了立法和政策制定的作用，政府在文化保护中也扮演着其他重要角色。其中之一是文化遗产的管理和监督。政府通常会设立专门的文化遗产管理机构或部门，负责管理和监督文化遗产的保护工作。这些机构通常会与专业的文化遗产保护组织合作，制订详细的保护计划和策略。政府还可以通过监督和检查来确保文化遗产的保护工作得到有效执行。

政府还在文化遗产的传承和传播方面发挥着重要作用。政府可以通过支持文化遗产的研究和展览来促进文化遗产的传承。政府还可以组织各种文化活动和节庆，以提高公众对文化遗产的兴趣和参与度。政府还可以通过文化外交来促进国际文化交流和合作，从而推动文化遗产的国际传播和交流。

另一个重要的角色是政府在文化遗产保护中的资源分配和支持。政府通常会拨款支持文化遗产的保护和维护工作。这些资金可以用于文化遗产的修复、保护和维护工作，以及相关的研究和教育活动。政府还可以提供税收激励和奖励措施，鼓励私人和非营利组织参与文化遗产的保护工作。此外，政府还可以为文化遗产的保护提供技术和专业支持，确保保护工作得以顺利进行。

政府的立法和政策制定在文化保护中起着至关重要的作用，它们为文化遗产的保护提供了法律框架和指导原则，确保保护工作得以有序进行。政府还在文化遗产的管理、监督、传承和资源支持方面发挥着重要作用，促进了文化遗产的传承和传播，确保文化遗产的保护工作得以有效执行。因此，政府在文化保护中的角色不容忽视，其作用对于文化遗产的保护和传承具有深远的影响。

二、资金与资源支持

资金与资源支持在文化保护领域具有重要意义，旨在维护和传承文化遗产，促进文化的持续发展。政府在文化保护中的资金支持具有至关重要的作用。文化遗产的维护和保护需要大量的资金，包括用于保护建筑物、艺术品、文物和传统技艺的资金，以及用于培训和研究的资源。政府通过直接的资金投入可以确保文化遗产得到妥善保护，从而维护国家的文化身份和历史传承。这些资源不仅可以用于文化遗产的保护，还可以促进相关领域的经济增长和就业机会，例如文化旅游和文化创意产业。

政府还可以通过对从事文化保护工作的机构和个人提供补贴来支持文化保护。这种补贴可以用于培训文化保护专业人员、购买保护装备和技术、开展研究和教育活动等。通过向相关机构和个人提供补贴，政府可以激励更多人投身于文化保护领域，提高专业水平，增强文化遗产的保护能力。此外，补贴还可以促进文化保护工作者的职业发展，提高他们的社会地位和待遇，从而吸引更多人从事这一重要工作。

政府可以采取税收优惠等激励措施，鼓励民间资金和企业参与文化保护。

税收优惠可以通过减免文化保护捐赠的税收，或者提供税收抵免等方式来实施。这可以吸引更多的资金和资源流入文化保护领域，减轻政府的财政负担，实现公共资金的有效利用。同时，税收优惠也可以促进企业社会责任和文化赞助，鼓励企业积极参与文化保护，提高其社会形象和声誉。

政府的资金与资源支持在文化保护中起着不可替代的作用。这种支持有助于确保文化遗产的长期保存和传承，维护国家的文化身份和历史传统。政府可以通过直接的资金投入、补贴和税收优惠等多种方式来支持文化保护，以满足不同领域的需求。这不仅有益于文化遗产的保护，还促进了文化产业的繁荣和社会的可持续发展。

政府的直接资金投入对于文化遗产的维护至关重要。文化遗产包括各种类型的物质和非物质文化，如古代建筑、艺术品、传统技艺、口头传统等。这些文化遗产往往面临着自然风化、人为破坏和环境污染等威胁。政府通过提供资金支持，可以用于修复和保护这些文化遗产，确保它们能够被后代继续传承。

政府的资金支持还可以用于文化遗产的研究和保护技术的发展。例如，政府可以资助考古学项目，以发掘和研究古代文化遗址。政府还可以支持文化保护科技的研发，包括数字化技术、文化遗产保护材料和方法的创新等。这些技术和研究对于文化遗产的保护和传承至关重要，政府的资金支持可以推动这些领域的发展。

政府的资金支持还可以用于培训和教育。文化保护需要专业的知识和技能，政府可以资助培训计划，培养更多的文化保护专业人员。这些专业人员可以负责文化遗产的保护工作，确保文化遗产得到妥善管理和维护。政府还可以资助教育活动，提高公众对文化保护的认识和参与度，增强文化保护的社会基础。

除了直接的资金投入，政府还可以通过对从事文化保护工作的机构和个人提供补贴来支持文化保护。这些补贴可以用于各种用途，如设备购置、项目实施、研究开发等。通过提供补贴，政府可以激励更多的机构和个人参与文化保护，提高文化遗产的保护能力。

补贴还可以促进文化保护工作者的职业发展。文化保护是一项高度专业化的工作，需要持续的培训和研究。政府的补贴可以帮助文化保护专业人员获取更多的资源和机会，提高他们的专业水平。这不仅有助于提高文化遗产的保护质量，还可以吸引更多人从事这一重要工作，推动文化保护领域的发展。

政府可以通过税收优惠等激励措施，鼓励民间资金和企业参与文化保护。税收优惠可以降低文化保护捐赠者的税收负担，鼓励他们捐赠资金或物资用于文化保护。这可以吸引更多的个人和企业参与文化保护，扩大文化保护的资源来源。

税收优惠还可以促进企业社会责任和文化赞助。企业可以通过资助文化保护项目来提高其社会形象和声誉，同时获得税收优惠。这种双重激励可以促使更多的企业参与文化保护，为文化遗产的保护提供更多的支持。

政府的资金与资源支持对于文化保护至关重要。政府可以通过直接的资金投入、补贴和税收优惠等方式来支持文化保护，从而维护国家的文化遗产，促进文化的传承和发展。这种支持不仅有助于保护文化遗产的物质和非物质资产，还可以促进相关领域的经济增长和社会进步。因此，政府应该充分认识到资金与资源支持在文化保护中的重要性，并积极采取措施来加强支持和保护文化遗产。

三、教育与宣传

政府在文化遗产保护方面扮演着至关重要的角色，其中教育与宣传是其职责之一。政府通过学校教育系统传播文化遗产知识。在学校教育中，政府可以制定课程标准，包括文化遗产的相关内容，确保学生在他们的教育过程中接触到这些重要的知识。这有助于培养年青一代对文化遗产的兴趣和理解。同时，政府还可以提供资金支持，以确保学校有足够的资源来开展文化遗产教育项目，包括考古学、历史学、文化人类学等课程，以便学生更全面地了解和欣赏文化遗产的多样性和重要性。

政府还在社区层面积极推广文化遗产知识。通过组织文化遗产日或文化节庆活动，政府能够将文化遗产带到社区的日常生活中。这种活动可以包括博物馆展览、传统手工艺品展示、文化表演等，让公众有机会近距离接触和体验文化遗产。通过社区活动，政府可以增强社区成员对自身文化遗产的认同感，同时也促进不同文化之间的交流和理解。这种交流有助于维护社会的多元文化特性，并促进文化的传承和创新。

政府通过媒体和公共宣传渠道，提高公众对文化保护重要性的认识。媒体在现代社会中扮演着重要的角色，政府可以借助媒体平台传播文化遗产保护的信息和故事。政府可以制作纪录片、新闻报道、社交媒体宣传等各种形式的媒体内容，强调文化遗产对社会、经济和环境的价值。通过故事和图像，政府能够引起公众的共鸣，唤起他们对文化保护的关注和兴趣。此外，政府还可以通过教育广告、宣传活动、公共演讲等方式向公众传达文化保护的信息，强调其对国家和社会的重要性。

这些政府的努力对社会产生了积极影响。首先，它们有助于提高公众对文化遗产价值的认识。通过教育和宣传，公众能够更好地理解文化遗产对社会的贡献，包括文化多样性的维护、历史的传承、旅游业的发展等方面。这种认识有助于增强公众对文化遗产的珍视和保护意识。公众开始更加重视文化遗产的保存和传承，认识到它们是社会的宝贵财富。

政府的教育和宣传努力可以促进社会对文化保护的支持和参与。当公众认识到文化遗产的重要性时，他们更愿意支持政府和非政府组织的文化保护项目，这可能包括资金捐赠、志愿者参与、文化活动的参与等。政府可以利用公众的参与来加强文化遗产的保护和传承工作，实现更好的文化保护成果。此外，政府还可以通过法律和政策制定，鼓励私人部门和企业参与文化保护，建立公共和私人部门之间的合作关系，共同推动文化遗产的保护。

政府的文化遗产教育和宣传努力有助于塑造国家的文化身份和形象。一个国家的文化遗产反映了其历史、价值观和传统。政府通过积极宣传国家的文化遗产，可以加强国内和国际社会对该国的认知和认同。这有助于促进文化旅游业的发展，增加文化交流和合作的机会，提高国家的国际地位。因此，政府的文化遗产教育和宣传不仅是文化保护的手段，也是国家软实力的一部分。

政府在文化遗产保护中的教育与宣传职责至关重要。通过在学校和社区推广文化遗产知识，举办文化遗产日或文化节庆活动，以及通过媒体和公共宣传提高公众对文化保护重要性的认识，政府能够提升公众对文化遗产价值的认识，进而促进社会对文化保护的支持和参与。这些努力不仅有助于文化遗产的保护和传承，还有助于塑造国家的文化身份和形象，促进国家的发展和国际交往。因此，政府应继续加强在这一领域的投入和努力，以实现文化遗产的可持续发展和传承。

四、国际合作与交流

在全球化的今天，政府在推动国际合作与交流方面扮演着至关重要的角色。这个角色不仅涉及国际文化保护组织，如联合国教科文组织（UNESCO），还包括与其他国家的协作，共同致力于保护世界文化遗产。这一国际合作与交流的重要性不仅仅是因为文化遗产的保护，还因为它对于促进全球文化多样性、和平与理解具有深远的影响。

联合国教科文组织作为国际文化保护组织，扮演着全球文化遗产的监管者和卫士的角色。政府通过积极参与UNESCO，可以分享自身文化遗产保护的经验和技术，同时从其他国家的最佳实践中汲取经验。这种经验交流和合作有助于提高文化遗产的保护标准和效率，确保它们的传承和可持续管理。此外，政府还可以通过UNESCO获得国际社会的支持和资源，以便更好地应对文化遗产保护面临的挑战，如自然灾害、文化冲突和非法贩卖文物等。

国际合作与交流有助于促进文化遗产的跨国保护和管理。许多文化遗产跨足多个国家，因此需要国际协作来确保其保护和管理的连续性。政府可以与邻国或跨国组织合作，共同管理共享的文化遗产，制订跨国保护计划，并分享资源和技术。例如，世界文化遗产跨国保护区域通常涉及多个国家，政府必须合作制定保护措施，以确保这些地区的文化遗产不受威胁。这种跨国合作有助于强化文化遗产的可持续性，并促进国际社区的合作和友好关系。

国际合作与交流还有助于促进文化遗产的传播和推广。政府可以与其他国家合作，共同策划文化活动和展览，以展示其独特的文化遗产。这不仅有助于增加文化遗产的曝光度，还可以吸引国际游客，促进旅游业的发展。通过文化遗产的传播，政府可以增加国家的文化软实力，提高国际声誉，进一步推动国际文化交流与合作。

国际合作与交流还有助于文化遗产的可持续发展。政府可以与其他国家分享可持续管理和保护文化遗产的最佳实践，共同研究和开发新技术和方法，以减轻对文化遗产的不利影响。这种合作有助于确保文化遗产得以长期保存，不仅对当前一代人有益，也会对未来的后代产生积极影响。

国际合作与交流有助于促进全球文化多样性、和平与理解。通过跨国合作，政府可以加强国际社会的文化交流和相互理解，减少文化冲突的可能性。通过分享和学习不同文化的最佳实践，可以建立跨文化的互信，促进和平与稳定。此外，文化遗产的保护和传承也有助于弘扬人类的共同文化价值观，增强国际社会的团结感和归属感。

政府在全球化背景下的国际合作与交流在文化遗产保护与管理方面具有重要意义。通过积极参与国际文化保护组织和与其他国家合作，政府可以分享经验、促进跨国保护、传播文化遗产、实现可持续发展，并促进全球文化多样性、和平与理解。这种国际合作不仅有助于文化遗产的保护，还有助于构建更加和谐的国际社会，实现共同繁荣与进步。因此，政府应继续加强国际合作与交流，为文化遗产的可持续传承和全球文化的繁荣做出积极的贡献。

第三节　文化立法与法规

一、法律框架的建立与文化保护

在全球范围内，文化保护已经成为一个备受关注的议题。文化是一个国家的独特标志，是其历史、传统和身份的体现。因此，保护文化遗产变得至关重要，以确保其传承和传播。法律框架在文化保护中扮演着关键角色，为保护和维护文化遗产提供了基础。

法律框架为文化保护提供了法律依据和规范，从而确保了文化遗产的传承和维护。在不同国家，法律和规章可能会有所不同，但它们都旨在保护传统艺术、手工艺、语言和遗产免受破坏和滥用。这些法律通常规定了文化遗产的所有权和使用权，以及相关的知识产权。通过明确这些权利，法律框架为文化从业者和社区提供了保护，鼓励他们积极参与文化传承和创新。

许多国家制定了法律来保护特定传统艺术和手工艺，如木雕、陶瓷制作、刺绣等。这些法律规定了如何制作和销售这些产品，以及谁有权使用特定的文化符号和技术。这有助于维护艺术家和工匠的权益，同时也有助于保护这些传统技艺免受盗版和侵权行为的侵害。

法律框架还可以为文化保护提供经济支持。政府和非政府组织通常会通过各种法律和政策来提供资金和资源，以支持文化遗产的保护和传承。这包括文化遗产的维护、修复和展示，以及为文化从业者提供培训和发展机会。这些投资有助于保持文化遗产的活力，同时也为社区创造了就业机会和经济增长。

法律框架还可以用于防止文化遗产的非法贩卖和盗窃。文化财产的非法流失对国家和社区都具有破坏性，因为它们失去了重要的文化资源和财富。因此，法律制度通常包括规定文化财产非法流失和走私的刑事和民事处罚。这些法律规定有助于阻止盗窃者和非法贩卖者的行为，同时也为追回被盗文化财产提供了法律手段。

国际法也在文化保护方面发挥了关键作用。联合国教科文组织（UNESCO）通过《保护世界文化与自然遗产公约》等国际协定，鼓励各国合作保护共享的文化遗产。这些国际法律框架强调了文化多样性的重要性，鼓励文化遗产的跨国合作和交流。此外，一些国际协定还规定了文化遗产的非法贩卖和盗窃的国际合作机制，以确保跨国犯罪得到有效打击。

法律框架在文化保护中发挥着至关重要的作用。它们为文化遗产的传承和维护提供了法律依据和规范，为文化从业者和社区提供了保护，同时也为文化保护提供了经济支持。此外，法律框架还可以用于防止文化遗产的非法贩卖和盗窃，保护国家和社区的文化财富。国际法律框架也在文化保护中发挥了关键作用，强调了文化多样性的重要性，并促进了国际合作。因此，法律框架是文化保护不可或缺的一部分，有助于确保文化遗产的传承和传播，同时也保护了文化的多样性和独特性。

二、知识产权与文化创新

知识产权与文化创新是当代社会中一个备受关注的话题，涉及知识产权法对文化领域的影响和作用。版权法是知识产权领域的一个重要法律制度，其主要功能是保护文学、艺术、音乐、电影等创意作品的原创作者的权益。版权法通过确保创作者对其作品的独立控制权，鼓励了文化创新的产生。这种保护使得创作者有动力投入时间和资源来创造新的作品，因为他们知道自己的努力将得到合理的回报。此外，版权法还鼓励了文化多样性，因为它允许不同文化和背景的创作者在全球范围内分享其作品，从而促进了文化交流和理解。

版权法也面临着平衡创作者权益与公共利益的挑战。一方面，过度强调创作者权益可能会限制文化作品的使用和传播，可能阻碍了文化创新的发展。因此，版权法需要在保护创作者的权益的同时，也要考虑到公众的合理使用需求，例如教育、新闻报道和研究等。这就需要制定合理的例外和限制，以确保文化作品的广泛可用性。

专利法是知识产权领域的另一个关键组成部分，其主要功能是保护发明家的创新成果。专利法的存在鼓励了科学和技术的进步，因为发明家知道他们的发明会受到法律的保护，并且有可能获得经济利益。这种鼓励创新的机制有助于推动社会的进步，加速了技术的发展，对文化创新也产生了积极的影响。

专利法同样也需要考虑平衡发明家的权益和公共利益。专利的保护期限有限，一旦过期，发明就会进入公有领域，供其他人使用和建立在其基础上进行创新。这一机制确保了知识的分享和传播，有助于文化创新的不断发展。但同时，专利制度也面临滥用和滞后技术的问题，因为某些公司可能滥用专利权来抑制竞争和创新。因此，专利法需要审慎管理，以确保既保护了发明家的权益，又促进了公共利益和文化创新。

商标法也在文化创新中扮演着重要的角色。商标法保护商标的独占使用权，确保消费者可以识别和区分不同的产品和服务。这对文化创新有重要意义，因为它鼓励了品牌建设和创新。创作者和艺术家可以通过商标来建立自己的独特品牌形象，这有助于他们在市场上脱颖而出，吸引更多的受众和支持者。

商标法也需要在平衡品牌所有者的权益和公众的需求方面谨慎权衡。过于严格的商标保护可能导致滥用、阻碍竞争和新进入者进入市场，从而限制了文化创新的多样性。因此，商标法需要考虑到公共利益，确保商标保护不会阻碍市场的正常运行和文化创新的发展。

知识产权法，包括版权法、专利法和商标法，在促进文化创新方面发挥着重要作用。它们保护了创作者和发明家的权益，激励了创新和艺术表达。然而，这些法律体系也需要平衡创作者权益与公共利益，确保文化创新的多样性和可持续性。通过谨慎管理知识产权，我们可以在保护知识产权的同时，促进文化创新和社会进步。这是一个复杂而重要的领域，需要不断地调整和改进，以适应不断变化的文化和技术环境。

三、多元文化政策与法规

多元文化政策与法规在当今全球化时代具有极其重要的地位。这些政策和法规旨在促进社会中不同文化群体之间的和谐共处，同时保持社会的文化多样性。多元文化政策的制定和实施需要明确定义目标，确保各个文化群体都能在社会中平等地享有权益。这些政策通常包括反歧视法律，旨在防止在各种领域中出现对特定文化群体的歧视行为。这不仅是道德义务，也是法律义务，确保社会的平等和公正。

多元文化政策还涉及文化多样性的保护和推广。这包括对文化遗产的保护，以确保不同文化的传统和价值观得以继续存在。通过法律规定文化保护措施，政府可以确保这些文化资源不会遭到破坏或淡化。此外，政府还可以通过文化教育和宣传活动来促进文化多样性的意识，帮助社会更好地理解和尊重不同文化。

一个关键的问题是多元文化政策如何促进不同文化群体之间的和谐共处。这需要在法律框架中明确定义文化群体之间的权利和责任。例如，它可以规定宗教自由的权利，确保每个人都有权选择并信仰自己的宗教。这也包括在社会中消除对特定文化的偏见和歧视，以确保每个人都能在不受歧视的环境中生活和工作。

多元文化政策还可以通过鼓励文化交流和对话来促进和谐共处。政府可以支持文化节日和活动，鼓励不同文化之间的交流和互动。这有助于人们更好地理解和欣赏其他文化，减少误解和冲突的可能性。

多元文化政策还可以通过法律手段来处理文化冲突。当不同文化群体之间发生冲突时，政府可以通过调解和仲裁来解决争端，确保冲突不会升级成暴力事件。这种法律机制可以为各方提供公正和平等的处理，有助于维护社会的和谐。

另一个关键问题是多元文化政策的实施需要考虑到社会的复杂性和多样性。不同文化群体之间存在各种差异，包括语言、宗教、习惯等。因此，政策必须具有灵活性，以适应不同社会的需求。这可能意味着在不同地区或社会中采取不同的政策措施，以确保最大程度地满足各个文化群体的需求。

多元文化政策的实施还需要广泛的合作。政府、社会组织、教育机构和企业等各方都需要共同努力，以确保政策的有效实施。这需要建立合作机制，促进各方之间的信息共享和协调行动。只有通过广泛的合作，多元文化政策才能真正发挥作用，维护社会的文化多样性与和谐共处。

多元文化政策与法规在维护社会的文化多样性和促进不同文化群体之间的和谐共处方面发挥着关键作用。通过明确定义目标、保护文化遗产、促进文化交流和对话以及处理文化冲突，政府可以通过法律手段来实现这些政策。然而，政策的实施需要考虑到社会的复杂性和多样性，以及各方之间的广泛合作。只有这样，多元文化政策才能真正发挥作用，确保社会的和谐共处和文化多样性的持续存在。

四、审查制度与言论自由

审查制度与言论自由是一个复杂而备受争议的议题，涉及政府对文化表达和言论的干预。审查制度作为一种政府干预的手段，通常旨在控制文化表达和传媒内容，以维护社会稳定和道德标准。然而，这种制度也引发了对言论自由的担忧，因为它可能导致信息的过滤和审查，从而限制了公众对多样观点和意见的获取。政府可以通过审查法规来规范文化表达，但这也引发了对审查是否过于严格的质疑。审查制度的存在意味着政府对文化创作者的影响，他们可能会自我审查，以避免触及政府认为不合适的主题或内容。这可能会损害艺术的创造力和多样性，限制了文化的丰富性。

审查制度也可以被视为一种维护社会秩序和价值观的手段。政府有责任保护公众免受虐待、歧视和仇恨言论的侵害。在这方面，审查法规可以帮助防止传播恶意信息和挑起社会动荡。然而，这也引发了对审查是否越界和滥用权力的担忧，因为政府可能会滥用审查权力来打压政治异议和不同意见的表达。

对艺术家和创作者而言，审查制度带来了一系列挑战。一方面，政府审查可能限制他们的创作自由，迫使他们避免敏感话题或政治观点，以避免法律责任。这可能导致文化的贫乏和创造性的减弱。另一方面，政府审查也可能导致创作者自我审查，为了避免审查机构的干预而削弱其作品的表达力和深度。这种自我审查可能阻碍了创作者的独立性和表现力。

言论自由是民主社会的重要基石，但也需要在一定程度上受到限制，以维护社会的和平与安全。在尊重文化多样性的同时，防止仇恨言论的传播也是至关重要的。言论自由的界限通常在于是否涉及对他人的诽谤、恶意攻击、人身攻击或引发暴力的言辞。政府在这方面的角色是确保言论自由不被滥用，以危害公众的利益。然而，这也需要权衡，以免过度干预言论自由，导致言论受到压制。

在寻找言论自由与文化多样性之间的平衡点时，重要的是建立明确的法律框架，以确保言论自由受到保护，同时防止恶意言论的传播。这可能包括制定反歧视法律和规定，以确保社会中的各种群体都受到平等的保护。此外，教育和宣传也可以起到重要作用，帮助公众更好地理解和尊重不同文化和观点，从而减少仇恨言论的传播。

审查制度与言论自由之间的平衡是一个复杂而充满挑战的议题。政府需要谨慎考虑如何通过审查法规来规范文化表达，以维护社会秩序和道德标准，同时不过度干预言论自由。艺术家和创作者需要在政府审查的压力下保持创作的独立性和表现力。在言论自由方面，需要权衡维护言论自由的重要性与防止恶意言论传播的需要。建立明确的法律框架和推动教育宣传是寻找平衡点的关键因素,以确保社会在尊重文化多样性的同时维护言论自由和社会和谐。这个问题将继续引发争议,需要不断地讨论和研究,以找到最合适的平衡点。

第四节　公共文化服务体系

一、公共文化服务体系的构建原则

公共文化服务体系的构建原则是制定和实施文化政策的基石,它们反映了社会对文化服务的核心价值和目标。

普及性是公共文化服务体系的重要原则之一。普及性意味着文化服务应该面向全社会,确保每个人都能够平等地享受文化权利。这意味着文化服务不应受到社会、经济或文化差异的限制。无论个体的社会地位、收入水平或文化背景如何,每个人都应该有机会参与文化活动、访问文化资源和享受文化盛宴。普及性原则要求政府和文化机构采取措施,以确保文化服务的普及性,例如提供免费或廉价的文化活动、资源和设施,以及积极推广文化参与。

平等性是另一个重要的原则。平等性要求文化服务不仅要面向全社会,还要特别关注那些在社会上处于劣势地位的群体,以弥补不平等的文化参与机会。这包括贫困人群、残障人士、少数民族、儿童和老年人等。平等性原则强调了政府和文化机构的责任,需要制定政策和提供资源,以确保这些群体能够平等地享受文化服务。这可能包括提供定制化的文化活动、无障碍设施和文化教育,以满足不同群体的需求。

多样性是构建公共文化服务体系的另一个核心原则。多样性要求文化服务不仅要提供传统和主流文化,还要支持和促进多元文化、跨文化和创新文化的表达和传播。文化多样性是社会的财富,它丰富了文化生活,促进了文化创新和跨文化对话。多样性原则鼓励政府和文化机构在文化服务的设计和内容选择中,积极反映社会的多元性和多样性。这可能包括支持和资助不同文化团体的表演、展览和活动,以及鼓励跨文化交流和合作。

可持续性是一个关键原则，它确保文化服务体系的长期发展和稳定性。可持续性原则要求政府和文化机构采取措施，确保文化服务不会受到短期政治或经济波动的影响。这可能包括建立稳定的文化资金来源、制定长期文化政策和规划，以及培养文化机构和人才的可持续能力。可持续性原则还强调文化服务的社会和环境影响，需要采取可持续的文化管理和运营方式，以减少资源浪费和环境负担。

公共文化服务体系的构建原则是制定和实施文化政策的基本指导原则。普及性、平等性、多样性和可持续性原则确保了文化服务的普及、平等、多样化和长期发展。这些原则是建立一个公平、包容和具有影响力的文化服务体系的关键，它们应该贯穿于政府、文化机构和社会各界的文化政策和实践中，以满足不同群体的文化需求，促进文化多样性和社会文化进步。公共文化服务体系的建设需要综合考虑这些原则，以实现文化的公平和可持续发展。

二、公共文化服务的基础设施

公共文化服务的基础设施在社会中扮演着重要的角色，它们包括图书馆、文化中心、博物馆、艺术展览馆等。这些设施不仅为公众提供了丰富的文化资源，还在促进文化普及和提高公众文化素养方面发挥着重要作用。

图书馆作为公共文化服务的基础设施，是知识的宝库和文化传承的载体。图书馆不仅提供了各种各样的书籍和资料，还是知识获取和分享的重要场所。它们为人们提供了学习、研究和阅读的机会，无论是在学校还是在社区中。图书馆也扮演着文化普及的角色，通过举办文学活动、讲座和展览等活动，吸引了更多人参与文化生活。此外，现代图书馆已经逐渐融入数字化时代，提供了电子书籍、在线数据库和数字化档案等资源，使人们能够随时随地获取知识。

文化中心是另一个重要的公共文化服务基础设施，它们为社区提供了丰富多样的文化活动和娱乐节目。这些活动包括音乐会、舞蹈表演、戏剧演出、艺术课程等，为人们提供了欣赏和参与文化艺术的机会。文化中心也是社交互动和社区凝聚的场所，人们可以在这里相聚、交流和建立联系。此外，文化中心还扮演着文化传承的角色，通过传授传统技艺和艺术形式，帮助年青一代了解和传承本地文化。

博物馆和艺术展览馆是公众接触艺术和历史的窗口，它们展示了珍贵的艺术品、历史文物和文化遗产。博物馆不仅提供了对过去文化和历史的深入了解，还举办临时展览和教育项目，使公众对当代和未来的文化趋势有更清晰的认识。艺术展览馆则为艺术家提供了展示他们作品的平台，激发了艺术创作和鉴赏的兴趣。这些设施还促进了文化交流和对话，吸引了国际游客和艺术家，推动了跨文化的交流和合作。

除了提供文化资源，这些基础设施还在提高公众文化素养和教育方面发挥着关键作用。公共图书馆不仅为学生提供了学习材料，还提供了课外阅读和自主学习的机会，培养了阅读兴趣和批判性思维。文化中心通过艺术和表演活动，提供了文化教育和启发创造力的机会。博物馆和艺术展览馆通过展示文化和艺术品，启发了观众的审美感知和文化理解。这些设施还为学校和教育机构提供了重要的教育资源，丰富了教育体验。

这些基础设施还有助于社区的社会发展和经济繁荣。它们吸引了游客，增加了旅游收入，推动了本地经济的发展。文化中心和博物馆也为当地艺术家和文化从业者提供了展示和表演的机会，促进了创意产业的兴起。这些设施还为社区创造了就业机会，支持了当地文化产业的发展。

公共文化服务基础设施也面临一些挑战。首先，资金和资源不足是一个常见问题。许多这些设施面临财政压力，需要寻找额外的资金来源以维持运营和维护设施。这可能导致人员减少、开放时间缩短以及文化活动的减少。

设施的可访问性和包容性也需要关注。一些社区可能无法轻松访问这些设施，特别是在较偏远或贫困地区。这可能导致文化不平等，需要采取措施来确保所有社区成员都能享受到文化资源。

公共文化服务的基础设施是社会文化生活的关键组成部分，它们为公众提供了丰富的文化资源，促进了文化普及和提高了公众文化素养。这些设施还在社区发展、文化传承、教育和经济方面发挥了重要作用。然而，它们也面临着一些挑战，需要社会的关注和支持，以确保它们能够继续为社会做出积极贡献。公共文化服务的基础设施应该得到充分的投资和保护，以继续为社会的文化丰富多彩和发展做出贡献。

三、公共文化服务的创新与发展

公共文化服务的创新与发展是一个备受关注的话题，尤其是在数字化时代，新技术的应用为公共文化服务带来了巨大的机遇和挑战。

数字化技术在公共文化服务中发挥了重要作用。数字化使得文化资源如图书、音乐、电影、档案等能够以数字形式保存、存储和传播，极大地扩展了公共文化服务的范围。数字图书馆、数字档案馆和数字化文化平台等项目使人们能够在互联网上自由获取各种文化资料。这不仅提高了文化资源的可达性，也促进了文化的传承和分享。例如，数字化图书馆使得古老的文献和手稿可以在全球范围内被访问和研究，为学术界和公众提供了更多的知识资源。

互联网的普及和发展改变了公共文化服务的传播方式和互动性。文化机构如博物馆、美术馆和剧院通过网站、社交媒体和在线展览与观众进行互动。这为观众提供了更多的参与和反馈机会，促进了文化的共享和互动。在线教育项目也通过互联网提供文化课程和学习资源，使文化知识更加普及和可及。互联网还为文化创作者提供了自主发表作品的平台，降低了门槛，使更多人能够参与文化创作和传播。

另一个令人兴奋的领域是虚拟现实（VR）和增强现实（AR）技术在公共文化服务中的应用。这些技术使人们能够沉浸式地体验文化活动和艺术作品，如虚拟博物馆、虚拟音乐会和虚拟艺术展览。虚拟现实技术为观众提供了与文化作品互动的新方式，使他们能够更深入地探索文化内容。这种技术还为残障人士提供了更多的文化体验机会，例如通过 VR 技术参观博物馆或观看戏剧表演。虚拟现实和增强现实的应用使文化服务更加多样化和创新化。

然而，公共文化服务的数字化和技术化也面临一些挑战。首先，数字鸿沟仍然存在。尽管互联网的普及，但仍有一些人无法获得数字化文化资源，特别是在发展中国家和农村地区。这导致了数字不平等，需要政府和文化机构采取措施来确保文化服务的普及性。

数字文化资源的可信度和保存也是一个问题。数字化文化资源容易受到信息篡改、数据丢失和技术过时的风险。为了确保文化资源的可持续性，需要投入更多的资源和技术来保护和维护数字化文化遗产。此外，虚拟现实和增强现实技术的普及和成本也是一个挑战。尽管这些技术在文化体验中有巨大潜力，但其硬件和软件成本仍然较高，不是所有文化机构和观众都能够轻松获得的。这需要技术公司和文化机构寻找更加可持续和可负担得起的解决方案。

公共文化服务的创新与发展在数字化时代充满了机遇和挑战。数字化技术、互联网、虚拟现实和增强现实等新技术为公共文化服务提供了更广泛的传播和互动平台，提高了文化资源的可达性和互动性。然而，数字鸿沟、可信度问题和成本挑战仍然存在，需要社会各界人士的合作和努力来解决。公共文化服务应积极探索和应用新技术，以满足现代社会的需求，推动文化的传承和创新。

四、公共文化服务的管理与运营

公共文化服务的管理与运营是一个复杂而重要的领域，它涵盖了资金筹措、人员培训、服务质量监控等多个方面，旨在确保公众能够获得高质量的文化体验和服务。

资金筹措是公共文化服务管理的核心问题之一。文化设施的建设、文化项目的运营和文化活动的举办都需要资金支持。政府是主要的资金提供者，但也需要其他渠道的筹措，如赞助、捐赠、门票销售等。资金的分配和使用需要合理的规划和管理，确保资源得到最优化的利用。此外，资金筹措还需要透明度和财务监督，以防止财务不正当行为和浪费。

人员培训是确保公共文化服务高质量运营的重要因素。文化工作者和管理人员需要具备专业知识和技能，以提供优质的文化体验和服务。培训计划应该包括文化领域的最新趋势和技术，以适应不断变化的需求。此外，人员培训也包括文化设施的安全管理和文化活动的组织能力。人员培训可以通过专业培训机构、研讨会和实践经验来进行，以确保员工具备必要的知识和技能。

服务质量监控是公共文化服务管理的重要组成部分。监控可以通过定期检查、用户反馈和评估报告等方式来进行。它有助于发现问题、改进服务和满足用户需求。服务质量监控还可以提高公共文化机构的透明度和账户能力，向政府和社会各界报告其绩效。这有助于建立公共信任和支持，推动文化服务的不断改进和发展。

公共文化服务的管理与运营还需要考虑文化多样性和社会包容性。不同群体和社区对文化服务的需求和期望可能有所不同。管理者需要制订策略和计划，确保文化服务能够满足不同人群的需求，并促进文化多样性的体验和表达。这也包括考虑到特殊群体的需求，如残障人士、老年人和少数民族。此外，公共文化服务的管理与运营还需要考虑可持续性和创新性。随着社会的不断变化和发展，文化需求也在不断演变。管理者需要灵活应对，制订创新的策略和方案，以满足不断变化的需求。可持续性也意味着要考虑到环境和资源的可维护性，以确保文化服务不会对环境造成不良影响。

公共文化服务的管理与运营需要建立合作伙伴关系和社区参与。政府、文化机构、企业和社区应该共同努力，共同管理和运营文化服务。这种合作伙伴关系有助于资源共享、创新合作和社会支持。此外，社区参与也是公共文化服务管理的重要组成部分。社区应该有机会参与文化决策、规划和运营，以确保文化服务满足社区的需求和期望。

公共文化服务的管理与运营是一个复杂而重要的领域，涵盖了资金筹措、人员培训、服务质量监控等多个方面。有效的管理和运营机制有助于确保公众能够获得高质量的文化体验和服务。在管理和运营中需要考虑文化多样性、社会包容性、可持续性和创新性，建立合作伙伴关系和社区参与。这将有助于推动文化服务的不断改进和发展，促进社会的文化繁荣和发展。公共文化服务的管理与运营需要在政府、文化机构、企业和社区的共同努力下实现，以满足不断变化的社会需求。

第九章　群众文化的创新与实践

在本章中，我们深入探讨了群众文化创新与实践的多个方面。首先，我们探讨了创新理念在文化发展中的重要应用，揭示了创新思维如何引领文化领域的进步。其次，我们转向现代技术在文化创新中的关键作用，分析了技术进步如何推动文化形态的演变。进一步地，本章还考察了文化创新在社会实践中的实际应用，探索了这些创新如何在社会中产生深远影响。最后，我们关注民间组织在文化创新过程中的独特角色，展现了这些组织如何为文化创新贡献力量。整体而言，本章旨在全面呈现群众文化创新与实践的动态面貌，揭示其在当代社会中的重要性和影响。

第一节　创新理念在文化发展中的应用

一、创新理念的定义与重要性

创新理念是一个涵盖广泛领域的概念，它不仅仅适用于科学和技术领域，还在文化发展中发挥着重要的作用。

创新理念可以被定义为一种新颖、独特和富有创造性的思考方式，旨在解决问题、创造新价值或改进现有方法。这种思维方式强调跳出传统思维模式，勇于尝试新的方法和观点。创新理念不仅仅局限于科技和商业领域，它同样适用于文化领域。在文化发展中，创新理念包括在艺术、文学、音乐、表演等各个领域寻求新的表达方式、主题和形式，以丰富和拓展文化领域的内涵。

创新理念的重要性不可忽视，因为它是文化进步和社会发展的驱动力之一。首先，创新理念激发了文学家、音乐家等创作者的创造力。它鼓励他们挑战传统、突破界限，寻找新的表现方式和主题，创作出与众不同的作品。文学和音乐等文化领域的创新理念推动了文化产业的发展，为观众和听众提供了多样性和丰富性的文化体验。

创新理念有助于传承和发展文化遗产。通过创新思维，传统文化和历史遗产可以得到重新诠释和传承，使其更加具有现代性和吸引力。这有助于吸引年青一代对传统文化的兴趣，推动文化遗产的传承和发展。例如，在音乐领域，传统音乐可以通过融合现代元素和创新演奏技巧，创造出新的音乐风格，使传统音乐焕发新的生命力。

创新理念对社会变革和进步也具有关键作用。文化创新可以反映社会变迁和思想演进，推动社会观念的改变。一些文学作品和音乐作品通过新颖的视角和表达方式，引发社会对话和思考。例如，一些文学作品通过创新的叙事结构和主题，探讨了社会不平等问题、性别问题、种族问题等重要议题，引发了社会的关注和讨论。

创新理念也有助于文化产业的发展和经济增长。文化产业包括了影视、音乐、出版、艺术市场等各个领域，它们在全球范围内创造了大量的就业机会和经济价值。通过创新理念，文化产业能够不断推出新的作品和产品，吸引更多观众和听众，促进了产业的繁荣。例如，电影工业不断引入新的技术和创新，制作出更引人入胜的电影作品，吸引了全球观众，推动了电影市场的增长。

创新理念的实施并非一帆风顺，它面临一些挑战和障碍。首先，文化领域的传统和保守观念可能对创新产生抵制。一些人可能坚守传统的文化价值观，对新颖和大胆的表达方式持怀疑态度。创新理念需要克服这种保守思维的阻碍，寻找创造性的方式来推动文化进步。其次，资源和资金问题也可能成为创新理念的制约因素。一些文化项目需要大量的资金和资源来支持创新活动，但并不是所有社区和组织都能够提供足够的支持。这需要政府、文化基金和私人捐赠等渠道提供更多的资金支持，以推动文化创新。

创新理念在文化发展中具有重要作用，它激发了创作者的创造力，推动了文化产业的发展，传承和发展了文化遗产，引领了社会变革和进步。然而，创新理念也面临一些挑战，需要克服传统观念的束缚，解决资源和资金的问题。

文化领域需要鼓励和支持创新思维的发展，以推动文化进步和文化产业的繁荣。在全球化和数字化时代，创新理念将继续在文化领域中扮演关键角色，影响着社会和个体的发展。

二、创新理念与文化表现形式的变迁

创新理念与文化表现形式的变迁是一个富有深度的话题，它反映了人类文化在不同历史时期和社会背景下的演进和变化。

要理解创新理念对文化表现形式的变迁，我们需要考察不同历史时期的文化背景。历史上，文化表现形式通常与当时的社会、宗教、政治和科技状况密切相关。例如，在古希腊和古罗马时期，雕塑和建筑是突出的文化表现形式，反映了当时社会对人体和建筑美学的追求。而在中世纪的欧洲，宗教题材的绘画和建筑占据主导地位，反映了基督教信仰的影响。然而，随着时间的推移，社会和文化发生了巨大的变化，创新理念也开始在文化表现形式中兴起。文艺复兴时期是一个典型的例子，艺术家们开始追求更加写实的绘画和雕塑，通过透视和光影效果创造出更具深度和现实感的作品。这种创新理念不仅影响了绘画和雕塑，还改变了文化观念，推动了对人文主义和科学思维的兴起。

在近现代，创新理念在文化表现形式中发挥了更大的作用。印象派艺术家如莫奈和塞尚通过捕捉瞬间的光线和色彩，颠覆了传统绘画的规范，创造出更加自由和直观的作品。这一运动对后来的现代艺术产生了深远的影响，推动了抽象表现主义、立体主义和超现实主义等新的艺术风格的出现。这些创新理念不仅在绘画领域有所体现，还引发了对艺术定义的重新思考和拓展。

在雕塑领域，现代艺术家也大胆尝试新的材料和技术，使雕塑变得更加抽象和概念化。例如，毕加索的雕塑作品将日常物品和几何形状融入艺术创作中，颠覆了传统雕塑的观念。这种创新理念推动了雕塑艺术的多样性和实验性，使其不断迈向新的领域和形式。

在表演艺术领域，创新理念也在不断塑造着表演方式和风格。现代舞蹈和实验剧场探索了新的动作语言和表演形式，挑战了传统舞蹈和戏剧的界限。这些创新理念反映了社会对表达和表演的不同需求，强调了情感、身体和声音的表现。

技术的发展也为文化表现形式的创新提供了新的可能性。数字媒体和虚拟现实技术改变了艺术家和表演者的创作方式，使他们能够在数字领域中实验和表现。艺术家和编剧可以借助计算机生成的特效和虚拟现实环境来创造更具想象力和视觉冲击力的作品。这种技术创新不仅扩展了文化表现形式的边界，还提供了全新的观众体验。然而，文化表现形式的创新也面临一些挑战和争议。一些人可能对传统艺术和文化形式的改变感到不满，担心失去传统价值和文化特征。创新理念有时也引发争议，例如一些当代艺术作品可能被认为过于抽象或难以理解。这种争议提醒我们创新理念需要在尊重传统和尊重多样性之间找到平衡。

创新理念与文化表现形式的变迁是文化发展的重要方面，它反映了社会和文化在不同历史时期的演进和变化。从古希腊的雕塑到现代数字艺术，创新理念推动了文化表现形式的多样性和实验性。然而，文化创新也需要在尊重传统和多样性的基础上进行，以确保其积极影响和可持续性。创新理念将继续塑造文化的未来，推动文化表现形式的不断变革和发展。

三、跨文化交流中的创新应用

跨文化交流中的创新应用是一个备受关注的领域，它涵盖了不同文化背景下的创新理念如何相互交流和融合。在全球化的背景下，不同文化元素之间的相互影响和融合已经成为文化创新和发展的关键因素。

跨文化交流推动了不同文化之间的相互理解和尊重。当不同文化背景的人们相互交流和分享创新理念时，他们不仅仅是在传递知识，还在传递文化价值观和观念。这种交流有助于消除误解和偏见，促进了不同文化之间的和谐共处。例如，在国际合作项目中，来自不同国家和文化的科学家、工程师和艺术家合作创新，他们的不同思维方式和观点能够促使创新理念更加丰富和多样化。

跨文化交流创造了文化的混合与融合。当不同文化元素相互交流和融合时，新的文化形式和创新理念往往会产生。这种文化混合和融合不仅可以在艺术、音乐、食物和时尚等领域看到，还可以在语言、哲学、宗教和社会观念等领域发现。例如，亚洲和西方文化的交流引发了亚洲美食在全球范围内的流行，同时也影响了健康饮食和饮食观念。这种文化混合不仅丰富了文化多样性，还促进了创新理念的涌现。

另一个重要方面是，跨文化交流激发了创新和创造力。当不同文化的人们相互交流时，他们带来了各自独特的视角和经验。这种交流能够激发新的思维方式和解决问题的方法，推动创新的发展。例如，在科技领域，跨国合作和国际研究项目汇集了来自不同文化背景的科学家和工程师，他们共同探索解决全球挑战的方法，如气候变化、能源问题和健康保健。此外，跨文化交流也有助于推动全球社会问题的解决。在全球化的背景下，许多社会问题如环境保护、人权、贫困和教育都需要国际合作和跨文化交流来解决。不同国家和文化的人们可以共同探讨和寻找解决方案，共同应对这些全球性挑战。例如，联合国的各种国际会议和合作项目促进了不同国家和文化之间的交流，以解决全球问题。

跨文化交流中也存在一些挑战。首先，语言和文化差异可能导致交流困难。不同文化之间的语言和沟通差异可能会导致误解和障碍，需要更多的跨文化培训和理解。此外，文化冲突和文化冒犯也可能发生，需要处理和解决。其次，文化交流可能导致文化剽窃和文化侵犯的问题。当一个文化从另一个文化中借鉴创新理念时，可能会引发知识产权和道德伦理的问题。这需要建立合适的法律和伦理框架，以保护创新和文化的权益。

跨文化交流中的创新应用已经改变了全球文化的面貌，促进了相互理解、文化混合和创新发展。它不仅推动了社会问题的解决，还激发了创新和创造力。然而，跨文化交流也面临一些挑战，需要建立有效的沟通和合作机制，以解决语言和文化差异，同时也需要保护文化和知识的权益。跨文化交流将继续在全球化的背景下扮演重要角色，塑造和丰富全球文化的未来。

四、创新理念对当代文化的影响

创新理念在当代文化中扮演着关键的角色，它涵盖了多个领域，从数字艺术到社交媒体，对传统文化产生了深远的影响。

首先，数字艺术是创新理念在当代文化中的重要体现之一。数字艺术是一种结合了技术和创意的艺术形式，它利用数字媒体、计算机图形和虚拟现实等技术来创作和呈现艺术作品。这种形式的艺术推动了艺术创作的边界，使艺术家能够以前所未有的方式表达和传达他们的想法。数字艺术作品可以是交互性的、多媒体的，也可以是虚拟现实的体验，为观众提供了与传统艺术不同的互动和感受。例如，虚拟现实艺术作品让观众能够身临其境地参与到作品中，创造出全新的感官体验。

数字艺术不仅拓展了艺术表现形式，还改变了艺术市场和传播方式。数字媒体和互联网使艺术作品能够全球传播，观众不再受限于实体画廊或博物馆。这为艺术家提供了更广泛的观众和市场，同时也挑战了传统艺术市场的规则和结构。数字艺术的快速发展也引发了对艺术品的数字版权和所有权的讨论，以及如何确保数字艺术作品的长期保存和可访问性的问题。

其次，社交媒体是创新理念在当代文化中的重要体现之一。社交媒体平台已经成为人们日常生活的一部分，改变了人们获取信息、互动和分享的方式。这种社交媒体文化的兴起不仅影响了社交互动，也对个人身份、社会关系和文化价值观产生了深远的影响。

社交媒体不仅是信息传播的渠道，也是文化创新的平台。它为个人和群体提供了表达自己观点和创意的机会，从而推动了社会对话和文化多样性。许多文化活动和现象在社交媒体上迅速传播和走红，例如社交媒体上的挑战、标志性的话题标签、音乐和舞蹈趋势等。社交媒体还改变了文化消费和文化产业的模式，让个体能够更容易地发现和参与文化活动。

然而，社交媒体也带来了一些挑战和问题。首先，信息泛滥和信息过载是社交媒体的一个问题。大量的信息和内容不断涌入社交媒体平台，使人们难以筛选和评估信息的可信度。这可能导致虚假信息的传播和对真实信息的混淆。

社交媒体也引发了隐私和安全问题。个人信息和数据的泄露已经成为一个严重的问题，人们担心他们的隐私受到侵犯。社交媒体上的滥用行为如网络欺凌和仇恨言论也引发了社会关注和争议。另一个值得关注的问题是社交媒体的滤波和算法推荐。社交媒体平台使用算法来决定用户看到的内容，这可能导致信息茧房和意见的封闭。这也引发了对社交媒体公司如何管理和呈现内容的问题，以及对信息多样性和言论自由的担忧。

创新理念在当代文化中体现在数字艺术和社交媒体等新兴平台上，它们改变了艺术创作和文化传播的方式，同时也对传统文化产生了影响和挑战。数字艺术推动了艺术创作的边界，扩展了观众的互动体验，但也引发了数字版权和所有权的问题。社交媒体改变了社会互动和文化价值观，推动了文化多样性和社会对话，但也带来了信息泛滥和隐私问题。因此，当代文化需要更好地理解和应对这些创新理念带来的机遇和挑战，以确保文化的繁荣和可持续发展。在不断演变的文化景观中，创新理念将继续发挥关键作用，影响着我们的文化观念和社会互动。

第二节　现代技术在文化创新中的作用

一、数字化转型对文化产业的影响

数字化转型改变了文化产品的创作方式。传统的文化创作通常依赖于纸张、画布、胶片等物理媒介，而数字技术使作家、音乐家和电影制作人能够更灵活地创作。数字化工具和软件使创作者能够在电脑上进行作品的创作和编辑，无须传统的物质媒介。这降低了创作的成本和门槛，同时也提供了更多创作的可能性。例如，数字绘画软件允许艺术家在电脑上创作绘画作品，音乐制作软件使音乐家能够在电脑上创作音乐，电影制作软件改变了电影制作的方式。这种数字化创作的方式促使更多人参与到文化创作中，推动了文化多样性的发展。

互联网的普及使文化内容能够以数字形式传播到全球各地。数字媒体平台、在线书店、音乐流媒体服务和视频分享网站等提供了全新的分发途径。这使得文化产品更容易被观众和读者找到和获取。例如，电子书的兴起使读者能够在线购买和下载书籍，音乐流媒体服务允许用户随时随地流畅地收听音乐，视频分享网站如 YouTube 和 Netflix 提供了大量的视频内容。数字化分发不仅提高了文化内容的可访问性，还为创作者提供了更广阔的受众。

数字化转型增强了文化产品的互动性。传统的文化消费通常是被动的，观众或读者只能接受作品的呈现。然而，数字技术使观众和消费者能够更积极地参与和互动。社交媒体平台、在线评论和数字化艺术展览等工具提供了与创作者和其他观众交流的机会。虚拟现实（VR）和增强现实（AR）技术允许观众身临其境地参与到文化体验中，与作品互动。例如，在 VR 环境中参观艺术画廊或历史场景，或使用 AR 应用程序将虚拟元素与真实世界相结合。这种互动性提升了文化产品的参与感和沉浸感，使文化体验更加丰富和个性化。

然而，数字化转型也带来了一些挑战和问题。首先，数字化转型可能导致文化内容的不断增长和碎片化。互联网上充斥着大量的文化内容，人们面临着信息过载的风险。此外，随着内容的碎片化，观众和读者可能更容易沉浸在短期和碎片化的文化消费中，而忽视了更深入和有意义的体验。其次，数字化转型可能对传统文化产业带来竞争和挑战。数字化媒体和在线服务改变了文化市场的格局，传统出版、电影、音乐和电视等行业面临着数字化的冲击。一些传统产业需要调整业务模式，以适应数字化时代的挑战。这也引发了关于版权和著作权的法律和伦理问题，如盗版、数字著作权和内容监管等。

数字化转型对数字安全和隐私构成了新的挑战。随着个人信息和文化内容的数字化存储和传输，数据泄露和侵犯隐私的风险增加。个人信息的不当处理和文化内容的盗版可能导致数据泄露和知识产权侵权问题。因此，数字安全和隐私保护成为重要的议题。

数字化转型对文化产业产生了深远的影响，改变了文化产品的创作、分发和消费方式。数字化提高了文化内容的可访问性和互动性，促进了文化多样性和创作活跃度。然而，数字化转型也伴随着一系列挑战，如信息过载、竞争压力、数字安全和隐私问题。文化产业需要不断适应数字化时代的变化，以保持创新和可持续发展。同时，社会也需要制定合适的法律和伦理框架来解决数字化时代的相关问题。数字化转型将继续塑造文化产业的未来，需要各界共同努力来实现更加繁荣和有益的文化生态系统。

二、人工智能与创意产业的结合

人工智能（AI）与创意产业的结合是当今世界上备受关注的话题之一。它代表了科技与文化的深度融合，同时也引发了许多讨论和争议。

AI在音乐创作方面的应用备受瞩目。AI可以分析数千首音乐作品的数据，识别音符、旋律与和弦的模式，然后生成新的音乐作品。这种技术被广泛用于电子音乐和流行音乐领域，让音乐制作变得更加高效和创新。例如，一些AI音乐生成软件可以根据用户的输入创作出符合特定情感或风格的音乐曲目。这种技术不仅可以为音乐制作人提供了创作的灵感和素材，还可以用于电影配乐、广告音乐等领域。此外，AI也被用于艺术创作。一些AI程序可以生成绘画、雕塑和数字艺术作品，展示了机器学习算法的创造性应用。例如，艺术家和计算机科学家合作开发了一种称为"生成对抗网络"（GANs）的技术，它可以生成逼真的艺术作品。GANs包括一个生成器和一个判别器，它们通过反复竞争和学习来不断提高生成的艺术作品质量。这些AI生成的艺术作品在画廊展览和拍卖会上引起了广泛的关注，引发了对创造性和原创性的深刻思考。

电影制作也受益于人工智能的应用。AI可以用于视频剪辑、特效制作和剧本分析，提高了电影制作的效率和质量。一些电影制片公司已经开始使用AI算法来预测电影票房和观众反应，以优化电影制作和市场推广策略。此外，AI还可以用于虚拟演员的创建，使电影制作不再依赖于实际演员的可用性和合同限制。这些技术在电影制作中引发了创新，并为导演和制片人提供了更多的创作自由度。

在文学领域，AI也被用于创作小说、诗歌和新闻报道。有些AI程序可以生成具有一定情感和情节的小说，虽然目前的作品质量仍在不断改进，但它们已经展示了AI在文学创作中的潜力。此外，一些新闻机构已经开始使用AI算法来自动生成新闻报道，尤其是关于财经和体育等领域的新闻。这些自动生成的报道可以迅速反映新闻事件，提供了更多的信息来源。

尽管AI在创意产业中的应用带来了许多新机遇，但也引发了一些重要的问题和争议。首先，关于创意和原创性的问题备受争议。许多人担心，由AI生成的艺术作品是否真正具有原创性,以及它们是否能够传达情感和思想。其次,一些艺术家担心,AI 的出现可能对他们的职业前景产生负面影响,导致创作者的角色和价值受到挑战。

隐私和伦理问题也需要认真考虑。AI 在创意产业中使用了大量的数据,包括音乐、图像和文本等。这些数据的收集和分析可能涉及隐私权和知识产权的问题,需要制定合适的法律和伦理准则来保护个人和创作者的权益。此外,AI 的不断发展也引发了一些技术挑战。尽管 AI 在生成音乐、艺术作品和文学内容方面取得了显著进展,但仍然存在一些技术限制,例如生成的作品可能缺乏情感和情感深度。因此,AI 应用需要继续不断改进和发展,以提高其创造性和艺术性。

人工智能与创意产业的结合代表了技术和文化的融合,为音乐、电影、文学等领域带来了创新和变革。AI 在创作、制作和分析方面的应用为创意产业带来了新的机遇,提高了效率和质量。然而,AI 的应用也引发了一系列问题和挑战,需要社会、文化界和科技界共同合作来解决。未来,AI 与创意产业的结合将继续发展,为人类文化和艺术带来更多的可能性。

三、增强现实和虚拟现实在文化体验中的应用

增强现实(Augmented Reality,AR)和虚拟现实(Virtual Reality,VR)技术已经在文化体验领域兴起,为用户提供了全新的沉浸式体验。

AR 技术已经在文化体验中产生了巨大的影响。AR 技术将虚拟信息与现实世界相结合,为用户提供丰富的文化体验。一个显著的应用是虚拟博物馆参观。通过 AR 眼镜或手机应用,用户可以在实际博物馆内看到虚拟的展品、交互式信息和导览。这种技术不仅为用户提供了更深入的文化知识,还提供了互动性,使参观变得更加生动和有趣。

AR 还可以用于历史场景的重现。用户可以通过 AR 应用回到历史事件的现场,观察和体验当时的情景。这种技术不仅能够帮助用户更好地理解历史事件,还可以激发他们对历史的兴趣和探索欲望。例如,用户可以通过 AR 应用在二战时期的柏林街头漫游,感受那个时代的氛围和历史。

AR还可以用于交互式艺术展览。一方面，艺术家可以利用AR技术为他们的作品增添新的维度。观众可以使用AR应用与艺术作品互动，改变作品的外观或声音。这种交互性不仅提升了观众的参与感，还为艺术家提供了更多的表现和创新空间。这种融合了现实和虚拟的文化体验正在逐渐改变艺术的呈现方式和观众的互动方式。另一方面，虚拟现实（VR）技术也为文化体验带来了革命性的变化。VR技术能够为用户创造全新的虚拟环境，使他们能够参与到文化场景中，完全沉浸其中。一个显著的应用是虚拟博物馆和历史场景的再现。用户可以通过VR头盔进入虚拟博物馆，自由地浏览展品、与其他参观者互动，并获得与实际博物馆参观相媲美的体验。这种虚拟参观不受地理限制，使人们可以欣赏到世界各地的文化遗产和历史场景。

VR还可以用于文化教育和培训。学生可以通过虚拟现实体验历史事件、文学作品或科学发现，从而更深入地理解和体验课程内容。这种沉浸式学习方式可以提高学习效果，并激发学生的学习兴趣。在文化领域，VR还可以用于文学作品的虚拟阅读、音乐会的虚拟参与和戏剧表演的虚拟观看，为用户提供更多文化体验的可能性。

VR还为文化创作者提供了创作和表达的新平台。艺术家可以使用VR工具来创作虚拟艺术作品、音乐演出和电影制作，将观众带入虚拟世界中。这种创新性的创作方式拓宽了艺术的边界，让艺术家能够在虚拟空间中探索新的表现形式和创意。观众也可以通过VR设备亲身参与到创作过程中，成为艺术作品的一部分。

尽管AR和VR技术在文化体验中的应用前景广阔，但也存在一些挑战。首先，技术的成本和设备的普及仍然是一个问题。高质量的AR和VR设备通常较昂贵，不是所有人都能轻松获得。其次，虚拟现实设备需要更多的计算资源和空间，对用户的硬件要求较高。因此，技术的成本和可获得性可能限制了一部分人的文化体验。

AR和VR技术的内容创作和维护需要专业知识和资源。为了提供高质量的虚拟博物馆、历史场景或文化体验，需要投入大量的时间和资金来开发和维护这些内容。这可能对文化机构和艺术家构成一定的挑战，需要找到可持续的模式来支持技术的应用。

AR 和 VR 技术正在文化体验领域产生深远的影响，为用户提供沉浸式、互动性和全新的文化体验。它们扩展了文化领域的可能性，使人们能够更深入地了解和体验文化。然而，技术的成本、可获得性和内容创作仍然是需要解决的挑战。随着技术的不断发展和进步，AR 和 VR 技术在文化体验中的应用将继续拓展，为文化领域带来更多创新和机遇。

四、大数据在文化市场分析中的作用

大数据在文化市场分析中的作用已经成为文化领域不可忽视的重要因素。它不仅改变了文化机构的运营方式，还为观众和艺术家提供了更丰富的文化体验。

大数据在文化市场分析中的作用表现在对观众偏好的深入理解。传统上，文化机构依赖市场调查和反馈来了解观众的需求和兴趣。然而，大数据的出现改变了这一情景。通过分析大规模的数据，如社交媒体活动、在线搜索、购票记录等，文化机构能够更全面地了解观众的兴趣、行为和反馈。这种深度的数据分析可以帮助文化机构精确地把握观众的偏好，为他们提供更加个性化的文化体验。举例来说，大型音乐节可以通过分析社交媒体上的音乐讨论和关注度来了解观众对不同音乐风格和表演者的喜好。这种信息可以帮助他们选择更受欢迎的表演者，制定更吸引观众的节目单，提高音乐节的吸引力和口碑。类似的，博物馆可以通过分析在线访问记录和参观者反馈，了解哪些展览和艺术品最受欢迎，从而调整展览策略和文化节目，以满足观众的需求。

大数据在预测文化趋势方面具有巨大潜力。文化趋势的预测对于文化机构和艺术家来说至关重要，它们可以根据未来的需求和兴趣来制定文化产品和项目。大数据分析可以帮助文化机构识别出观众和市场的变化趋势，预测未来可能流行的文化形式和主题。例如，电影制片公司可以通过分析观众在社交媒体上的讨论和观影习惯，来预测未来电影市场的趋势。这包括了解哪些类型的电影受欢迎、哪些演员或导演备受关注，以及观众对不同类型的电影有何反应。这种预测可以帮助电影公司更好地选择电影项目、投资和市场推广策略，提前把握市场动向。

另一个例子是艺术市场。通过分析拍卖和销售数据,艺术机构和投资者可以预测哪些艺术家的作品可能升值,哪些艺术流派或风格可能成为未来的艺术趋势。这有助于他们更明智地选择艺术品投资和收藏策略,以获取更好的回报。

大数据还促使了数据驱动的个性化文化推荐系统的发展。这些系统利用算法和分析技术,根据用户的个人偏好和行为,为他们推荐符合其兴趣的文化产品和活动。这种个性化推荐系统已经被广泛应用于音乐、电影、图书、艺术展览等文化领域。例如,音乐流媒体平台使用大数据分析用户的听歌历史、喜好和播放列表,为用户推荐新的音乐和艺术家。这种个性化推荐系统提高了用户的满意度,增加了他们对音乐流媒体服务的忠诚度。类似地,在线电影和电视流媒体平台也使用个性化推荐系统来推荐电影和电视节目,提供更符合观众口味的观影体验。

大数据在文化市场分析中的应用也伴随着一些挑战和问题。首先,隐私问题是一个重要考虑因素。大规模数据收集和分析可能涉及用户个人信息的使用,需要确保数据安全和隐私保护。文化机构和科技公司需要遵守相关法规和伦理准则,以保护用户的隐私权。其次,数据的质量和可信度是关键问题。大数据分析依赖于准确的数据源和有效的数据处理技术。如果数据不准确或者受到干扰,分析结果可能不可靠。因此,文化机构需要确保他们的数据收集和分析过程是可靠和可验证的。

大数据在文化市场分析中的作用是不可忽视的。它可以帮助文化机构更深入地了解观众偏好,预测文化趋势,并制定更有效的市场策略。个性化文化推荐系统也提供了更丰富的文化体验。然而,大数据应用也伴随着隐私和数据质量等挑战,需要谨慎处理。文化领域应积极采用大数据分析技术,以提升文化体验和市场竞争力。

第三节　文化创新的社会实践

一、文化创新的定义及其重要性

文化创新是一个广泛而复杂的概念，它不仅涉及艺术和表达形式的更新，还包括文化传播方式、消费习惯和社会互动的变革。在本节中，我们将首先定义文化创新，并深入探讨其在当代社会中的重要性。

文化创新可以被理解为一种新观念、新思维、新实践或新产品的出现，这些新元素能够改变现有文化的传统和习惯，推动文化的发展和演变。文化创新并不仅限于艺术和文化领域，它也包括社会、经济、科技等方面的变革，涵盖了多个领域。文化创新通常涉及创造性思维、跨学科合作、新技术应用等因素，以推动文化的不断更新和进步。

文化创新的重要性在当代社会越发凸显。首先，它推动了文化的发展和演变。社会不断变化，新的思想、价值观和需求不断涌现。文化创新使社会能够适应这些变化，推动文化的多元化和丰富化。例如，电影、音乐、文学等文化领域的创新作品不断涌现，反映了社会变革和文化多样性。

文化创新有助于传承和保护文化遗产。通过创新的方式重新诠释和表达传统文化，使其更具吸引力和活力。这有助于引起年青一代对传统文化的兴趣，推动文化遗产的传承和发展。例如，一些民间组织通过文化节庆、工艺品展示和传统表演，保护和传承了濒临消失的文化传统。

文化创新影响了社会结构和个体生活。它可以改变人们的消费习惯、娱乐方式和社交互动。例如，数字媒体和社交网络的兴起改变了人们获取信息和社交互动的方式，这也被认为是文化创新的一种表现。新的娱乐形式、游戏和虚拟体验也在不断涌现，改变了人们的娱乐生活。

文化创新还有助于解决社会问题。它可以启发人们思考和解决社会问题，促进社会进步。例如，一些社会创新项目通过文化创新方式解决社会问题，如环保、教育、社会公平等。这种社会创新不仅解决了问题，还推动了文化的发展。然而，文化创新也面临一些挑战。首先，传统文化和习惯常常与文化创新发生冲突。人们可能抵制新观念和新实践，害怕失去传统文化的特点。因此，文化创新需要在尊重传统的基础上，寻找平衡点。

文化创新需要充分的资源和支持。这包括资金、技术、教育和培训等方面的支持。民间组织、政府和企业应该共同努力，为文化创新提供更多的资源和机会。

文化创新是一个综合性的概念，它包括多个领域和方面的变革。它推动了文化的发展和演变，促进了文化遗产的传承和保护，影响了社会结构和个体生活。文化创新不仅有助于适应社会变化，还推动了社会问题的解决。然而，文化创新也面临一些挑战，需要充分的支持和合作。文化创新在当代社会中发挥着至关重要的作用，值得我们深入思考和推动。

二、文化创新在社会变迁中的作用

文化创新对社会变迁的作用可以追溯到历史上的多个时期。例如，文艺复兴时期是欧洲文化创新的黄金时代，艺术家、思想家和科学家通过新的思想和表达方式，推动了社会观念的巨大转变。这个时期的文化创新不仅推动了文艺复兴运动的兴起，还对社会的宗教、政治和科学观念产生了深远的影响。文艺复兴时期的文化创新鼓励了人们质疑传统权威，鼓舞了科学革命和政治改革的发展。类似地，在19世纪末和20世纪初，现代主义运动在文化领域引发了巨大的创新浪潮。艺术家们试图打破传统的艺术形式和观念，寻求新的表现方式和表达形式。现代主义不仅在绘画、音乐和文学领域带来了革命性的变革，还推动了建筑、设计和社会观念的更新。这种文化创新引发了一系列社会变迁，包括对性别、种族、政治和道德等议题的重新审视。

当代社会也充满了文化创新的例子，对社会观念和结构产生了深远的影响。数字革命和互联网的兴起改变了人们获取信息、进行交流和娱乐的方式，促进了信息社会的形成。社交媒体平台使人们能够迅速分享观点、观念和体验，推动了社会对话和活动的增加。这种文化创新在塑造了当今社会的价值观和行为方式方面发挥了关键作用。

文化创新还可以被视为促进社会包容性和多元化的工具。例如，在多元文化社会中，文化创新可以帮助不同群体之间建立联系和理解，减少文化冲突和偏见。通过艺术、文学、音乐和电影等文化形式，人们可以更好地了解其他文化的独特之处，推动跨文化对话和互动。这有助于促进社会的包容性和多元化，打破种族、宗教、性别等方面的障碍。

文化创新也可以用于解决社会问题。一些社会创新项目通过文化创新的方式来解决环境问题、社会不平等、贫困等挑战。例如，一些艺术家和文化工作者通过文化项目和活动，提高了社会对这些问题的认识，并启发了积极的社会行动。文化创新不仅可以提供新的解决方案，还可以引发社会的共鸣和参与。

然而，文化创新在社会变迁中也面临一些挑战。一些人可能对新的文化观念和实践产生抵抗，害怕失去传统的文化特征。文化创新也可能导致社会分化和不稳定，特别是当新的观念和实践与传统价值观发生冲突时。因此，文化创新需要在社会中平衡和推动，以确保其正面影响和可持续性。

文化创新在社会变迁中扮演着重要的角色，它通过引导社会观念的转变、推动社会结构的更新以及促进社会包容性和多元化，推动了社会的进步和发展。历史上和当代的例子都显示了文化创新如何引发社会变革和社会意识的转变。然而，文化创新也面临一些挑战，需要在社会中谨慎推进，以确保其积极影响和可持续性。文化创新的作用在不断演化和拓展，我们应该积极探索和倡导它在社会变迁中的积极作用。

三、技术在文化创新中的应用

技术在文化创新中的应用是一个日益引人注目的领域，它已经改变了艺术、文化传播和社会互动的方式。

数字媒体是文化创新的关键驱动力之一。随着数字化时代的到来，传统媒体如电影、音乐、电视和出版物已经数字化，并且通过互联网和移动设备变得更加普遍和可访问。这使得艺术家和文化从业者能够更轻松地创造、发布和分享他们的作品。数字媒体也为多媒体艺术、虚拟现实和增强现实等新兴艺术形式提供了机会。例如，虚拟现实技术允许观众身临其境地参与到艺术作品中，改变了传统观众与作品之间的互动方式。

互联网在文化创新中扮演着关键角色。互联网连接了全球的信息和资源，为艺术家和文化从业者提供了一个无限的创作和传播平台。社交媒体使艺术家能够直接与观众互动，分享创作过程和思想，建立更紧密的联系。在线文化活动和数字展览也为人们提供了更多参与和探索文化的机会。例如，一些博物馆和画廊已经将他们的收藏数字化，并提供在线浏览和互动的方式，让更多人能够参与到文化活动中来。

人工智能技术对文化创新产生了深远影响。机器学习和自然语言处理等技术使计算机能够生成音乐和文学作品。艺术家和研究人员已经开始探索人工智能与创造性艺术的结合，创作出令人惊叹的作品。同时，人工智能还可以分析和预测文化趋势，帮助文化产业更好地理解观众需求和市场动态。

技术的应用也在文化传播方面产生了深远的影响。数字媒体和互联网使文化内容能够以更快的速度传播到全球各地。社交媒体平台成为文化传播的重要渠道，让文化现象和趋势能够在瞬息万变的互联网世界中迅速扩散。这也改变了传统的文化传播模式，使普通人有机会分享自己的文化观点和创作，不再受限于传统媒体的筛选和编辑。

技术的应用也影响了文化的消费和互动方式。数字化媒体和流媒体服务改变了人们获取和消费文化内容的方式，不再依赖于实体媒体或传统广播。个性化推荐算法和在线社区使人们能够发现和分享与其兴趣相关的文化内容。这种个性化的文化消费体验促进了文化多样性和个体参与。然而，技术在文化创新中的应用也带来了一些挑战和问题。首先，数字化带来了信息过载和信息可信度的问题。虽然互联网提供了丰富的信息资源，但也存在着虚假信息、隐私泄露和信息滥用等问题。这需要更好的信息素养和信息管理能力。

其次，数字鸿沟和数字不平等也需要应对。尽管互联网和数字技术已经普及，但仍然有一些人无法获得数字文化资源或不具备必要的数字技能。这导致了数字鸿沟，需要社会采取措施来解决这一问题，以确保文化创新的机会更加平等。

技术在文化创新中的应用已经改变了艺术、文化传播和社会互动的方式。数字媒体、互联网和人工智能等现代技术为艺术家和文化从业者提供了更广阔的创作和传播平台，促进了文化多样性和个体参与。然而，技术的应用也带来了一些挑战和问题，需要社会共同努力来解决。文化创新与技术密不可分，其作用和影响将继续在未来发展中发挥重要作用。

四、文化创新与社区发展

文化创新在社区中促进社区参与。文化活动和项目可以成为社区成员之间交流和互动的平台。通过参与文化活动，人们能够建立联系、分享经验和合作，增强社区凝聚力。例如，社区剧团、艺术工作坊和音乐表演可以吸引社区成员积极参与，促进文化交流和合作。这种社区参与不仅有助于文化的传承，还促进了社会互动和社区建设。

文化创新有助于提升地方认同感。地方认同感是社区成员对其所居住地区的情感联系和归属感。通过文化活动和文化创新，社区能够弘扬自己的独特文化、历史和传统，让居民更加骄傲地认同自己的社区。这有助于增强社区凝聚力，促进社区的可持续发展。例如，一些社区通过举办地方音乐节、民俗表演和文化展览来展示本地文化，提升地方认同感，吸引游客和投资，推动地方经济的增长。

一些社会问题如贫困、失业、青少年犯罪等与社区的文化和社会环境有关。通过文化创新项目，社区可以寻找创新的方式来解决这些问题。例如，一些社区开展艺术和手工艺培训项目，为失业青年提供技能培训和职业机会。这种社会创新项目不仅解决了社会问题，还提供了文化创新的机会，创造了有意义的文化活动。

文化创新也有助于传统文化的保护和传承。许多社区拥有丰富的传统文化和历史遗产，但这些文化可能面临失传的危险。通过文化创新，社区可以重新诠释和传承传统文化，使其更具吸引力和活力。这有助于引起年青一代对传统文化的兴趣，推动文化遗产的传承和发展。例如，一些社区通过传统音乐和舞蹈表演、手工艺展示和民间故事讲述等方式，保护和传承了濒临消失的文化传统。然而,文化创新与社区发展也面临一些挑战。首先,资源不足是一个常见问题。许多社区缺乏足够的资金、设施和专业知识来支持文化创新项目。这需要社会各界的合作和支持,以提供更多的资源和机会。

其次,社区内部的多样性和文化差异可能导致文化创新的挑战。不同群体可能有不同的文化价值观和利益,需要找到平衡点和共识。文化创新项目需要尊重多样性,确保包容性和公平性。

文化创新在社区发展中发挥着重要作用,它促进了社区参与、提升了地方认同感、解决了社会问题和传承了传统文化。社区通过文化创新能够更好地应对社会挑战,建立更强大的社区凝聚力,推动可持续发展。然而,文化创新也需要充分的资源和支持,以及对多样性的尊重和理解。社会各界应该积极支持和促进文化创新在社区中的应用,以实现更加繁荣和包容的社区发展。

第四节 民间组织与文化创新

一、民间组织的文化创新角色定位

民间组织在文化创新中扮演着特殊而不可或缺的角色,它们的独特视角和方法使其能够对传统文化进行创新性的解读和再创造。

首先,民间组织在文化创新中的特殊角色是由其非政府性质和社会基础所决定的。这些组织通常由一群志同道合的个人或团体自发组成,关注特定领域的文化、艺术、历史或传统。由于不受政府官僚体制或商业利益的限制,它们更容易秉持纯粹的文化使命和理念,追求独立性和创新性。这使得民间组织能够挖掘和发掘传统文化中的瑰宝,提供全新的文化体验和理解。

其次,民间组织在文化创新中注重文化的传承和创新。它们通常深入研究和理解传统文化,并尝试将其与现代社会联系起来,以满足不断变化的文化需求。这种传承与创新的结合使得传统文化焕发出新的活力和吸引力。例如,一些民间组织可能致力于保护和传承民间传说、手工艺品或传统音乐,同时又将这些元素融入当代创作中,创造出独特的文化产品。

民间组织的独立性和灵活性也使它们能够在文化创新领域中更加创意和大胆。与政府机构或大型企业不同，民间组织通常不受官僚繁文缛节或商业利益的拘束。这使得它们能够更加敏捷地响应文化变革和社会需求，勇于尝试新的创新性项目。例如，一些民间组织可能策划文化节庆活动、艺术展览、文化工作坊或表演活动，推动文化的多元发展。此外，民间组织在传播和推广文化方面也发挥着重要作用，尤其是在政府和大型企业未能涉足的领域。它们通常关注边缘化的文化和社群，通过各种方式将这些文化元素带入公众视野。这包括文化教育项目、社区活动、文化媒体和数字平台等。通过这些努力，民间组织有助于保护和传承濒临消失的文化传统，同时也促进文化的多元性和包容性。

另一个民间组织的重要角色是促进文化交流和国际理解。许多民间组织在国际层面开展文化交流项目，通过艺术展览、文化节庆、学术研讨会等活动，促进不同国家和地区之间的文化互动和理解。这种国际性的文化交流有助于打破文化隔阂和创造更加包容与和谐的国际社会。然而，民间组织在文化创新中也面临一些挑战。资金和资源不足常常是一个问题，限制了它们的发展和影响力。此外，一些文化创新项目可能面临社会和政治压力，导致审查和限制。因此，政府和社会应该重视并支持民间组织在文化领域的工作，为其提供更多的资源和自由度。

民间组织在文化创新中发挥着独特而不可替代的作用。它们通过独特的视角、文化传承与创新的结合，以及灵活的创意方式，为传统文化注入新的活力和创意。同时，它们在传播和推广文化、促进国际文化交流方面也发挥着重要作用。在文化创新的道路上，民间组织是文化多样性和创新的重要推动者，值得我们尊重和支持。政府、企业和社会应该共同努力，为民间组织提供更多支持和合作机会，继续推动文化繁荣和发展。

二、社区参与与文化保存

社区参与与文化保存是一个与本土文化和传统相关的重要议题，民间组织在其中发挥着至关重要的作用。这一部分将深入探讨民间组织如何促进社区成员的积极参与，并通过这种参与来保护和传承本土文化和传统。

民间组织在社区参与方面扮演着引领和组织者的角色。它们通常了解当地社区的需求和文化资源，能够发挥自己的专业知识和经验，策划和组织本地文化活动。这些活动包括传统庆典、工艺品展示、民俗表演、文化工作坊等。通过这些丰富多彩的活动，社区成员可以积极参与，并亲身体验和探索自己的文化遗产。

民间组织的文化活动有助于保护和传承本土文化和传统。通过举办文化展览和展示，组织人们了解和欣赏本地文化的独特之处。这些展览通常包括传统工艺品、艺术品、历史文物等，使人们能够更好地理解和尊重自己的文化遗产。此外，文化工作坊和培训项目也有助于传授传统技能和知识，确保这些宝贵的文化传统得以延续。

另一个重要方面是，这些文化活动加强了社区成员对自己文化遗产的认识和保护意识。通过参与和亲身体验，人们更深刻地了解了自己的文化根源，感到自豪和自信。这种认同感和自信感有助于加强对文化传统的珍视和保护。社区成员开始更积极地参与文化保存工作，积极传承和传播文化知识和技能，确保文化遗产得以传承。此外，民间组织还通过文化教育项目和社区活动促进了代际传承。老一辈的社区成员通常是文化传统的保护者和传承者，他们拥有丰富的经验和知识。通过组织文化活动和教育项目，年青一代可以与老一辈进行交流和学习，获取传统知识和技能。这种代际传承不仅有助于保护文化传统，还加强了社区内不同年龄群体之间的联系和理解。

然而，社区参与和文化保存也面临一些挑战。资金和资源不足是一个普遍问题，限制了民间组织开展文化活动和项目的规模和影响力。此外，一些社区可能面临现代化和全球化的冲击，导致文化传统的丧失和流失。因此，政府、企业和社会应该共同努力，为民间组织提供更多的支持和资源，以推动社区参与和文化保存工作。

民间组织在社区参与与文化保存方面扮演着至关重要的角色。它们通过组织文化活动、展览和教育项目，促进社区成员的积极参与，并传承和保护本土文化和传统。这些活动不仅有助于文化传统的延续，还加强了社区成员对自己文化遗产的认识和保护意识。社区成员通过参与文化保存工作，不仅传承了文化知识和技能，还增强了社区的凝聚力和文化自信。因此，民间组织的工作在文化保存和社区建设方面发挥着不可替代的作用，值得我们支持和鼓励。政府、企业和社会应该共同努力，为民间组织提供更多支持和合作机会，以推动文化的繁荣和发展。

三、创新项目的实施与效果

创新项目的实施与效果是民间组织在文化领域发挥作用的一个重要方面。这一部分将深入探讨民间组织如何通过创新项目来推动文化的发展，包括项目的设计、实施过程，以及它们对社区和文化领域产生的影响。

创新项目的设计是民间组织成功实施文化项目的关键。这需要民间组织对当地文化和社区需求进行深入研究，了解社区成员的期望和关注点。基于这些信息，组织可以制订具体的项目目标和计划，确保项目能够切实满足社区的需求。此外，项目的设计还需要考虑到文化保护、传承和创新的平衡，以便维护文化传统的同时推动文化的发展。

创新项目的实施过程需要充分的资源整合和创新思维。民间组织通常面临有限的资金和人力资源，因此需要寻找创新的方法来实施项目。这可能包括与其他组织、机构或个人建立合作关系，共享资源和知识。此外，创新思维也涉及寻找新的方法和技术来解决文化项目中的问题。例如，数字技术和在线平台可以用于文化传承和教育，使文化内容更广泛地传播。

创新项目的实施通常需要社区的积极参与和合作。这可以通过社区参与活动、座谈会、志愿者招募等方式来实现。民间组织需要与社区成员建立密切的联系和互动，了解他们的需求和意见，以确保项目的有效实施。社区的参与不仅增加了项目的可持续性，还促进了社区凝聚力和认同感的建立。

创新项目的实施过程也需要监督和评估，以确保项目达到预期的效果。民间组织通常会制定指标和评估方法，以衡量项目的影响和成果。这有助于及时发现问题和改进项目，确保项目的长期可持续性。此外，项目的成功实施也需要有效的沟通和宣传，以确保社区和社会大众了解项目的目标和价值。

创新项目在文化领域产生了广泛的影响。首先，它们推动了文化的传承和发展。通过文化项目的实施，民间组织有助于保护和传承文化传统，同时也促进了文化的创新和演变。这有助于文化的多元性和丰富性，使其适应现代社会的需求。

创新项目有助于社区的发展和提升。文化项目通常涉及社区成员的积极参与，促进了社区的凝聚力和合作精神。社区的文化活动和项目也可以吸引外部资源和关注，为社区带来经济和社会效益。例如，文化节庆活动可能吸引游客，促进当地旅游业的发展，同时也增加了社区的自豪感和认同感。

通过各种媒体和渠道，文化项目可以传达文化内容和价值观，吸引更广泛的观众和参与者。这有助于文化的传播和普及，提高了社会对文化的认识和尊重。然而，创新项目也面临一些挑战。资金和资源不足是一个常见问题，限制了项目的规模和影响力。此外，文化项目可能面临政策和法规的限制，需要克服各种法律和政治障碍。因此，政府、企业和社会应该重视并支持民间组织在文化项目方面的工作，为其提供更多的资源和自由度。

创新项目的设计和实施是民间组织在文化领域发挥作用的关键。通过深入研究社区需求、资源整合和创新思维，这些项目推动了文化的发展，促进了社区的发展和提升，同时也推动了文化的传播和推广。创新项目在文化领域产生了广泛的影响，为社会的文化多样性和繁荣做出了积极贡献。政府、企业和社会应该积极支持和合作，以推动文化项目的持续发展和创新。

四、跨文化交流与合作

跨文化交流与合作是一个在当今全球化时代变得越发重要的议题，民间组织在其中扮演着关键的角色。

民间组织在国际文化节和活动方面的作用是不可忽视的。这些民间组织通常致力于策划和组织国际性的文化节庆、艺术展览、音乐会和表演等活动，邀请来自世界各地的艺术家、文化使者和表演者参与。这些活动为不同文化之间的交流和合作提供了平台，让人们能够亲身体验和欣赏其他文化的独特之处。例如，国际文化节可以展示不同国家和地区的传统文化、手工艺品、美食和音乐，让人们深入了解和尊重其他文化。

艺术交流项目是促进跨文化对话的重要途径。民间组织通常通过音乐、舞蹈、文学等各种表达方式，促进不同文化之间的交流和合作。例如，国际艺术家驻留项目可以让艺术家在不同国家之间工作和创作，跨越语言和文化障碍，传递共同的艺术信息和情感。这种跨文化的艺术交流有助于丰富艺术创作和表达，同时也促进了文化的多样性和包容性。

民间组织通过文化教育项目和国际学术研讨会，促进了文化知识的传播和交流。这些项目通常涉及学者、研究人员和专家之间的合作，探讨不同文化领域的问题和挑战。通过国际学术研讨会和文化工作坊，人们可以分享文化研究成果、经验和见解，加深对其他文化的了解和尊重。这有助于促进跨文化的学术合作和知识交流。此外，民间组织还通过数字平台和社交媒体推动文化交流。随着互联网的普及，人们可以通过在线博客、视频分享平台等，分享自己的文化体验和见解，与世界各地的人建立联系。这种数字化的文化交流方式加速了文化信息的传播和传递，让人们能够迅速了解其他文化的动态和趋势。

跨文化交流与合作的重要性在当今全球化时代越发明显。它有助于打破文化隔阂和偏见，促进了世界各地人民之间的理解和友谊。此外，跨文化交流也对文化的发展和多样性产生了积极影响。通过与其他文化互动，人们可以汲取灵感和创意，推动文化的创新和演变。

然而，跨文化交流与合作也面临一些挑战和障碍。语言障碍、文化差异和政治敏锐性可能导致交流的困难。此外，一些国际文化项目可能面临资金和资源不足的问题，限制了其规模和影响力。因此，政府、企业和社会应该共同努力，为跨文化交流与合作提供更多支持和机会。

民间组织在促进不同文化之间的交流和理解方面发挥着关键作用。通过国际文化节、艺术交流项目、文化教育项目和数字平台等方式，它们促进了文化多样性和跨文化对话。跨文化交流有助于加深对其他文化的了解和尊重，同时也促进了文化的创新和发展。政府、企业和社会应该积极支持和合作，以推动跨文化交流与合作的持续发展和繁荣。这将有助于建立更加包容与和谐的国际社会，推动文化的多样性和繁荣。

参考文献

[1] 廖爱琼. 浅析新时期群众文化的传承与创新 [J]. 大众文艺(学术版)，2017(19):2.

[2] 谭秀容. 关于群众文化工作传承与创新的思考 [J]. 文渊(中学版)，2020（9）:59.

[3] 周和平. 浅析新时期群众文化的传承与创新 [J]. 越野世界，2019, 14(8):81.

[4] 贾铭军. 加强群众文化建设的传承与创新探究 [J]. 东西南北 (教育)，2016(13):1.

[5] 陈按. 群众文化视角下的青阳腔艺术传承与创新分析 [J]. 知识窗(教师版)，2016(8): 18-19.

[6] 陈杰. 论群众文化创新与非物质文化遗产保护传承的时代契合 [J]. 大众文艺(学术版)，2012(7):1.

[7] 刘晓凤. 农村民俗文化的传承与创新研究——以晋中市太谷县为例 [D]. 晋中 : 山西农业大学,2013.

[8] 李莉. 文化多样性背景下的基层文化传承与创新研究 [J]. 山东商业职业技术学院学报，2014(2):103-106.

[9] 乔生林. 民族音乐的文化传承与创新路径分析 [J]. 文渊(中学版)，2019, (4):460.

[10] 戴维. 略论民间美术在群众文化活动中的作用 [J]. 大众文艺，2013(10):3.

[11] 张璎琪. 群众文化中民间艺术的传承与创新 [J]. 海外文摘·艺术，2022(13):3.

[12] 李葳葳. 群众文化建设中的传承与创新 [J]. 中外交流，2018, (7):75.

[13] 高莲莲. 浅析群众文化艺术活动中的传承和创新 [J]. 艺术品鉴，2017(3):447.

[14] 达林太. 论群众文化建设中的传承与创新 [J]. 牡丹，2016(24):123-124.

[15] 陆文斌. 论群众文化的继承与创新 [J]. 青春岁月，2013, (21):404.

[16] 杨丽娟. 浅谈新形势下群众文化的创新和发展 [J]. 民族音乐，2018(6):70-71.

[17] 吴莉新. 浅议民族民间民俗文化艺术传承与群众文化的发展 [J]. 科教导刊(电子版)，2015(35):110.

[18] 施晓潭，陈灼，冯中南. 网络时代的文化传承和创新 [J]. 青年科学(教师版)，2014,35(7).

[19] 唐新雁. 地方文化的传承与创新——对高密茂腔在"申遗"成功前后之异同的人类学考察 [D]. 济南 : 山东大学,2014.

[20] 张英杰. 群众文化的发展需要创新 [J]. 群文天地，2013, (10):38.

[21] 习鑫. 秀山花灯文化传承与创新发展研究 [J]. 运动，2016(4):3.